지방식민지 **독립선언**

지방식민지 **독립선언**

서울민국 타파가 나라를 살린다

2015년 9월 7일 초판 1쇄

지은이 | 강준만

편   집 | 김희중, 이민재
디자인 | 씨디자인
제   작 | 영신사

펴낸이 | 장의덕
펴낸곳 | 도서출판 개마고원
등   록 | 1989년 9월 4일 제2-877호
주   소 | 경기도 고양시 일산동구 호수로 662 삼성라끄빌 1018호
전   화 | (031) 907-1012, 1018
팩   스 | (031) 907-1044
이메일 | webmaster@kaema.co.kr

ISBN 978-89-5769-355-1 03300
ⓒ 강준만, 2015. Printed in Goyang, Korea

서울민국 타파가 나라를 살린다

지방 식민지

독립선언

강준만 지음

개마고원

헌법 제11조·119조·122조를 아십니까?

"머리말에서부터 흥분하셔서 글 톤이 너무 올라가 있습니다. 독자들은 시동도 안 걸었는데 저자만 먼저 앞서가 있는 느낌입니다."

내가 출판사에 보낸 머리말 원고를 보고 편집자가 해준 지적이다. 하긴 길게 쓴 머리말이 '사기극'이니 '식민지'니 하는 과격한 단어들이 난무하는 등 비분강개悲憤慷慨로 가득차 있었으니 그럴 만도 하다. 나는 저자로서 편집자의 말을 잘 듣는 편이다. 그래서 글 분량을 팍 줄이긴 했는데, 비분강개의 톤만큼은 도무지 교정이 안 된다.

아니 책의 제목부터 과격하니 무슨 수로 비분강개를 억제할 수 있으랴. 최근 정치에 대해선 '타협과 화합'을 부르짖는 사람이 왜 그러느냐고 질책할 분들도 있으리라. 그걸 잘 아는 사람이 왜 그러는가? 내 심정과 잘 통하는 글이 『김병준 교수의 지방자치 살리기』의 머리말에 나와 있어 그 한 대목을 소개한다.

"화가 나서 쓰기 시작한 책이다. '지방자치로 나라가 망했다'는 소리에 화가 났고, '손바닥만한 나라에 지방자치는 무슨 지방자치냐'는 소리에 화가 났다. (…) 쓰다보면 화가 가라앉을 수도 있다고 생각했다. 그들도 그들 나름의 논리가 있을 것이라 생각했다. 그러나 글을 정리해나가면서 점점 더 화가 났다. 잘못된 상식과 억지논리, 그리고 자신들의 기득권을 지키기 위한 파렴치한 시도들이 점점 더 선명히 드러났기 때문이다."[1]

나 역시 지방문제만 다루게 되면 여전히 화가 난다. "지방대 교수가 자꾸 지방문제 다루면 루저로 보일 수 있으니 그러지 말라"는 애정어린(?) 조언이 그치지 않는 것엔 더욱 화가 난다. "그럼 니가 쓰든가!" 정작 자신은 서울에 살아 지방을 잘 모른다고 오리발 내미는 것엔 더더욱 화가 난다. 그런 화의 밑바탕엔 나의 밥벌이를 가능케 해주는 주인공들, 즉 전북대 학생들에 대한 최소한의 직업적 도리를 해야 한다는 생각이 자리 잡고 있는지도 모르겠다.

그러나 이 책은 결코 화풀이 책이 아니다. 지금 당장 지방의 문제를 잘 모르는 분들의 공감을 얻긴 어렵겠지만, '사기극'이나 '식민지' 등과 같은 단어들은 달리 표현할 수 없을 정도로 한국의 현실을 묘사하는 데에 매우 적합하다는 걸 설명하면서 '식민지 독립투쟁'이 지방을 넘어서 나라를 살리는 길임을 알리려는 게 이 책의 주된 목적이다.

이 책은 파렴치한 위헌 행각에 대한 고발이기도 하다. "헌법 제11조에 따르면 대한민국 국민은 어디에 거주하든 지역간 혹은 지역 내에서 평등한 정치적, 경제적, 사회적 삶의 기회를 향유할 권리를 가진다. 또한 헌법 제119조와 제122조는 균형 있는 국민경제의 유지와 이의 공간적 과정으로 국토 균형의 형성에 관한 국가의 책무를 규정하고 있다."[2] 이런 헌법조문과 정신을 유린하고 조롱하는 집단적 광란에 대해 분노하지 않는다면, 도대체 무엇에 대해 분노해야 한단 말인가?

누구나 인정하겠지만, 헌법 제11조·119조·122조는 아무도 지키지 않는 빈껍데기, 아니 쓰레기 취급을 받고 있다. 심지어 헌법을 수호한다는 헌법재판소마저 그런다. 약 10개월 전인 2014년 10월 30일로 돌아가보자. 그 날 헌법재판소는 인구수 최대 선거구와 최소 선거구의 인구 편차가 3대1인 현행 국회의원 선거구 획정안에 대해 '헌법 불합치' 결정을 내리면서 새 기준으로 2대1 이하를 제시했다. 헌재는 "현행 기준으로는 지나친 투표 가치의 불평등이 발생할 수 있다"며 "투표 가치의 평등은 국회의원의 지역 대표성보다 우선해야 한다"고 했다. 헌재는 2016년 20대 총선거에 맞춰 2015년 12월 31일까지 2대1 편차를 적용해 선거구를 다시 만들라고 국회에 요구했다. 왜 헌재의 눈에 '지나친 투표 가치의 불평등'은 잘 보이는데, 헌법 제11조·119조·122조는 전혀 안 보였던 걸까? 헌법재판소를 지방, 그것도 군郡 단위 지역으로 이전하면 그게 눈에 들어올까?

헌법 제11조·119조·122조를 유린하는 '내부식민지'에 대해선 본문에서 자세히 이야기하겠지만, 이 책은 '내부식민지'의 책임을 중앙에만 묻지 않는다. 오히려 지방이 해야 할 일이 무엇인가에 더 비중을 둘 것이다. 역설 같지만, 지방이 지방을 잘 모른다. 이 책의 우선적인 목적은 지방이 지방을 알게끔 하는 데에 있다. 중앙과 지방 사이에, 지방과 지방 사이에 단절되거나 왜곡된 소통을 활성화시켜 보자는 뜻도 있다.

이 책은 7년 전인 2008년에 출간한 『지방은 식민지다』의 속편이다. 그간 지방이 식민지임을 원 없이 느끼고 깨달았을 터이니, 이젠 본격적인 '독립선언'과 더불어 '독립투쟁'을 해야 할 때라는 의미에서 책의 제목을 『지방 식민지 독립선언: 서울민국 타파가 나라를 살린다』라고 붙였다. 처음엔 『지방은 식민지다』의 개정판을 쓰려는 생각으로 출발한 일이었지만, 시간이 흐르면서 분노가 무르익은 탓인지 책의 구성을 완전히 바꾸는 등 사실상 새로운 책을 쓰고 말았다. 다만 이전의 논의도 소개해야 할 필요성 때문에 『지방은 식민지다』에 있던 내용을 상당 부분 다시 활용하였음을 밝혀둔다. 모쪼록 이 책을 통해 지방은 물론 한국사회의 기본적인 작동 메커니즘과 미래의 비전에 대한 이해를 새롭게 하면서 지방 식민지의 독립투쟁에 지지를 보내주는 분들이 많기를 바란다.

2015년 9월
강준만 올림

목차

제1장

왜 **지방**은 **'내부식민지'**가 되었는가?

왜 정약용은 서울을 벗어나지 말라는 유언을 남겼는가?

아무래도 한국은 쏠림을 위해 기획된 나라였나 보다. 인류역사상
그 유례를 찾아보기 어려운 초강력 중앙집중체제가 그걸 잘 말해준
다. 조선시대 때부터 그랬다. 다산 정약용(1762~1836)은 자식들에
게 "무슨 일이 있어도 사대문 밖으로 이사 가지 말고 버티라"는 유
언을 남겼다. "멀리 서울을 벗어나는 순간 기회는 사라지며 사회적
으로 재기하기 어렵다"는 경고도 했다.[1]

깊은 뜻이 있는 말이었다. 조선시대 과거 합격자는 극심한 서울
편중 현상을 보였으니 말이다. 서울여대 사학과 교수 이원명의 연
구에 따르면, 1789년 정조 시대에 서울 인구(18만9153명)는 전국 인
구(740만3606명)의 2.55%에 불과했지만, 서울 출신이 문과 급제자
의 43%를 차지했다. 이원명은 "귀족사회였던 고려시대에는 거주지

가 큰 의미가 없었으나 관직사회인 조선시대에 들어오면서 서울 중심의 집중화현상이 뚜렷이 나타나고 있다"고 말한다.[2]

1894년 1월에서 1897년 3월까지 조선을 네 번이나 방문했던 영국의 여행가 이사벨라 비숍Isabella Bishop은 『한국과 그 이웃 나라들』이란 여행기에서 조선의 참상을 묘사하다가 급기야 비분강개하고 만다. 그녀는 "개혁에도 불구하고 한국은 아직도 단지 두 계급, 약탈자와 피약탈자로 구성되어 있다"며 "면허받은 흡혈귀인 양반계급으로부터 끊임없이 보충되는 관료계급, 그리고 인구의 나머지 4/5인, 문자 그대로의 '하층민'인 평민계급이 그것이다. 후자의 존재 이유는 피를 빨아먹는 흡혈귀에게 피를 공급하는 것이다"고 비판했다.[3] 그런 약탈의 면허증은 물론 서울에서 발급하는 것이었다.

"비숍은 지방 관아를 세 군데 방문했는데, 공교롭게도 한 군데도 고을 수령을 만날 수 없었고 행방을 물어보니 똑같이 서울 갔다는 대답을 얻었다. 지방 수령들은 백성들의 민생에는 무관심했고, 오로지 서울의 권세가에 아부하여 더 좋은 자리로 영전할 생각밖에 없었다."[4]

그러니 아부에 유리한 기회, 즉 '인맥 만들기'의 기회를 얻기 위해서라도 서울에 사는 것이 훨씬 유리했음은 두말할 나위가 없다. 노회찬은 당시의 인구조사가 주로 세금을 거두고 군역을 부과하기 위해 실시된 것이라 조세와 군역이 면제되는 유아와 여성, 노령인구의 누락이 적지 않았다는 점을 감안할 때에 18세기 말의 서울인구는 30만 명을 넘었고, 19세기 중반에는 50만 명에 육박했을 것이라고 추산한다. 산업혁명으로 빠르게 도시화해 근대 자본주의의 세계

수도로 일컬어졌던 영국 런던도 18세기 말에 가서야 50만 명 정도 였던바, 이미 200년 전에도 '서울은 만원'이었다는 것이다.[5]

이규태는 "벼슬을 하거나 학문을 하거나 예술을 하거나 장사를 하거나 공부를 하거나 취직을 하더라도 중앙, 곧 서울이 아니면 안 된다는 이상한 중앙정치 집약적이요, 중앙경제 집약적이며, 중앙문화 집약적인 논리가 지배, 우리 한국인의 현대병 가운데 고질인 '중앙병'을 앓게 하고 있다"며 다음과 같이 말한다.

"한국인의 중앙병은 삼면을 둘러싸고 있는 바다를 정복하지 못했던 데 원인을 찾아볼 수가 있다. 해외로 뻗어 나가는 프런티어십이 신라시대 이후 건포도처럼 쭈그러들어 밖으로 뻗어 나가려는 원심력이 약화되고 가운데로 파고들려는 구심력이 반비례해서 커왔다. 거기에 왜구들의 약탈이 유사 이래 삼면의 바다를 위협했을 뿐 아니라, 해안 지역을 간단없이 약탈하였기로 가운데로 파고 드는 중앙병이 더욱 기승을 부리게 했음직하다."*

전국 방방곡곡에 울려 퍼진 '서울의 찬가'

한국전쟁은 좀 다른 이유에서 서울의 인구 집중을 가속화시켰다. 손정목은 이렇게 말한다. "50년대 전반기가 이 땅의 도시 인구집중

---

* 　이규태는 "연전에 지방 도시의 각종 간판 상호를 조사한 것을 본 일이 있는데, 가장 선호하는 상호가 '중앙'이요, 버금이 '서울'이었다. 총 조사 대상의 15퍼센트를 차지하고 있으니 중앙에 대한 향수가 얼마만한가 알게 해준다"고 했다.(이규태, 『한국인의 버릇: ① 버리고 싶은 버릇』, 신원문화사, 1991, 288~289쪽)

에 미친 영향 중 최대의 요인은 시골에서도 많은 사람이 대구·부산 등지로 피난을 감으로써 자기 고장 이외의 터전에서도 살 수 있다는 체험, 도시에서는 보다 더 잘살 수도 있다는 가능성을 체험했다는 사실이고, 동시에 많은 시골 사람들이 서울을 비롯한 도시로부터의 피난민을 맞아 서울 사람도 별수 없다, 자기도 서울만 가면 서울 사람이 될 수 있다는 자신을 체득했다는 점이며 이러한 체험이 그후의 급격한 도시화를 초래한 심리면의 원동력이 된 것이다."[6]

전후 서울에 대한 동경은 김승옥의 단편소설 「무진기행」(1964)에 잘 표현돼 있다. 머리를 식히려고 고향에 내려간 남자 주인공에게 우연히 만난 시골학교의 음악선생과 나눈 대화를 보자.

"미칠 것 같아요. 금방 미칠 것 같아요. 서울엔 제 대학 동창들도 많고… 아이 서울로 가고 싶어 죽겠어요."

"그렇지만 내 경험으로는 서울에서의 생활이 반드시 좋지도 않더군요. 책임, 책임뿐입니다."

"그렇지만 여긴 책임도 무책임도 없는 곳인 걸요. 하여튼 서울에 가고 싶어요. 절 데려가 주시겠어요?"[7]

이호철의 소설 『서울은 만원이다』가 나온 건 1966년이었다. 66년 말 서울 인구는 380만 명에 이르렀다. 1960년대의 서울 인구 증가율은 매년 10%대를 기록했다. 그레고리 헨더슨Gregory Henderson은 1960년대의 서울에 대해 "서울은 단순히 한국의 최대 도시가 아니라 서울이 곧 한국이다"고 했다.[8]

이를 입증하겠다는 듯, 박정희는 5·16 쿠데타를 일으키기 직전 주동자 중 한 명이 "출동병력이 한곳으로만 몰리는 것 아닌가. 대구

서울은 한국을 좌지우지하는 중심이자 모든 것을 빨아들이는 블랙홀로 기능하고 있다. 자식을 낳으면 서울로 보내라는 속담처럼, 오래전부터 돈도 사람도 서울로 몰려들었다.

나 부산, 인천, 수원 등 지방 주요 도시는 어떻게 할 것인가"라고 묻자, 이렇게 말했다고 한다. "서울만 장악하면 나머지는 다 따라 나온다."[9] 물론 박정희의 장담은 실현되고 말았다.

1969년 길옥윤 작사·작곡, 패티김 노래로 나온 〈서울의 찬가〉는 서울특별시의 시가市歌였지만, 노래도 좋고 가수도 좋은 탓인지 인기 가요로 널리 불려졌다.

종이 울리네 꽃이 피네 / 새들의 노래 웃는 그 얼굴 / 그리워라 내 사랑아 내 곁을 떠나지 마오 / 처음 만나 사랑을 맺은 정다운 거리 마음의 거리 / 아름다운 서울에서 서울에서 살으렵니다 // 봄이 또오고 여름이 가고 / 낙엽은 지고 눈보라 쳐도 / 변함없는 내 사랑아 내 곁을 떠나지 마오 / 헤어져 멀리 있다 하여도 내품에 돌아오라 그대여 / 아름다운 서울에서 서울에서 살으렵니다

〈서울의 찬가〉는 서울특별시내에서만 울려 퍼졌던 게 아니다. 모두 서울에 말뚝을 박고 있는 방송 탓에 전국 구석구석까지 파급되었다. 지방에 사는 사람들에게 서울로 몰려 오라고 노골적인 선전을 해댄 것과 다를 바 없었다. 1966년에서 70년 사이에 서울의 인구증가가 한국 전체 인구증가의 77%를 차지했는데, 이 기간의 서울 전체 인구증가 중 81%는 순 인구이동에 의한 것이었다.[10]

"세계 어느 나라에도 이런 대도시는 없다"

이후 본격화된 개발독재는 서울을 계속 인구 흡수의 블랙홀로 만들었고, 기존의 서울-지방 위계를 더욱 강화시켰다. 1987년 김정호는 「서울 문화제국, 지방 문화식민지」라는 제목의 글에서 서울편중을 꼬집는 '서울공화국'이란 말도 잘못된 표현이라고 지적하면서, "한국에는 '서울제국'만 있으며 서울 밖의 지방은 '서울제국'의 식민지이다"고 했다.

언제부터인가 서울이라는 땅은 제국주의 왕국이 되어 시골에 대해 군림하는 자세로 능률이라는 구실을 내세우면서 시골마저도 서울의 닮은 꼴로 만들기 시작했다. 설사 위정자나 서울사람들이 '전국 획일'을 원하지 않았다손 치더라도 이미 서울을 선망하기 시작한 지방사람들은 서울을 흉내낼 수밖에 없었다. 서울에 의한 지방 지배현상이 일어난 것이다.

지방은 서울의 식민지로 전락했다. 우월감마저 가진 '서울제국' 시민들은 지방 식민지들을 차별하기 시작했다. (…) 모든 매스미디어를 독점한 '서울제국'은 대량생산의 세뇌적인 마취로써 지방의 자립성을 말살시키고 '서울제국' 중심의 관리체제를 만드는 데 성공했다. 식민지 문화는 지배문화에 동화되는 법이다. 서울문화는 무조건 가치 있는 문화이므로 본받아야 한다는 의식이 일반화되었다. (…) 미국을 향해 한민족이 몰려가듯이 많은 시골사람들이 서울로 몰리는 동안, 지방은 피폐해 가고 서울은 비대해졌다. 피폐란 경제적 피폐만을 이르는 것이 아니다. 바른 대접을 받기 위해 학자도 학생도 기술자도 노래꾼도 서울로 몰려가 지방에는 인재 공동空洞 현상이 빚어졌다. 공연장은 있어도 공연할 사람이 없다. 지방의 재주꾼은 모조리 '서울제국'이 징용해 갔다.[11]

민주화 이후에도 개발독재의 '낙수효과落水效果, trickle down effect' 모델은 건재해 서울로의 인구 집중은 계속되었다. 낙수효과는 대기업 및 부유층의 소득이 커지면 더 많은 투자가 이루어져 경기가 부양되고, 이로써 전체 GDP가 증가하여 저소득층에게도 혜택이 돌아가 소득의 양극화가 해소된다는 논리다. 이 이론은 국부國富의 증대에 초점이 맞추어진 것으로 분배보다는 성장을, 형평성보다는 효율성에 우선을 둔 주장이다.[•][12] 서울과 지방의 관계도 바로 이 이론에 따라 형성되었고, 그래서 '서울의 대한민국화' 현상이 일어났음

• 　　미국 미래학자 앨빈 토플러Alvin Toffler는 낙수효과를 아예 '낙수효과주의trickledownism'라는 단어로 표현한다.(앨빈 토플러 & 하이디 토플러, 김원호 옮김, 『정치는 어떻게 이동하는가』, 청림출판, 1994/2013, 148쪽.)

은 두말할 나위가 없다.

'개천에서 용 나는' 모델의 경제적 버전이라 할 수 있는 낙수효과의 선전 슬로건은 "아랫목에 군불을 때면 윗목도 따뜻해질 것"이라는 '떡고물 전략'에서부터 "파이부터 키우자"는 '파이 키우기론'에 이르기까지 다양하게 구사되었지만, 그 논리를 시각적으로 보자면 이런 것이다. 컵을 피라미드같이 쌓아놓고 위에서 물을 부으면 제일 위의 컵에 물이 다 찬 뒤에 그 아래에 있는 컵으로 물이 넘치게 된다. 이처럼, 대기업이나 수도권을 우선 지원하여 경제가 성장하게 되면 그 혜택이 중소기업이나 소비자, 지방에 돌아간다는 것이다.•[13]

이런 낙수효과 모델을 신앙으로 삼은 결과 어떤 일이 벌어졌는가? 수도권 인구 비중은 1960년 20.8%에서 1970년 28.2%, 1980년 35.5%, 1990년 42.8%, 2000년 46.2%, 2010년 48.9%로 늘었다. 2014년 7월 지역균형발전협의체가 낸 「균형발전, 모두가 건강해지는 지름길입니다」라는 제목의 광고에 따르면, "국토의 12%, 이 좁은 수도권에 대한민국의 모든 것이 몰려 있습니다! 인구 50%, 100대 기업 본사 95%, 전국 20대 대학의 80%, 의료기관 51%, 공공청사 80%, 정부투자기관 89%, 예금 70%."[14]

전 국가균형발전위원장이자 한림대 교수인 성경륭은 「수도권으

• 　　실제로 1967년 4월 3일 충남지역 한 학교 교정에서 당시 대선 유세 중이었던 공화당 의장 김종필은 주전자 물을 컵에 따르며 "우리나라가 성장을 하고 나면 이 컵에 물이 넘치는 것처럼 복지를 모두가 누릴 수 있다"며 박정희에 대한 지지를 호소했다.(「김종필 증언록 '소이부답' 〈 39 〉 공화당 4인 체제」, 『중앙일보』, 2015년 6월 2일.)

로의 '파멸적 집중'」이라는 칼럼에서 "경제지리학 분야에 '파멸적 집적'이라는 이론이 있다. 이 이론은 특정 지역의 인구가 다른 지역보다 조금이라도 많을 경우 이 지역으로의 기업과 인구 이동이 연쇄적으로 발생하여 타 지역에 파멸적 결과를 가져오는 극단적 집적 현상이 나타난다고 주장한다"며 다음과 같이 말했다.

한국 사회에서 수도권 인구 집중과 경제력 집중은 파멸적 집적의 전형적 사례이다. 지난 수세기 동안 수도권은 인구요인 외에도 중앙집권 국가의 수도라는 권력요인에 의해 과도한 집적이 진행되었다. 이로 인해 수도권은 전체 인구의 2분의 1, 경제력의 3분의 2, 국세 수입의 4분의 3을 차지하는 세계 최고 수준의 집적을 보이게 되었다. (…) 이 문제를 해결하기 위해 강력한 균형발전 정책을 재추진하지 않는다면 미래의 국가발전, 국민통합, 새로운 성장동력의 확충은 불가능해진다.[15]

이런 집중은 서울을 경이적인 도시로 만들었다. 우석훈이 잘 지적했듯이, "프랑스의 파리, 일본의 도쿄 같은 곳들이 수도의 집중 현상이 두드러지는 경우지만, 그 어떤 경우도 인구의 절반 이상이 수도권에 집중되어 있는 한국과는 비교도 안 된다."[16]

재미교포이며 국제 컨설팅기업 베인앤컴퍼니 코리아의 대표인 이성용은 2004년에 이렇게 말했다.

내가 미국에 있었을 때는 사업상 미국 전역을 여행할 기회가 잦았다. 고객이나 공급업자들과 간단한 인터뷰를 하려 해도 각각 다른 도시들을 찾아다녀야 했기 때문이다. 일주일에 5일 정도는 길에서 보냈다고 해도 과언이 아니다. 그러나 한국에 오고 난 뒤, 국내 여행 횟수는 거의 제로에 가까워졌다. 모든 것이 서울에 위치해 있고 모든 비즈니스들이 서울에서 행해진다. 아주 드물게 고객의 공장이 있는 울산을 찾아가는 것을 빼면, 필요한 정보들 대부분은 서울에서 쉽게 이용할 수 있다. 실제로 한국의 대기업 중에서 본사를 서울 외곽에 둔 곳은 하나도 없다. 50대 기업 중에서 어느 한 곳도 서울을 벗어나지 않는 것이다! 세계 어느 나라에서도 그토록 한 도시에 심각하게 집중하는 현상은 본 적이 없다. 서울 과다 집중현상은 이미 위험수위에 다다랐고, 수많은 사회적 문제들을 낳고 있다.[17]

'KTX 빨대효과'와 전국의 수도권화

그런 문제들에 대해 『전남매일』 편집국장 박호재는 「서울공화국이여 영원하라」라는 칼럼에서 이런 해법을 제시한 바 있다. "모든 게 정상이 아닌 이 치매 걸린 정치판에 균형발전을 위한 대안을 또 내놓은들 무엇하랴. (⋯) 그래, 서울공화국이여 영원하라. 당신들이 원하는 대로 그렇듯 한없이 커지다 보면 필자가 살고 있는 이곳 광주도 언젠가는 수도권이 될 테니까."[18]

박호재는 기가 막힌 심정에서 한 말인데, 그의 말은 점점 현실화되고 있다. 이른바 'KTX 빨대효과' 때문이다. 2004년 4월 1일 KTX Korea Train Express 개통이 가져온 수도권의 강력한 흡인력에 지방이 쪼그라드는 현상을 말한다. 바로 이런 빨대효과 때문에 서울에

서 지방, 또는 지방에서 서울로 KTX 출퇴근을 하는 'KTX 통근족'
이라든가, 그 덕분에 과거의 주말부부 신세를 면한 'KTX 부부'라는
신조어까지 생겨났다. 『조선일보』 영남취재팀장 배명철은 「서울 밖
에서 걱정하는 고속철」이라는 칼럼(2004년 3월 31일)에서 고속철도
개통으로 지방 도시들이 훨씬 가까워진 서울길이 가져올 엄청난 흡
인력에 빨려들어갈 수 있다고 우려했다.

"지방이 서울에 빨려 들어가는 효과는 쇼핑뿐만이 아니다. 거리
와 시간의 단축은 지방의 기업들이 자금과 고급인력이 풍부한 서울
에 본사를 두기가 훨씬 쉽게 만들어놓을 것이다. 서울의 기업들도
한 시간이면 도달할 수 있는 지방에 굳이 독립성이 있는 지방본부
를 두려고 하지 않을 것이라는 짐작이 가능하다. 축하행사의 팡파
르에 묻혀 아직은 잘 들리지 않지만, 고속철의 개통이 지방의 도시
들에게 기회가 되는 것 이상으로 위기가 될 것이라는 우려의 목소
리를 놓쳐서는 안 된다."

이런 우려는 곧 현실로 나타났다. 2006년 7월, 경희대 경영학과
교수 권영준은 "국가 물류산업의 선진화와 지역균형발전이라는 두
마리의 토끼를 잡기 위해 YS정부부터 수십조 원의 엄청난 돈을 들
여 건설한 고속철도 KTX가 오히려 지방경제를 죽이고 있다는 원
망을 듣고 있는 것이 대표적인 구성의 오류로서 정책의 결과가 의
도로 반대로 나타나는 것이다"며 다음과 같이 말했다.

"고속철도가 생기면 2000만 수도권 인구가 지방으로 더 자주 내
려가서 관광도 많이 하고 서울과 지방 사이에 교류도 더욱 활발해
져서 지방경제가 활성화될 것으로 홍보도 많이 하고 기대도 많이

KTX는 전국을 1일 생활권으로 만들어 수도권에서 지방으로의 이동과 지방경제 활성화를 가져올 것으로 기대되었으나 뚜껑을 열고 보니 서울로의 '빨대효과'가 더 두드러지게 나타났다. 일례로 수도권으로 진료를 받으러 오는 지방 환자는 2004년 180만 명에서 2013년 270만 명으로 50% 늘었으며, 진료비는 2004년 9513억 원에서 2013년 2조4817억 원으로 161%나 증가했다.

했었다. 그런데 막상 개통이라는 뚜껑을 열고 보니, KTX를 서울사람만 타는 것이 아니라 지방주민도 타고 오히려 문화와 소비상권의 격차가 너무 큰 현실 때문에 지방의 여유 있는 소비계층이 전보다 훨씬 더 많이 서울로 자주 와서 다양한 문화서비스와 고급소비를 하고 있다. 이 때문에 지방상권이 겪는 어려움은 이루 말할 수가 없는 모양이다."[19]

『중앙일보』는 2006년 9월 "병원·쇼핑·문화 등 다양한 분야에서 수도권 집중 현상이 일어나고 있다. KTX로 인해 노무현정부의 지방 균형정책도 희석될 공산이 크다. 이미 지방 근무자들 사이에는 주말에 서울 집에 들르는 '금귀월래金歸月來'라는 두 집 살림이 보편화되고 있다"고 했다.[20] 2007년 4월 21일 KTX 승객 누계가 1억 명

을 돌파했는데, 이는 세계 고속철도 사상 전례가 없는 대기록이었다.[21]

그런 대기록은 빨대효과의 힘을 더욱 키웠고, 지방의 쇠락은 가속화되었다. 2007년 6월 『한겨레』에 따르면, "고속열차 개통 3년이 지나면서 교육·의료·문화 등 절대 우위에 있는 서울이 지방의 인력과 자원을 빨아들이는 '블랙홀' 역할이 점차 뚜렷해지고 있다. 시속 300㎞의 속도 혁명이 가져온 역효과인 셈이다. 특히 서울과 1시간 생활권인 충남 천안·대전은 '서울시 천안구' '대전구'로 불리며 부유층과 지식층을 중심으로 의료, 거주에서 수도권 집중화 현상이 심화하고 있다".[22]

2015년 3월 31일 포항 KTX 개통식, 4월 1일 호남고속철도 개통식은 'KTX 빨대효과'의 전국화를 실현했다. 『조선일보』는 「光州서 수도권 출퇴근 가능… 浦項서 업무 본 후 저녁은 서울에서」라는 기사에서 "호남 지역에선 수도권으로 대형 병원, 백화점, 유명 학원 등을 찾는 사람이 늘어 지역 경제가 위축되는 게 아니냐는 목소리가 나온다. 포항 역시 지역경제 상당 부분이 수도권에 흡수될 수 있다고 걱정하고 있다"고 했다.[23]

2015년 5월 27일, 한국은행은 "호남선 KTX 빨대효과는 크지 않다"는 보고서를 냈지만,[24] 크고 작은 기준이 무엇인지 모르겠다. 의료 분야만 놓고 보더라도 연간 국민건강보험 급여비만 1조 원을 청구하는 거대 병원 5곳이 모두 서울에 있고, 2011년 기준으로 지방 환자들의 수도권 병원 진료비만 연간 2조 1100억 원에 이른다는데 말이다.[25]

2014년 들어서도 서울 병원에서의 '5분 진료'를 위해 기차를 타는 비수도권 환자의 서울 쏠림 현상은 심화되었다.[26] 수도권에서 진료를 받는 지방 환자는 2004년 180만 명에서 2013년 270만 명으로 50% 늘었으며, 진료비는 2004년 9513억 원에서 2013년 2조4817억 원으로 161%나 증가했다. 지역별로는 전남의 수도권 의료기관 이용 진료건수가 2009년 186만 건에서 2013년 214만 건으로 13.2% 늘어 증가율이 가장 높았다.[27]

지방 사람들이 서울에 가서 하는 쇼핑은 언론에 보도되는 통계에서 누락돼 있지만, 실은 이 문제가 가장 심각하다. 『전북일보』 주필 백성일은 호남선 KTX의 본격 개통이 지역사회에 미칠 악영향과 관련, "빨대현상이 나타나 지역 내 자금 유출이 빨라졌다"며 다음과 같이 말한다.

지금 전문직이나 젊은 샐러리맨들은 서울 가서 쇼핑하는 게 일상이 됐다. 백화점에 가봤자 물건도 다양하지 않은데 굳이 이곳에서 쇼핑할 필요가 있느냐는 것. 서울 가면 다양한 문화를 접할 수 있고 남 눈치 안 살피고 자유롭게 쇼핑하는데 꽉 막힌 전주에서 쇼핑해야 하느냐는 것. (…) 전주 로드숍들이 장사가 안 돼 죽을 맛이다. 생필품은 대형마트에서 구입하지만 돈 되는 것은 거의 서울 가서 구입하기 때문에 장사가 예전에 비해 안 된다는 것. 그나마 입소문 난 대형음식점 정도나 북적인다.[28]

KTX 빨대효과가 크건 작건 중요한 것은 '분산효과'가 아니라 '빨대효과'를 걱정해야 할 정도로 서울의 일방적인 흡인력이 압도적으로 강하다는 점일 것이다. 과연 광주와 포항도 수도권이 되는 게 유일한 해법일까?

서울은 '매력과 마력의 도시'인가?

그러나 서울을 곧 대한민국으로 간주하는 외국인 학자들은 서울의 대한민국화로 인한 '수많은 사회적 문제들'에 대해 알 리 없었고, 그래서 서울을 대놓고 찬양하는 데 뛰어 들었다. 예컨대, 미국 하버드대 경제학과 교수 에드워드 글레이저Edward Glaeser는 『도시의 승리 Triumph of the City』(2011)에서 혁신과 학습을 조장하는 데 있어 도시가 가진 우위의 대표적 사례로 서울이 이룬 성공을 들었다. 서울은 수십 년 동안 전국 각지에서 많은 인재들을 끌어오며 번영한 도시로서 위상을 높였는바, 서울의 크기와 범위는 서울을 위대한 혁신의 집합소로 만들었다는 것이다. 그는 다음과 같이 주장한다. "상경한 근로자들은 농촌 공동체에서 고립된 생활을 접고 세계 경제의 일부가 될 수 있었다. 서울은 한국인들만을 서로 연결해주는 것은 아니다. 서울은 오랫동안 한국과 세계국가들 사이의 연결고리 역할을 해왔다. 서울은 한국과 아시아 국가들, 그리고 유럽과 미국을 연결하는 관문이다. 서울의 교통 인프라는 사람들뿐 아니라 그들의 머릿속에 담긴 아이디어가 한국의 안팎으로 흐를 수 있게 해 준다."[29]

그러나 대도시가 제공하는 그런 '네트워크 효과network effect'엔 그만한 비용과 희생이 따르기 마련이다. 네트워크 효과로 성장한 거대

기업들이 독과점의 횡포를 저지르듯, 네트워크 효과는 그 효과에서 배제된 사람들에게 부당한 희생을 강요한다. 또한 네트워크 효과를 낮게 하는 이른바 '연결과잉overconnectivity'은 통제불능 등과 같은 수많은 부작용을 낳으면서 사회 전체를 파멸의 위기에 빠뜨릴 수도 있다. 대도시의 네트워크 효과도 마찬가지다.[30]

한국에서 이른바 '도덕적 공황moral panic'이 오래전부터 만성적 현상이 된 것도 따지고 보면 한국 특유의 '미디어 1극 구조' 때문이다. 도시국가를 제외하곤, 이 지구상에 한국처럼 미디어가 거대 도시 하나에 집중돼 있는 나라는 찾아보기 어렵다. 다양성은 실종된 가운데 모든 미디어들이 특정 이슈에 경쟁적으로 '올인'하는 경향이 일상화돼 있다. 그 어떤 주제건 사람들을 놀라게 만들 만한 이슈라면 도덕적 공황을 만들어내고야 만다.

한 도시에 집중적으로 몰려 있는 미디어는 어떤 이슈가 떠오르면 살인적인 경쟁을 벌이면서 무작정 쓰고 보자는 식으로 최소한의 사실관계조차 확인하지 않은 채 선정적으로 치닫는 경우가 많다. 그래서 '하이에나 저널리즘'이란 말까지 나왔다.[31] 하지만 그걸 언론 윤리의 문제만으론 보기 어렵다. '미디어 1극 구조'라는 환경과 조건이 훨씬 더 큰 이유다. 그 구조를 그대로 두는 한 자주 발생하는 도덕적 공황은 우리의 숙명이다.[32]

그 어떤 혁신에도 불구하고 지방을 식민지화하고 있는 서울의 크기와 범위는 무조건 무한대 팽창할수록 좋다고 말할 수는 없을 것이다. 그 어떤 혁신이라도 "과연 누구를 위한 혁신인가?"라는 물음을 피해갈 순 없기 때문이다. 네트워크 효과가 아무리 유익하고 아름다워도 그 네트워크에서 배제된 사람들에겐 흉악과 추악의 대명사일 수 있다.

물론 네트워크 내부의 사람들에겐 모든 게 아름답기만 할 것이다. 말이야 바른 말이지, 권력·부·문화·대학이 집중돼 있는 도시에서 산다는 것은 그 얼마나 큰 축복인가. 연세대 교수 서은국이 2014년에 출간한 『행복의 기원: 인간의 행복은 어디서 오는가』를 감명 깊게 읽다가 다음 대목에서 멈춘 채 한참 생각에 빠져 들었다.

10여 년 전 나는 한국과 미국을 놓고 어디서 살 것이냐를 고민했었다. 지인들의 반대를 무릅쓰고 다시 서울 생활을 하기로 한 결정에 나는 크게 후회한 적이 없다. 하지만 행복할 수 있는 많은 조건을 가졌음에도, 왠지 한국인의 행복 날개는 접혀 있는 듯해 안타까울 때가 많다. 우리는 부러워할 만한 경제 수준의 나라에, 한 시간 거리에 있는 친구들과 세상에서 가장 맛있는 음식을 먹을 수 있는 쾌적한 나라에 산다.[33]

얼마든지 동의할 수 있는 말씀이다. 그래서 서울이 '매력魅力과 마력魔力의 도시'라는 주장이 나오는 것이겠지만,[34] 문제는 지방의 입장에선 결코 그렇게만 볼 수는 없다는 점일 게다. 서은국은 연세대가 아닌 지방대에서 교수직을 한다 해도 미국 대신 한국을 택했을까? 그럴 것 같진 않다. 무엇보다도 '한 시간 거리에 있는 친구들'은 거의 없으며, 친구들을 보기 위해선 몇 시간을 들여 지방에서 서울로 가야만 한다. 친구들뿐만 아니라 연구를 위해 필요한 사람들을 만나는 일에서부터 중요한 행사에 참석하는 일에 이르기까지 모든 게 서울에서 이루어진다. 지방민의 입장에선 결코 쾌적하지 않은 것이다.

서울공화국은 한국인들의 삶을 황폐하게 만든다

지방이 아니라 국가·국민의 입장에서도 심지어 서울시민의 입장에서도 서울을 '매력과 마력의 도시'로 볼 수 없는 중요한 이유들이 있다. 서울의 인구집중과 한국의 삶을 황폐화시키는 획일적 가치구조는 과연 무관한 걸까? 온 나라를 대학입시 전쟁터로 몰아가는 학벌주의, 그 전쟁에서 승리하기 위해 지출해야 할 사교육비로 인한 삶의 피폐화, 그리고 우리 국민의 지독한 지역주의 및 정치혐오와는 무관할까?

정치학자 최장집은 한국의 중앙집중화 문제를 '초超집중화hyper-centralization'로 본다. 초집중화란 정치적 권력뿐만이 아니라 사회의 모든 영역에서 자원들이 지리적, 공간적으로 서울이라고 하는 단일 공간내로 집중됨을 의미한다. 이런 중앙으로의 집중은 집중에서 머무르는 것이 아니라 중첩되면서 집적되는 형태까지 만들어내고 있다는 것이다.[35] 그는 초집중화가 한국인의 삶을 황폐하게 만든다고 말한다.

"초집중화는 사회를 위계적으로 피라미드적으로 엘리트적으로 분획적으로 조직하는 구조를 재생산하기 쉽다. 이것은 향리적, 특수주의적 연줄사회와 후원자-고객관계clientelism를 강화시킨다.(…)

초집중화는 사회 각 부문에서 그리고 사회의 여러 수준에서 '엘리트되기의 문턱'을 넘어서는 경쟁의 치열함과 목적 달성을 위한 수단의 가혹화를 부추김으로써 한국인들의 삶을 황폐하게 만든다."[36]

그렇다. 한국의 초집중 체제는 가혹한 '레드 오션Red Ocean' 체제를 몰고 왔으며, 이를 깰 수 있는 '블루 오션Blue Ocean'이 바로 지방이다.[37] 그러나 이는 이론상으로만 머무를 뿐, 한국인들은 덫에 갇힌 동물처럼 탈출보다는 기존 '레드 오션' 체제에서의 생존과 발전에 골몰하고 있다. 그래서 물질적 풍요는 어느 정도 누리면서도 삶은 더할 나위 없이 황폐해졌다. 초집중화 중에서도 가장 심한 게 바로 교육 초집중화다.

『88만원 세대』의 공동 저자인 박권일의 개탄이다. "'솔까말'이라는 은어가 있다. '솔직히 까놓고 말해서'의 준말이다. 용례는 다음과 같다. '솔까말, 원하는 건 사랑이 아니라 섹스 아니니?' '솔까말, 지잡대(지방에 있는 대학교를 비하하는 속어)와 SKY(서울-고려-연세대)는 하늘과 땅 차이지.' 이때 한껏 냉소적인 표정을 짓는 게 포인트다."[38]

이 '솔까말'의 원리대로, "지잡대와 SKY는 하늘과 땅 차이"라면, SKY는 내부식민지의 토대, 아니 총독부라고 할 수 있겠다. 지방에서 서울로 과외를 다니거나 가족과 헤어져 사는 주말부부 등의 풍경을 보라. 그 풍경의 이면에 무엇이 있는가? 바로 SKY와 '인서울'이 있다.

인서울 대학 진학을 원한다는 어느 고1 여고생은 "사람들이 딱 들으면 '아, 그 대학교' 이렇게 생각하는 데 가고 싶어요(두 손을 모으고, 애원하는 목소리). 근데 그냥 가고 싶다가 아니라 미치게 가고 싶어요"라고 말한다.[39] 반세기 전 「무진기행」에서 지방의 음악선생이 "미칠 것 같아요. 금방 미칠 것 같아요 ⋯ 아이 서울로 가고 싶어 죽겠어요"라고 말한 것과 너무도 흡사하지 않은가?

"이런 식으로 공부하면 지방대 간다"?

중앙에서 교사들은 중학교 때부터 학생들에게 "이런 식으로 공부하면 지방대 간다"고 겁주고, 덩달아 겁먹은 지방민들은 교육 관련 정보에 굶주려 있다. 고교생들은 물론 대학생들까지 방학만 되면 학원에 다니기 위해 서울로 간다. 이쪽으로 얼마나 많은 돈이 뿌려지고 있는지 추산할 수조차 없다. 돈도 돈이지만, 삶의 황폐함은 어찌할 것인가?

예컨대,『한겨레』2006년 1월 19일자는 다음과 같이 말한다.

방학을 맞은 지방대생들이 영어학원이 밀집한 서울 종로와 강남 일대에 모여들고 있다. 방학 내내 영어 공부에 '올인'하기 위해 팔자에도 없는 유학을 떠나오게 된 것. 2~3년 전 형성된 이런 분위기는 어떤 사회적 주목도 받지 못한 채 해를 거듭할수록 점입가경이다. (⋯)
영어가 취업문의 너비를 결정하는 시대인만큼 대학생들이 토익, 토플 시험을 피해 갈 수는 없다. 하지만 취업을 위해서 대학뿐 아니라, 학원도 '인in 서울'해야만 살아남는다는 사실이 아무래도 섬뜩하다. (⋯)
'하루에 토익공부를 17시간씩 한다'는 '서울영어공화국'의 전설을 먼

곳에서 전해 듣는 지방대 학생들은 어떤 기분일까. 어쨌건 올라온 학생도, 남아 있는 학생도 맘 편히 잠만 못 잔다. 일그러진 공화국에서 태어난 죄 하나로, 전혀 팔자에도 없이 말이다.[41]

또 다음 같은 내용은 어떤가? 『조선일보』 2008년 7월 15일자에는 이런 기사가 실렸다.

여름방학을 앞두고, 자녀를 서울 강남 지역 학원에 보내기 위해 남편은 집에 남겨둔 채 자녀를 데리고 단기간 상경上京해 생활하는, 이른바 '서울 기러기 엄마'가 늘어나고 있다. '서울 기러기 엄마'들은 학원 시장 규모가 크지 않은 지방에 살면서도 상대적으로 경제적 여유가 있고 교육열이 높은 경우가 대부분이다. (…)
점점 늘어나고 있는 '서울 기러기 엄마'들은 학원가 주변 부동산 시장에도 영향을 끼치고 있다. 원래 오피스텔이나 원룸은 최소 3개월 이상 단위로 계약하는 것이 관례다. 하지만, 요즘은 일반적인 경우보다 20% 정도 비싼 한 달 임대료 100만~150만 원에 한 달 임대료와 동일한 예치금으로 방을 임대하는 방식도 일반화됐다. (…) "서울 기러기 엄마"는 상대적으로 방학 기간이 긴 겨울 방학에 많았다. 하지만 요즘은 "집중력이 흐트러지기 쉬운 여름방학에 제대로 지도를 받아야 한다"는 분위기가 학부모 사이에 확산되면서 여름에 서울로 단기 유학을 오는 지방 학생이 부쩍 늘었다.[42]

이에 대해 같은 기사에서 연세대 사회학과 교수 김호기는 "엄마와 자녀만 떠나는 서울 단기 유학은 정상적인 가족 생활을 해치고, 어린 학생들에게 '무한 경쟁' '적자생존' 의식을 심어줘 가치관 형성에 부정적인 영향을 끼칠 수 있다"고 말했다.

동의하기 어렵다. 왜 '무한 경쟁' '적자생존' 의식이 가치관 형성에 부정적인 영향을 끼친단 말인가? 그건 대한민국의 표준 생존 문법이 아닌가? 그런 고상한 말씀 하시지 말고 '내부식민지' 문제를 거론해주시면 좋겠다. 현 '내부식민지' 체제가 한국의 삶을 황폐하게 만들고 있으니, 서울-지방 가릴 것 없이 모든 지식인들이 총궐기해야 한다고 말이다.

기존 '내부식민지' 체제가 서울 부동산의 임대료만 올리는 게 아니다. 정확한 통계를 잡을 수가 없어서 그렇지, 지방의 부자들은 부동산 투자(투기)를 해도 수익성이 높은 수도권으로 몰린다. "지방에서는 마땅히 투자할 곳이 없어요. 여윳돈을 은행에 두자니 손해 보는 것 같아 서울이나 신도시의 수익형 부동산에 관심을 가지는 거죠."[43] 이들을 탓할 수 있을까? 전북의 경우 종합부동산세 대상자가 단 한 명도 없다는 걸 알면,[44] 고개를 끄덕이시겠는가?

수도권 부동산에 대한 지방민들의 이러한 관심이 지방에 토지보상비를 많이 푼 노무현정권 시절 부동산 값 폭등의 주요 원인이기도 했다. 지금 이 순간에도 갈 곳 몰라 헤매는 지방 돈이 수도권을 배회하고 있다. 이건 수도권과 지방을 동시에 죽이는 게 아닌가? 왜 우리는 이런 어리석은 게임을 계속 해야만 하는가? 도대체 누구를 위해서?

'식민지'라는 말이 끔찍하다고?

'내부식민지 internal colony'는 1970년대 남미에서 종속이론의 연장선상에서 나온 이론이다. 식민지는 국가들 사이에서만 존재하는 게 아니라 한 국가 내에서도 극심한 지역간 불평등의 형식으로 존재한다는 게 주요 내용이다. '내부식민지' 개념의 기원은 레닌 Vladimir Illich Lenin과 그람시 Antonio Gramsci까지 거슬러 올라가며 이후 지역갈등이 있는 모든 나라에서 왕성하게 제기되었다. 즉, 한 국가 내에서 중심부의 주변부에 대한 착취는 중남미뿐만 아니라 영국, 일본, 이탈리아, 미국 등 세계 도처에서 나타나고 있는 현상이라는 것이다.[•]

미국의 흑인 인권운동가 마틴 루터 킹 Martin Luther King, Jr.은 암살당하기 직전인 1968년 3월, 시카고에서 열린 자유 페스티벌의 청중을 향해 흑인 게토(슬럼가)는 '내부식민지 시스템'이라고 성토했다. "슬럼의 목적은 힘이 없고 영원히 권력을 갖지 못할 이들을 구분하기

[•] 마누엘 카스텔 Manuel Castells은 중남미의 도시화를 '종속적 도시화'라는 개념으로 설명했다. 남미의 도시 형태는 남미에서 생산된 잉여가치를 착취하는 과정에서 잉여가치의 송출구 역할을 함으로써 유래되었다는 것이다. 이러한 논의의 연장선상에서 1960~70년대 남미에서 '내부식민지 internal colony' 또는 '내적 식민지' 이론이 대두되었다. '제4의 식민지 the 4th colony', '식민지 속의 식민지 colonies within colonies', '식민지 없는 식민주의'라고도 한다.(Michael Hechter, 『Internal Colonialism: The Celtic Fringe in British National Development, 1536~1966』, Berkeley: University of California Press, 1975, pp.8~10; Norrie MacQueen, 『Colonialism』, Harlow, UK: Pearson, 2007, p.xv; 위르겐 오스터함멜 Jürgen Osterhammel, 박은영·이유재 옮김, 『식민주의』, 역사비평사, 2003/2006, 35쪽; 강명구, 「도시 및 지방정치의 정치경제학」, 한국공간환경연구회 엮음, 『한국공간환경의 재인식』, 한울, 1992, 141~167쪽; 우석훈, 『촌놈들의 제국주의: 한·중·일을 위한 평화경제학』, 개마고원, 2008, 146쪽)

위한 것입니다. (…) 거주민들을 정치적으로 지배하고, 경제적으로 약탈하고, 매 순간 차별하고 모욕하는 슬럼은 내부식민지와 거의 다를 바 없습니다."[45]

1968년 4월 마틴 루터 킹의 암살 직후 UCLA에서 열린 "폭력과 사회변화"라는 주제의 세미나에서 밥 블라우너Bob Blauner는 「내부식민주의와 게토 폭동Internal Colonialism and Ghetto Revolt」라는 논문을 통해 미국의 흑인 문제를 내부식민지의 관점에서 다뤘다.•

그간 내부식민지론은 국가간 수준에서 나타나는 중심-주변관계를 무리하게 한 국가 내의 지역간 수준에 적용시켰다며 많은 비판을 받았다. 기존 좌우 성향의 이론적 틀을 넘어서 각 지역의 고유한 역사적·문화적 특성에 따른 지역적 차별성과 독특성을 강조하는 시각이 대두되기도 했다.[46] 그러나 내부식민지론은 종속이론의 아류가 아니라 독자적인 이론체계로 이해되어야 한다는 반론도 만만치 않다.••

• 이 세미나에 토론자로 참석한 브루노 베텔하임Bruno Bettelheim은 블라우너의 주장에 분노를 터뜨리면서 블라우너가 폭력을 정당화하고 파시즘으로 가는 길을 여는 주장을 하고 있다고 맹비난했지만, 그의 주장은 적잖은 호응을 얻었다.(Bob Blauner, 『Still the Big News: Racial Oppression in America』, Philadelphia: Temple University Press, 2001, p.64.)

•• 예컨대, 황태연은 이 분야의 고전이 된 마이클 헤치터Michael Hechter의 『내부식민주의론Internal Colonialism』(1975)이 종속이론의 한계를 그대로 반영하고 있다는 비판을 다음과 같이 반박한다. "헤치터의 내부식민지론의 핵심은 생산양식의 혼재 및 절대적 궁핍화 메카니즘에 있는 것이 아니라 산업화 과정에서 특정지역의 상대적 소외로 생겨나는 '문화적 수직분업' 체계 안에서 하층에 집중되는 소외지역 주민들의 직업, 이에 따른 소득의 상대적 저수준 및 권력과 영예의 불평등(문화적, 사회적, 정치적 지역차별), 이로 인한 지역적 정체감과 저항의 생성이다. 따라서 헤치터의 내부식민지론은 대내적으로 뒤집혀

그간 한국, 아니 한국의 지방에선 '서울공화국' 체제를 겨냥해 이 용어를 적잖이 써왔지만, '식민지'라는 말이 끔찍하다며 반발하는 이들이 적지 않다. '지방=중앙 정치의 식민지'라는 도식은 보수 신문의 사설 제목으로 등장할 정도로 분명한 사실인데,[47] 우리는 그래도 식민지라는 단어에 대해 알레르기 반응을 보여야 하는 걸까?

그런 감정적 반발이 아니더라도, '내부식민지'는 맛이 간 지 오래인 종속이론의 아류라는 멍에로부터 여전히 자유롭지 않다.

지방분권과 지역균형발전을 지지하는 최장집도 2001년에 발표한 「지역정치와 분권화의 문제」라는 논문에서 내부식민지론의 문제를 지적한 바 있다. 최장집은 "중앙-지방관계를 사회전체의 문제가 놓여 있는 근본적인 모순의 소재로 인식할 때 하나의 단일한 요인을 통하여 전체 문제를 풀려고 하는 도식화나 환원주의로 빠질 가능성이 있다"며 다음과 같이 주장했다. "이는 지역모순과 같은 말이 사회의 한 부분에 대한 분석적 기능을 넘어 어떤 근본적 모순의 소재를 표현하는 개념으로 비약하기 쉽다는 것이다. 중심부-주변부와 같은 지역적 개념으로 자본주의사회와 착취의 문제를 해명하려고 했던 종속이론의 경우가 그 대표적인 경우라 할 수 있다. 이를 원용한 '내부식민지' 개념도 다른 한 예이다. (…) 이러한 이론들은 이론 그 자체의 문제도 문제려니와 한국사회에서 발생하는 실제의 경험적 지식들을 축적하는 것을 돕기 어렵다는 것이다."[48]

적용된 기존의 종속이론 또는 식민주의론이 아니라 이 이론들과 증후군적 유사성을 갖지만 그럼에도 불구하고 독자적인 이론체계로 이해되어야 한다."(황태연, 『지역패권의 나라』, 무당미디어, 1997, 126~127쪽)

원론적으론 최장집의 주장에 동의하긴 어렵지 않다. 문제는 원론과는 전혀 다른 현실이다. 과연 우리의 현실이 지역모순이라는 하나의 단일한 요인을 통하여 전체 문제를 풀려고 하는 도식화나 환원주의로 빠질 가능성을 염려해도 좋을 상황인가? 지역모순에 대한 인식이 널리 퍼져 있는가? 오히려 지역모순마저 계급모순에 종속시켜 계급모순으로 누르려는 게 현실 아닌가? 아니 지역모순이야말로 계급모순을 은폐하는, 진정한 의미의 계급모순이 아닌가?•

내부식민지를 지역모순과 계급모순 가운데 양자택일의 문제로 이해할 필요도 없으며 그래서도 안 된다. 내부식민지 내부의 이해관계가 달라 내부식민지 체제에 저항할 수 있는 자원을 가진 상층부 세력은 내부식민지 체제의 협력자거나 방관자이기 때문이다. 이는 지방이 중앙정치의 식민지로 전락한 데에서도 여실히 드러난다.

'중앙의 신탁통치'로 전락한 '지방자치'

1950년대에 실시된 지방자치는 중앙에 예속된 지방자치였다. 그래서 1990년대에 다시 지방자치가 도입되자 많은 학자들이 내놓은 첫번째 경고는 단연 "지방자치가 중앙정치 게임의 도구로 인식되어

•   2002년 경북대 교수 김형기는 「지방분권의 정치경제학」이라는 논문을 통해 지역모순이 한국사회에서 독자적인 사회모순일 뿐만 아니라 계급모순을 압도하고 있는 주요한 사회적 모순이 되고 있음에도 불구하고, 그것이 인정받지 못하고 있는 현실을 설득력 있게 지적한 바 있다.(김형기, 「지방분권의 정치경제학: 대안적 발전을 위하여」, 한국지역사회학회 주최, "지방자치 10년-평가와 전망" 학술대회, 전북대학교 산학협동관, 2002년 4월 26일.)

서는 안 된다"는 것이었다.[49] 그러나 그 경고는 전혀 받아들여지지 않았고, 오늘날에도 여전히 지방자치는 중앙예속 상태에서 벗어나질 못하고 있다.

심지어 학자들까지 그런 '중앙정치 게임'에 가세했다. 지방에는 지방자치를 이용해 정관계로 진출한 교수들이 많다. 처음엔 지방자치의 전도사로 활약하면서 명성을 얻은 뒤에 정치권과의 연결 고리를 만든 다음 더 큰 일을 해보겠다며 정관계 진출을 하는 방식이다. 동아대 교수 출신으로 국회의원과 주일대사를 지낸 권철현도 바로 그런 경우다.

씁쓸하긴 하지만 권철현이 동아대 교수였던 1994년에 출간한 『지방이여 깨어 일어나라: 부산대개조론』의 주장까지 잘못됐다고 말할 수는 없다. 그는 이 책에서 "만약 일각의 우려대로 주요 정당들이 지방발전에 적합한 인물보다는 자기 정당이 통제하기 용이한 인물을 공천하여 그러한 후보가 당선된다면 그 이후의 결과는 불을 보듯이 뻔하다. 이렇게 될 경우 '지방자치'가 아닌 '중앙의 신탁통치'가 될 가능성이 높다"고 우려했다.[50]

권철현의 우려는 결코 기우杞憂가 아니었다. 지금 우리가 보고 있는 게 바로 '중앙의 신탁통치'다. 여기서 노래 한 곡 감상해보자. 아니 직접 부르셔도 좋겠다. 나도 언젠가 노래방에 가서 사람들이 합창하기에 목이 터져라 따라 불렀던 노래다. 박상철의 '무조건'이다.

"내가 필요할 땐 나를 불러줘 언제든지 달려갈게/낮에도 좋아 밤에도 좋아 언제든지 달려갈게/다른 사람들이 나를 부르면 한참을 생각해 보겠지만/당신이 나를 불러준다면 무조건 달려갈 거야/당신을 향한 나의 사랑은 무조건 무조건이야/당신을 향한 나의 사랑은 특급 사랑이야/태평양을 건너 대서양을 건너 인도양을 건너서라도/당신이 부르면 달려갈 거야 무조건 달려갈 거야."

'무조건'은 사랑 노래인가? 나는 '풍자적 정치 가요'로 보고 싶다. 권력에 굶주린 사람들의 행태를 이 노래 이상 잘 묘사해준 게 또 있을까? 아니 꼭 그런 건 아니다. 권력에 굶주리지 않았더라도, '서바이벌 게임'에서 살아남기 위해 권력자인 '당신'이 부르면 무조건 달려가야 하는 것이 정치적 삶의 현실임을 어찌 부인할 수 있으랴. 아니 부르지 않아도 어떻게 해서건 접근해야만 한다. 죽으라면 죽는 시늉이라도 내야 한다.

2015년 6월 말 새누리당 원대대표 유승민의 거취를 둘러싼 여권의 내분內紛이 고조된 상황에서 『조선일보』는 "대통령 말 한마디에 자신들도 참여한 경선에서 당선된 원내대표를 내치겠다고 우르르 달려든 친박계의 행태도 뒷골목 왈패들과 다를 게 없다"며 "조선왕조 시대에도 없었던 특정인의 성씨를 딴 정파政派가 21세기 세계 경제 10위권을 오르내리는 대한민국 집권당에 있다는 것 자체가 코미디"라고 비판했다.[51] 그러나 그 코미디는 일단 '뒷골목 왈패들'의 승리로 끝났고, 그래서 권력자를 향해 무조건 달려가야 한다는 정계의 상식은 진리임이 재확인되었다.

정치권에서 "공천을 받으려면 썩은 줄이라도 잡아야 한다"는 말 역시 상식이라기보다는 진리다.[52] 『한국일보』 2008년 3월 21일자엔 지방의원들은 '시민 대표'인가, 아니면 '국회의원 몸종'인가를 묻는 기사가 실렸다. 자신이 모시는 국회의원이 탈당하면 똑같이 따라서 탈당해 '상전'의 선거운동을 위해 뛰는 지방의원들을 비판한 기사다.[53] 아니 지방자치의 한심한 현주소를 고발한 기사라고 보는 게 옳겠다. 이 지경이니 아무리 원론적으론 좋은 뜻으로 도입한 것이라지만 '지방의원 정당공천제'를 욕하지 않을 수 없다.

왜 〈무조건〉은 '풍자적 정치 가요'인가?

지방의원들만 '몸종'인 건 아니다. 지난 2001년 1월 전국 232개의 시장·군수·자치구청장 중 195명이 정당공천 배제를 요구하는 서명을 했다. 왜 그랬을까? 공천을 받지 못할 것 같은 두려움 때문에 그랬을까? 김병준은 "이들이 서명한 가장 큰 이유는 오히려 다른 곳에 있다. 드러내놓고 말을 못하지만 (…) 선거비용 문제가 이들을 괴롭히는 것이다. 공천을 받기 위해 써야 하는 비용과 선거과정에서 부담해야 할 조직운영비, 그리고 잡다한 선거비용을 생각하면 앞이 캄캄한 것이다"며 다음과 같이 말했다.

부정을 할 수도 없고, 안할 수도 없는 상황에 어떻게 한푼이라도 줄여볼 수 없을까 하는 심정이 195명의 서명에 반영되어 있는 것이다. 우리는 시장·군수·자치구청장들의 이러한 고민을 이해해주어야 한다. 이들을 위해서가 아니라 이 나라 지방자치의 발전과 나라 전체의 앞날을 위해서이다. 부정부패와 부조리로 잡혀가는 시장·군수들을 보고 욕이나 하고 말아서야 시민으로서의 도리를 다했다고 말할 수 없다. 공자 같은 운전자를 원하면 공자 같은 운전자가 살아날 수 있는 환경을 만들어주어야 하고, 깨끗한 시장·군수를 원하면 그러한 사람들이 살아날 수 있는 환경을 만들어주어야 한다. 밑 빠진 독에 물 붓기 식으로 퍼부어야 되는 선거제도와 관행을 그대로 두고, 또 다른 한편으로는 후원금 한푼 거둘 수 없도록 해놓고, 어떻게 깨끗한 시장·군수를 기대하겠는가? 시민사회부터 제대로 볼 수 있는 눈을 가져야 한다.[54]

민주주의 기본은 정당정치요, 지방의원 정당공천제는 정당정치의 활성화를 위해 긴요하다는 식의 교과서식 원론은 잠시 쓰레기통 옆에 두는 게 어떨까. '아래의 삶'을 제대로 살펴보고 나서 말해야 한다. 꼭 서민층을 보자는 뜻이 아니다. 엘리트층에 속하더라도 '아래의 삶'은 있는 법이다. '줄서기'를 개개인의 윤리 문제로만 보면 안 된다. 줄서기를 하지 않을 수 없는, 당신이 나를 불러준다면 무조건 달려갈 수밖에 없는 현실을 직시해야 한다. 그런 현실에 근거해 정책을 세우고 주장을 펴야 한다. 내가 '무조건'을 '풍자적 정치 가요'로 보는 이유도 여기에 있다.

자, 그렇게 해서 정치적 감투를 쓴 사람들이 자기 지역 내부에서 무슨 일을 할 것 같은가? '줄 세우기'의 먹이사슬을 만들지 않겠는가? 지방자치를 그 먹이사슬로 옭아매야 자신의 안전과 번영이 보장되지 않겠는가? 2014년 6·4 지방선거는 어떠했던가? 서울대 환경대학원 교수 전상인은 「지방선거에 地方이 없다」는 제목의 칼럼에서 이렇게 말했다.

6·4 지방선거까지 채 100일도 남지 않았다. 그만큼 국민적 관심도 점

점 더 높아지고 있다. 그런데 작금의 지방선거 열기는 온전히 지역 발展이라기보다 중앙의 권력 무대가 주도하고 선동하는 측면이 더 크다는 점에서 꽤 우려스럽다. 가령 '전략 공천' '중진 차출' '거물 영입' '경선 흥행' 따위는 지방선거에 굳이 필요한 용어가 아니다. 이른바 '정권 심판론'이나 '야권 연대론' 역시 지방선거가 감당하기에는 벅찬 개념이다. 선거를 앞두고 더욱 깊어지는 정당 내부의 계파 갈등 또한 지역의 일반 유권자와는 별로 상관없는 일이다.[55]

현실적으로 우리나라의 지방선거는 '지방의, 지방에 의한, 지방을 위한' 선거가 아니라 직전直前 대선의 연장전 또는 차기 대선의 전초전에 더 가깝다. 지방선거가 중앙 권력의 수요나 영향으로부터 결코 자유롭지 않은 만큼 지역 현안이나 지역 발전을 둘러싼 구체적 정책 논쟁은 대개 뒷전으로 밀리는 처지다.

중앙의, 중앙에 의한, 중앙을 위한 지방정치

2014년 지방선거가 끝나자 어느 정당이 이겼는가를 놓고 말이 많았다. 승자는 누구인가? 야당인가, 여당인가? 아니면 무승부인가? 그 어느 것도 아니었다. 승자는 '중앙'이요, 패자는 '지방'이었다. 대통령의 눈물을 닦아주자는 정신 나간 구호에서부터 우리 지역 출신 대통령 한번 만들어보자는 '지역 대망론'에 이르기까지, 중앙 권력을 염두에 둔 이슈와 전략이 지배한 선거를 지방선거라고 할 수는 없었다. 『중앙일보』는 「자치 단체장은 중앙 정치 식민지 벗어나라」

는 제목의 사설에서 다음과 같이 말했다.

"6·4 지방선거에서 가장 큰 쟁점은 '박근혜정권 심판이냐, 수호
냐'였다. 선거에 나선 후보들의 유세도 중앙 정치의 대리전에서 벗
어나지 못했다. 그 결과 지역의 중요한 경제·교육·복지·환경 문제
가 쟁점화되지 않았다. 선거가 막을 내린 지금은 당선된 광역 단체
장 후보들이 2017년 대선에 주자로 나설지가 관심사로 떠오르고
있다. 처음부터 끝까지, 기초부터 광역까지, 후보부터 유권자까지
양당 대결 구도에 철저히 포획돼 있는 것이다."[56]

물론 놀랄 일은 아니다. 아니 어쩌면 당연한 일인지 모른다. 1995
년 6월 27일 제1회 지방선거 이래로 실시된 여섯 번의 지방선거가
모두 그랬기 때문에 6·4 지방선거가 특별히 비판받아야 할 이유는
없다. 문제는 우리의 불감증이다. 지방선거가 계속 그렇게 엉뚱한
방향으로 나아가도 그걸 자연스럽게 여기는 우리의 의식은 '광기'
라고 부를 만 하다.

독일 철학자 니체Friedrich Wilhelm Nietzsche는 "광기란 개인에게는 예외
가 되지만 집단에게는 규칙이 될 수 있다"고 했는데,[57] 지금 우리가
바로 그런 상황에 처해 있다. 개인적으론 더할 나위 없이 똑똑하고
선량한 사람들이 중앙-지방 문제에 대해선 집단적으로 미쳐 돌아
가는 걸 어찌 달리 설명할 수 있겠는가. 이른바 '지잡대' '지방충' '지
균충' 등과 같이 사이버상에 떠도는 지방 모독의 단어들이 스스로
입증해 보이듯이, 멀쩡한 젊은이들도 중앙-지방 문제만 나오면 갑
자기 사악한 단세포 동물로 변신해버린다.

왜 그럴까? 지방은 중앙의 식민지이기 때문이다. 지방 식민지화

는 인정 욕구의 획일화·서열화는 물론 대학입시·사교육 전쟁, 극심한 빈부격차, 지역주의, 정치의 이권투쟁화 등 우리 사회가 안고 있는 주요 문제들의 핵심 원인이다. 이게 바로 '중앙의, 중앙에 의한, 중앙을 위한 지방정치'의 기본 메커니즘이다.

지방의 지도자들이 진정한 지방 사람들인지도 의문이다. "생존중인 역대 도지사 12명 중 1명만 전북에서 살고 있습니다." 2006년 6월 30일 밤 전북의 민영방송인 JTV 뉴스가 전한 내용이다. TV를 시청하다가 화들짝 놀라 메모해둔 것이다. 나머지 11명은 어디에서 살까? 물론 서울이나 서울 근교일 것이다. 전북만 그런 게 아니다. 지방의 모든 지역이 다 그렇다고 보아도 무방하다. 도지사들만 그러는 것도 아니다. 이와 관련, 『전북일보』 주필 백성일은 이렇게 말한다. "생산시설이 빈약한 전북은 인구 유입도 안 되고 돈만 외지로 유출되는 바람에 서민들 살기가 어렵다. 맞벌이 월급쟁이들이나 살기 좋은 곳이다. 하지만 돈 좀 번 사람들마저 자꾸 서울로 이사가 더 위축된다. 돈 좀 있는 사람들은 서울에 아파트 한 채 정도는 사놓고 서울서 주말을 보낸다. 기관장 지낸 사람들은 거의 서울서 산다. 전주서 체면 유지하고 살기가 버겁다는 것. 퇴직하면 애경사가 문제인데 이것도 서울로 이사 가면 찾을 일이 줄어든다는 것이다."[58]

6·4 지방선거 당선자 중 비수도권 광역 시·도지사 9명 중 8명이 서울, 나머지 1명은 경기 과천에 아파트나 오피스텔 등을 자가나 전세로 보유하고 있는 것으로 나타났다.[59] 2015년 3월 현재 전체 국회의원 세 명 중 한명이 서울 강남 3구에 아파트나 오피스텔, 단독주

택 등 부동산을 보유하고 있다는 것도 놀랍지만, 이에 못지않게 놀라운 건 자신의 지역구 자택은 전세로 얻은 대신 강남 3구에 집을 갖고 있는 의원이 31명이나 된다는 사실이다.[60]

지방에서 수도권대학으로의 인재 유출에 가장 중요한 영향을 미치는 변수가 부모의 학력과 소득수준이라는 것도 의미심장하다. 부경대 경제학부 교수 류장수가 2010년 8월, 2011년 2월 졸업자를 대상으로 분석한 「지역 인재의 유출 실태 및 결정요인 분석」이라는 논문에 따르면, 부모학력이 전문대졸 이상에서는 25.4%가 수도권대학으로 유출되었고, 고졸 이하에서는 13.0%만이 유출되었다. 부모소득이 500만 원 이상인 가구에서는 21.1%가 수도권 대학으로 진학하였고, 500만 원 미만 가구에서는 11.8%가 수도권대학으로 진학했다.[61]

지방이 중앙 정치의 식민지가 되었다는 건 지방 엘리트가 지방의 이익보다는 자신의 정치적 이익을 더 챙길 수밖에 없다는 걸 시사한다. 중앙 정치의 대리전에 올인하는 지방 엘리트의 머릿속에 지방보다는 중앙이 더 큰 자리를 점하고 있으리라는 건 뻔한 게 아니냐 이 말이다. 중앙정부는 바로 그 점을 파고들어 천연덕스럽게 '지방분권 사기극'을 저지르고 있으니, 도대체 누굴 더 탓해야 하는가?

식민지를 강탈하는 지방분권 사기극

"소방직 공무원의 국가직 전환은 지방분권과 자치강화 추세에 역행하는 것이다. 미국, 영국, 프랑스, 독일, 일본 등 선진국의 소방 사무도 지자체에 속해 있다는 것은 무엇을 말하는가." 광역단체에 소속된 4만 소방직 공무원의 국가직 전환 요구에 대해 나온 중앙정부의 반대 논리 중 하나다. 세월호 참사에 대한 정부의 한심한 대응에 "이것이 나라인가"라는 개탄이 쏟아졌는데, 이 반대 논리를 접하면 "이것은 나라가 아니다"라는 확신마저 갖게 된다. 국민을 상대로 조직적인 사기를 치는 정부를 가진 나라를 나라라고 할 수는 없잖은가. 왜 사기인가?

20년을 맞은 대한민국의 지방자치는 여전히 '2할 자치'에 머무르고 있다. 지자체 세입의 국세와 지방세 비율이 8대 2다. 지방 주민들은 지역에 기업이 많이 유치되면 지역발전이 잘되는 줄로 알고 있지만, "재주는 지방이 부리고 돈은 중앙이 먹는" 비극에 대해선 잘 모르고 있다. 세금 감면과 복지 확충의 생색은 중앙이 내고, 지방은 그 부담을 감내하느라 골병이 들고 있다.

이건 '부동산 강탈'에 이은 제2차 강탈이다. 그간 한국은 부동산이 주요 재산 축적 수단이 되어 온 '부동산 공화국'이었으며, 이는 철저히 지방을 희생으로 삼은 사실상의 강탈이었다. 부동산 가격 폭등으로 가장 큰 이익을 누린 사람들은 수도권 유주택자인 반면, 가장 큰 피해를 본 사람들은 지방에서 올라간 수도권 무주택자였다.

지방민들은 상대적 박탈감과 더불어 현실적인 불이익을 보고 있다. 수도권의 집값 상승 소식은 많은 지방민들에게 소외감을 넘어 일할 의욕마저 잃어버리게 했을 뿐만 아니라 직장 때문에 지방에서 서울로 올라가야 하는 사람들은 지방의 집을 팔아도 서울에서 전세조차 얻기 힘든 난관에 처하게 된다.[62] 그런데 이젠 돈줄을 틀어쥐고 있는 중앙정부가 평소 전혀 신경 쓰지도 않고 신경 쓸 뜻도 없었던 '지방분권'을 팔아 복지 부담을 지방에 떠넘기고 있으니 이게 강탈이 아니면 무엇이란 말인가.

완전한 지방분권은 시기상조인가? 좋다. 그럴 수도 있겠다. 지방분권을 천천히 하자는 주장에 기꺼이 동의하련다. 중앙과 지방을 나누지 말고 사이좋게 온 나라가 잘되게끔 애써보자는 말에도 수긍하련다. 단 조건이 있다. 권력과 금력을 중앙이 계속 장악하겠다면, 올바른 배분, 즉 지역균형발전이라는 대원칙을 지켜야 한다. 아니면 적어도 중앙이 지방을 상대로 사기는 치지 말아야 한다.

그런데 그간 중앙은 지방을 상대로 어떤 짓을 해왔던가? 국민 행복의 핵심이라 할 안전과 복지엔 돈이 많이 들어간다. 중앙은 돈줄은 놓지 않고 틀어쥐면서 안전과 복지를 지방에 떠넘기는 잔꾀를 부렸다. 그것도 지방분권이라는 그럴 듯한 이름으로 말이다. 이른바 '지방분권 사기극'이다. 돈이 많이 들어가는 일은 지방분권을 공격적으로 추진하고, 돈이 많이 생기는 일은 지방분권을 결사반대하는 짓을 천연덕스럽게 저지르고 있는 것이다.

못된 건 어찌 그리 선진국 흉내를 내는지 놀랍고도 흥미롭다. 최장집은 유럽에서 "분권화의 강화는 신자유주의적 시장경제하에서의 복지국가의 해체와도 밀접한 관계가 있다. 복지비를 삭감하고 서비스를 줄이는 데 지방정부를 활용했던 것이다"고 말한다.[63] 유럽에서도 그리 했으니, 우리도 선진국 된 걸로 알고 너그럽게 넘어가야 하는가? 그렇게 하고 싶지만, 유럽의 그 어떤 나라도 한국처럼 중앙-지방의 격차가 크진 않으니 그런 이상한 선진국 행세도 하기 어렵게 됐다.

지방분권 사기극의 대표작이라 할 복지분권 사기극을 보자. 2005년 노무현정부는 지방분권이란 미명하에 빈곤층, 노인, 장애인 등에 대한 순수 복지사업 67개를 몽땅 지방에 이양했다. 그 대신 지방에는 담배소비세가 중심이 된 '분권교부세'를 만들어주었는데, 이게 기막힌 이야기다. 이후 5년간 분권교부세 수입은 연평균 8.7% 증가한 반면, 복지비 지출은 고령화 가속화 등으로 연평균 18%씩이나 늘어났기 때문이다. 이에 대해 대구경북연구원장 홍철은 『지방 보통시민이 행복한 나라』(2011)에서 다음과 같이 말한다.

영악한(?) 중앙부처 공무원들이 '분권교부세'란 명분으로 복지사업을 지방에 넘기는 술책에 노무현 대통령은 '분권'이란 이름만 보고 찬성하였고, 한치 앞도 내다보지 못하는 지방공무원들은 교부세 늘려준다고 하니, 약藥인지 독毒인지도 모르고 덥석 복지사업을 받았던 것이다. 돌이켜 생각해보면, 중앙정부는 해도 너무 한다.[64]

'세대간 도둑질'은 안 되지만 '지역간 도둑질'은 괜찮은가?

감당할 수 없는 복지비용 때문에 지방재정은 파탄 지경에 이르렀고. 그로 인한 혼란을 지금 우리는 목격하고 있다. 2006년부터 2014년까지 지방정부의 사회복지 예산 증가율은 14.5%에 이르렀지만 같은 기간 지방정부 총예산 증가율은 6.2%에 그쳐, 재정파탄의 지

경에 이른 것이다.[65]

2014년 9월 3일 전국 시장·군수·구청장협의회가 급증하는 복지비 부담을 감당할 수 없다며 '복지 디폴트(지급 불능)' 선언을 예고한 데 이어, 한 달 후인 10일 3일엔 전국 시·도교육감협의회가 국회에서 기자회견을 열고 "내년도 누리과정(3~5세 무상보육) 중 어린이집 보육료 예산(2조1429억원)을 편성하지 않기로 결의했다"고 밝히지 않았던가. 시·도교육감들은 "유치원은 교육감 소관이지만 복지부 관할인 어린이집까지 지방교육재정에서 부담하면 교육재정 악화를 초래한다"며 "누리과정과 초등돌봄교실 예산은 국가가 부담하라"고 했다.[66]

2014년 10월 8일 경제부총리 최경환은 경제장관회의에서 교육감들의 집단행동에 대해 "국민과 어린이를 볼모로 정부를 위협하는 행위"라며 강도 높게 비판했다. 하지만 그는 어린이집 보육료 지원 정책이 박근혜 대통령과 새누리당의 주요 총선·대선 공약이었다는 것은 외면했다.(이 정책은 2011년 민주당이 내놨으나 실제 시행한 것은 총선·대선을 앞둔 2012년 1월 이명박정부 때였다.)[67] 이런 갈등에 대해 『한겨레』는 「무상보육은 박 대통령 공약 아니었나」라는 사설에서 다음과 같이 따져 물었다.

'국가 보육 책임'을 내걸며 무상보육을 공약한 건 박근혜 대통령이었다. 대통령선거 때 '보육비 부담을 덜어 저출산 문제를 해결하고 아이 키우기 좋은 나라를 만들겠다'고 약속했던 걸 국민은 잊지 않고 있다. 시·도교육감의 공약이 아니었다. 게다가 박 대통령은 당선인 시절 '보육사업과 같은 전국 단위 사업은 중앙정부가 책임지는 게 맞다'며 중앙정부의 재정지원 원칙을 직접 공언하기까지 했다.[68]

2015년 들어서도 상황은 달라지지 않고 더욱 악화되었다. 『한겨레』는 사설 「'습관성 위반'이 된 교육공약」에서 "박근혜 대통령은 지난 대선에서 고교 무상교육 단계적 실현, 초등 돌봄학교 확대, 3~5살 누리과정(무상보육) 지원, 반값 등록금 2015년까지 실현 등 굵직한 교육 공약으로 표심을 잡았다. 그러나 이제껏 제대로 실행된 게 드물다"며 다음과 같이 말했다.

결국 대선 과정에서 장밋빛 공약으로 생색은 박 대통령이 다 내놓고, 정작 막대한 재원은 대부분 시도교육청 등에 떠넘긴 채 중앙정부는 수수방관하는 게 공식처럼 굳어진 듯하다. 참으로 무책임한 행태다. 교육정책만큼 많은 국민의 속을 태우고 일상에 큰 영향을 끼치는 분야도 드물다. 백년대계를 생각하면 교육 공약은 더욱 철저히 지켜야 한다. 예측 실패나 사정 변경으로 공약을 지키기 어렵게 됐다면 정확한 설명을 내놓고 국민의 이해를 구해야 마땅하다. 또 지방교육재정의 도움을 받아야 한다면 시·도교육감들을 설득하는 등 협치의 모습을 보여야 한다. 이도 저도 아닌 오불관언의 태도는 유권자에 대한 배신이나 다름없다.[69]

안전도 마찬가지다. 일부 지역 소방관들은 면장갑을 끼고 화재진압에 나설 정도로, 최악의 조건에서 혹사당하고 있다. 차라리 솔

국세 14% 깎을 때 지방세는 23%나 감면… 지방 재정 '골병'

중앙정부, 경기부양 대책마다 취득세·재산세 등 건드려
지방정부 "힘의 격차야" — 기재부는 "고통 분담" 되풀이

정권은 지자체의 주 수입원인 지방세를 감면함으로써 세금 감면의 생색을 내면서, 복지는 지자체가 스스로 해결하라는 이기적 행태를 보인다. 그로 인한 세수 부족 때문에 2014년 지방 시·도교육감들이 무상보육 중단을 선언하기도 했다. 이는 '지역간 도둑질'에 다름 아니다.(경향신문, 2015년 7월 29일)

직하게 "돈 쓸 곳이 많으니 안전은 뒷전으로 미루자"고 말하면 좋겠는데, 중앙정부는 입만 열면 '안전'을 무슨 신앙 구호처럼 외친다. 그러면서 그런 참담한 현실은 외면하고 있으니, 이게 사기극이 아니면 무엇이 사기극이란 말인가.

지방분권 사기극에 이은 또 하나의 사기극이 있으니, 그건 바로 '세금 감면 사기극'이다. 유권자들로부터 박수를 받을 수 있는 세금 감면의 정치적 이익은 중앙정부, 아니 정권이 챙기고 그 부담은 고스란히 지방에 떠넘기는 수법이다. 특히 취득세와 재산세 등 지방세가 부동산 경기부양 수단으로 동원되면서 지방세 감면액이 눈덩이처럼 불어났다. 『경향신문』의 분석에 따르면, 2013년 지방세 감면액은 16조759억 원이었는데, 이 가운데 중앙정부가 법률 개정을

통해 감면해준 지방세가 15조1879억 원으로 전체 지방세 감면액의 99.5%였다.[70]

지역의 주요 재원인 지방세가 감세 정책수단으로 자주 동원되는 것은 중앙정부의 부담을 지방정부로 떠넘길 수 있기 때문이다. 국세 감면으로 세수가 줄어들면 중앙정부는 국채를 발행하든, 한국은행에서 돈을 빌리든 당장 메워야 할 책임이 있는 반면 지방세 감면으로 인한 세수 부족은 1차적으로 지방자치단체가 자구노력으로 마련해야 한다. 결국 중앙정부의 책임 회피에 지방만 골병이 드는 것이다.[71]

대부분의 중앙 언론은 복지 비용을 후손에 떠넘기는 건 '세대간 도둑질'이요, 금전적 후손後孫 학대'라고 펄펄 뛰면서도,[72] 이런 떠넘기기에 대해선 아무런 말이 없다. 오늘날 한국사회가 당면하고 있는 위기의 본질은 이념이나 정치적 노선 문제가 아니다. 법과 제도의 문제도 아니고, 잘 살고 못 살고의 문제도 아니다. 그 누구도 믿을 수 없다는 불신, 바로 이게 모든 문제의 근원이다. 정치권 내부의 배신을 응징하는 데는 목숨 걸듯 달려들면서 유권자에 대한 배신은 당연한 것 아니냐는 듯 오불관언하겠다면, 대선은 애초부터 대국민사기극이었단 말인가?

'내부식민지'를 은폐하는 명절의 민족대이동

정치경제적 측면만 볼 게 아니라 사회문화적인 측면도 보자. 지역모순이 정당한 평가를 받지 못하고 있는 가장 큰 이유는 연고주의다. 설과 추석 때의 민족대이동이 잘 말해주듯이, 수도권 인구의 다수는 지방 출신이다. 이들의 존재가 시사하듯이, 누구건 지방에서 서울로 갈 수 있다는 '가능성'이 실제 이상으로 과장되게 인식되고 있다.

성공회대 초빙교수 김찬호는 "우리는 고향을 사랑하는가. 향수는 애향심으로 이어지는가. 명절 때마다 '민족 대이동'을 하지만 지방과 농촌은 점점 황량해지고 있다"며 다음과 같이 말한다. "이런 현실에서 고향에 대한 그리움은 무엇을 의미할까. 그저 지나간 시절에 대한 상념일 뿐인지도 모른다. 하지만 그런 추억과 낭만이라도 간직하고 사는 것이 다행이라고 해야 할 것이다."73

아니다. 그렇지 않다. 그런 추억과 낭만이라도 간직하고 사는 것은 다행이라기보다는 오히려 불행이며 재앙이다. 바로 그런 정서적 끈 때문에 지방은 서울을 '성공한 자식들이 사는 곳'으로 인식하고 있는바, 마땅히 해야 할 생각과 행동을 제대로 하고 있지 않기 때문이다. '개천에서 난 용', 즉 서울로 올라가 출세한 지방 촌사람들이 오히려 지방을 죽이는 일에 앞장서는 배신을 저지르고 있다. 결국 이런 집단사기극에 종지부를 찍는 '식민지 독립투쟁'이 나라를 살린다.74

'식민지 독립투쟁'을 정서적으로 어렵게 만든다는 점에서 특히 명절 때의 민족대이동도 여성의 관점에서 생각해볼 대목이다. 특히 며느리의 고통이 심하다. 오죽하면 작자 미상의 「며느리 넋두리」라는 시까지 나왔겠는가. "얼굴못본 니네조상/음식까지 내가하리/나 자랄때 니 집에서/보태준 거 하나있나/ 며느린가 일꾼인가/이럴려고 시집왔나…."[75]

내부식민지 타파는 남북통일을 위한 전제조건

다른 나라들에서 내부식민지는 인종이나 민족을 경계선으로 하여 논의되고 있지만, 한국에선 동일 인종·민족임에도 지역별 격차가 그 어느 나라 이상으로 심한 양상을 보이고 있다. 사실 내부식민지 논쟁은 한국에선 사치스럽게 여겨지는 점이 있다. 그 어떤 나라도 한국처럼 이 문제가 심각하진 않기 때문에 다른 나라에서 벌어진 논쟁을 한국에 그대로 적용하기엔 무리가 따른다. 서울-지방간 발생하는 사회문화적 현상은 과거 일제강점기의 동경-경성간 관계와 너무도 비슷해 깜짝 놀랄 정도다. '지잡대' '지방충' '지균충' 등과 지방모독 언어가 난무하는 것도 그런 관점에서 이해할 수 있지 않을까?

최장집도 앞서 언급한 논문에서 지적했다시피, 지금과 같은 서울 집중화는 그 자체가 기득권을 갖기 때문에, 분권화는 저절로 주어지지 않으며, 지방에서의 적극적인 투쟁을 필요로 한다. 통일시대를 앞두고 북한의 내부식민지화를 염려하는 차원에서 보자면, 내부식민지의 개혁을 위한 노력은 남북통일을 위한 전제 조건이기도 하다.

2014년 말 현재 탈북자 수는 2만7518명으로 '3만 탈북자 시대'를 코앞에 두고 있는데, 우리는 지금 그들을 어떻게 대하고 있는가? 최근 '북한이탈주민지원재단'이 탈북자 1785명을 대상으로 한 조사에서 응답자의 20.5%가 "지난 1년간 죽고 싶다는 생각을 해봤다"고 답했으며, 79%는 "우울하고 슬프다"고 했다. 실제로 탈북자 자살률은 일반 국민의 3배에 이른다.

탈북자들이 가장 힘들어하는 것은 차별과 실업失業이다.[76] 이게 다 내부식민지 논리가 내면화된 탓에 일어난 일이다. 따라서 성공적인 지방자치와 국가발전을 위해서라도 내부식민지론이 기여할 수 있는 점에 주목해보는 게 좋겠다.

내부식민지 독립투쟁의 한 조건이라 할 지방분권을 가로막는 최대 원인은 무엇인가? 전국의 기초 및 광역 지방자치단체장 대상 설문조사 결과에 따르면, '중앙부처의 반발'이다. 중앙부처를 껴안고 그들의 의견을 존중해가면서 지방분권을 이룰 수 없는 이유도 바로 여기에 있다. 공개적으로 말은 하지 않지만, 중앙엔 지방분권을 위험한 걸로 보는 시각도 팽배해 있다. 지역분권이 부패를 만연케 하고, 국민통합을 저해한다고 보는 시각이다.

물론 그런 시각은 전형적인 '피해자 탓하기'이지만, 지방도 반성할 점은 있다. 그간 중앙언론이 쏟아낸 지방자치 관련 뉴스의 대부분은 지방 공직자들의 비리와 도덕적 해이였다. 예컨대, 다음과 같은 사설·기사 제목들은 지방 식민지의 참상에 대해 중앙만 탓할 수는 없다는 것을 잘 말해주지 않는가?

「구의원 외유 추태, 언제까지 봐야 하나」[77] 「지방의원 행동강령 조례 제정 강하게 압박해야」[78] 「지방의원들의 '인허가 이권瓕' 참여 法으로 막으라」[79] 「지방의회 문 여니 줄줄이 해외연수」[80] 「문제 많은 지방의원, 의정비까지 올려줘야 하나」[81] 「고양이에게 생선 맡긴 지방의회」[82] 「개발 조례 만들고 인허가까지…'수퍼갑' 지방의원」[83] 「난방비는 깎아놓고 해외 가는 지방의원들」[84] 「전북 시민단체, '갑질' 도의원 징계 촉구」[85] 「국회의원보다 한술 더 뜨는 지방의원의 甲질」[86].

이런 비판에 대해 지방민은 어떻게 대처해왔는가? 물론 중앙 언론의 그런 보도엔 왜곡되거나 과장된 것도 많거니와 '사건·사고 프레임'으로 부정적인 것만 골라서 보도한다는 문제 제기를 할 수 있겠지만, 지방민 스스로 지방자치에 대해 염증과 더불어 무관심으로 대응하고 있다는 것도 분명한 사실 아닌가.

왜 우리는 '종적 서열'은 강화하고 '횡적 연대'는 파괴하나?

중앙-지방의 종속관계를 가리키는 내부식민지는 같은 원리로 지방 내에서도 똑같이 나타난다. 한 지역의 대표적인 도시에 여타 지역이 종속되는 것이다. '프랙털fractal'은 '쪼개다'라는 뜻의 라틴어 '프락투스'에서 나온 말인데, 프랑스 수학자 베누아 만델브로가 1970년대에 "부분이 전체와 비슷한 구조로 되풀이되는 구조"를 가리키는 용어로 쓴 이후 수학·과학의 주요 개념이 되었다. 프랙털은 인간 신체의 핏줄과 나뭇가지 모양을 비롯해 미시세계에서부터 우주구조에 이르기까지 폭넓게 나타난다.[87]

그런데 한국의 인구분포 역시 바로 그런 프랙털 모습을 보인다. 2004년 말 수도권의 인구는 주민등록인구 기준으로 2321만 명으로 전체 4858만 명의 47.8%이며, 서울(1017만 명)과 인천(258만 명)에 주민의 54.9%가 몰려 산다. 경남권(789만 명)에서도 60.2%가 부산과 울산에 살고, 경북권(522만 명)도 58%가 대구와 포항에 살고, 전남권(339만 명)도 57.2%가 광주와 여수에 살고, 전북권(191만 명)도 49.2%가 전주와 익산에 살고, 충남권(339만 명)도 57.2%가 대전과 천안에 살고, 충북권(149만 명)도 55.7%가 청주와 충주에 산다. 권역별로 가장 큰 도시에 주민의 40~50%가 몰려 있고, 다음 도시가 10~15% 안팎을 차지하는 것도 판박이다. 땅이 비교적 넓고 산지가 많은 강원도(152만)도 50.7%가 춘천·원주·강릉에 산다. 김지석은 이를 '악성 인구 프랙털'로 규정했다.[88]

인구만 프랙털 현상을 보이는 게 아니다. 지역 내 교통까지 서울-지방의 관계를 그대로 빼박았다. 서울 본가에서 논산 집필실까지 차로 다니곤 하는 소설가 박범신은 이렇게 말한다.

모든 도로는 한결같이 행정소재지를 향해 뚫려 있다. 대도시와 대도시를 연결하는 고속도로가 최우선이다. 이는 내 집 앞-이웃마을을 잇는 도로 포장사업부터 시행했다고 알려진 대만과 비교된다. 이웃마을에 가는 것보다 소재지에 가는 게 훨씬 더 빠른 것이 하나도 이상하지 않은 게 지금도 여전히 우리의 풍경이다.

• '악성 인구 프랙털'은 이른바 '지프의 법칙Zipf's law' 또는 '순위규모법칙rank-size rule'과 유사한 면이 있다. 이는 한 나라에서 두 번째로 큰 도시는 가장 큰 도시의 약 절반 규모이고, 세 번째로 큰 도시는 약 3분의 1 규모이고, 네 번째로 큰 도시는 약 4분의 1 규모라는 법칙이다.(리처드 플로리다Richard Florida, 이길태 옮김,『창조적 변화를 주도하는 사람들』, 전자신문사, 2002, 399~400쪽; Rank-size distribution, Wikipedia)

품 넓은 지도력이 그립다

한국 전체로 보면 서울과 지방 사이에 종속적인 관계가 나타나는 것처럼, 한 지방 내에서는 지방 중심도시와 여타 지역 사이에 종속적인 관계가 나타난다. 이런 구조에서는 비슷한 이웃끼리 힘을 합치는 것보다 힘 센 중앙에 줄을 서는 게 더 유리하다.(경향신문, 2014년 7월 10일)

'박정희식' 빠른 성장을 성취한 개발 이데올로기의 본색이 그렇다. 비유컨대, 모든 문화-존재에게 무차별로 서열을 메겨 '중심'이라 부르는 것들에게 종從으로 줄 세우는 한편, 횡橫으로 연대를 이루어야 할 이웃 공동체는 낱낱이 나누고 갈라서 팽개침으로써 계속 '중심-중앙'에게 복종하도록 가르친 과정에서 생긴 부산물이 바로 우리의 '성장'이라는 것이다. 반인간적 반문화적 성장의 결과는 공동체의 완전한 해체-결절이며, 또 결과는 당연히 행복지수의 답보-추락이다.[89]

사실 수도권 인구집중을 막기 어려운 이유도 바로 여기에 있다. 수도권 인구집중에 반대하는 지역에서도 내부적으로 유사한 현상이 나타나고 있으니, 이른바 '서울공화국' 체제에 대한 문제 제기는 "너나 잘해!"라는 식으로 흐를 가능성이 높아지기 마련이다.

프랙털을 거꾸로 생각해 큰 것의 어느 한 부분을 떼어 내어도 그

것을 이용해서 전체를 가늠할 수 있는 정보를 모두 갖고 있는 것이라고 본다면,[90] 수도권 인구집중 문제에 대한 발상의 전환도 가능하다. 문제의 원인을 서울에서 찾는 건 전적으로 타당하지만 실천의 동력을 위해선 시선을 오히려 지방으로 돌리는 것이 필요하다는 것이다.

왜 지방 사람들이 지방을 더 차별하는가?

지방 내부에서 일어나는 도시들 간 갈등의 양상을 보면 서울-지방의 갈등과 매우 유사하다. 도道 단위 지역의 패권 도시는 다른 도시들에 대해 서울이 지방을 대하는 것과 비슷한 입장을 취한다. 바로 여기서 모순이 발생하고, 이는 종국엔 서울-지방 모순의 타파에 걸림돌로 작용한다. 지방 내부의 차별도 매우 심각하다. 학벌 중독은 서울보다는 오히려 지방에서 더 심하다는 것도 그런 실상을 잘 말해준다.

"J고에서 1등 해봤자 한번 뱀 머리는 영원히 뱀 머리." 어느 지방의 명문고인 K여고에 얼마든지 갈 수 있는 우수한 실력임에도, 집안 사정상 장학금을 받고 J고에 진학한 학생에 대해 K여고의 한 교사가 자기 학생들 앞에서 한 이야기다. 그 학생의 이름은 최은정이다. 최은정은 「될성부른 떡잎들만을 위한 세상: 명품교육도시 K군에서 보낸 비교육적 나날들」이라는 제목의 글에서 '지역사회가 우리를 차별하는 법'에 대해 다음과 같이 말한다.

K여고에 가면 착하고 성실한데다 똑똑한 아이이고 J고, DI고, A고에 가면 문제아이거나 아니면 착하긴 하지만 머리가 안 좋은 아이가 되어버리는 이 구리기 그지없는 낙인찍기가 비평준화 지역이 아이들을 차별하는 방식이었다. 우리는 우리가 어떤 사람인지를 한 번도 만나본 적도 없는 사람들로부터 늘 먼저 규정당해야 했고, 그들이 정의한 우리가 정말 우리 자신인 것처럼 그것을 내면화했다. 우리의 미래 또한 그들이 규정했다. (…) 우리를 두고 희망을 말하는 어른은 거의 없었다. 그들의 말에 따르면 우리의 미래를 이미 정해져 있으며, 그 미래의 내용도 암담했다.

반면 지역 명문고 학생들을 향해 쏟아지는 말들은 모두 희망의 언어, 그들의 노력을 행한 찬사, 그들의 미래를 축복하는 말들이었다고 한다.

그들이 놀면 공부도 잘하는데 놀기도 잘 노는 애가 되고, 그들이 착하면 공부도 잘하는데 착하기까지 한 애가 됐다. 또한 그들은 똑같이 오토바이를 타고 가다 경찰에 걸려도 아직 미래가 창창한, 어서 가서 공부를 해야 하기에 다른 학교 아이들과 달리 먼저 풀어 줘야 하는 아이들이었다. 어른들은 그런 식으로 그 아이들을 지지해주면서 그들을 이 작디작은 지역사회를 일으킬 '인재'라고 불렀다. 잘하는 애들을 팍팍 밀어줘서 명문대에 입학시키면 지역사회의 이미지 또한 업그레이드된다고 여겼다.

최은정은 J고의 희망으로 떠올랐다. 교감 선생님은 최은정을 따로 불러서 서울대 로고가 찍힌 지갑을 건네기도 했다. 최은정은 J고 개교 이래 최초로 서울대 합격생이 되었다.

언론사에서는 '개천에서 난 용'으로서 나를 인터뷰했다. 기사는 흔히 상상할 수 있듯이 '불우한 가정환경을 딛고 독학으로 서울대에 합격한 최 양'의 인생 역전사를 담았다. 어떤 지역신문은 최은정을 '소녀 가장'으로 표현해 멀쩡한 우리 엄마를 없는 사람으로 만들기도 했다. 더 극적인 효과를 원한 건가. 어쨌든 그땐 대학에 합격했으니 모든 걸 다 용서할 수 있었다. (…)

2009년에 내 앞으로 J고에서 만든 신문이 왔다. 그런데 이미 졸업해서 사라진 지 몇 년이 된 내 이름이 신문에 수없이 등장했다. 기사 끝마다 '우리도 노력하면 최은정 선배처럼 될 수 있겠죠?' '최은정 선배를 본받아 우리도 이렇게 노력해 봅시다'란 희한한 문구들이 보였다. 이 학교에 졸업생은 나밖에 없나. 그 많던 졸업생은 어디로 갔나. 하긴, 내가 대학 합격했을 때 서울대 간 학생들 이름을 돌에 새겨 학교에 전시하자는 아이디어도 나왔던 학교다. 충분히 가능한 일이다. (…)

학교마저 그러면 '될성부르지 않은' 다수의 새싹들은 대체 누구한테 물도 주고 비료도 주고 햇빛도 쐬어달라고 할 수 있을까. 그렇지 않은가? 이제, 학교가 대답할 차례이다.[91]

감명 깊게 읽은 글이라 길게 소개했다. 이건 예외적인 게 아니라 지방의 모든 시와 군에서 벌어지고 있는 일이다. 중앙에 대한 동경과 선망이 가세하면서 지방에선 중앙에 근접할 수 없는 학생과 사람들에 대한 차별과 모멸이 중앙에서보다 훨씬 더 증폭된 형태로 나타난다. '내부식민지' 체제의 비극이 바로 여기에 있다. 중앙과만 싸워야 하는 게 아니라 지방민들이 갖고 있는 그 장구한 내면의 전통과도 싸워야만 하기 때문이다.

제2장

왜 **수도권 규제**를
둘러싼 **국민사기극**이
벌어지는가?

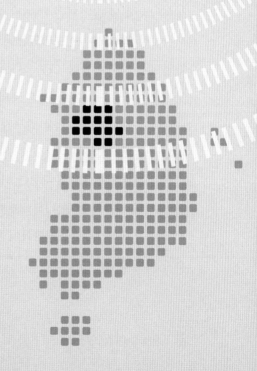

"서울을 좋은 도시로 만들어서는 안 됩니다"

1960년대에 서울시장을 지낸 윤치영이라는 분이 있다. 1963년에 서울시장이 된 윤치영은 1966년 3월 31일에 사임하고 그 후임으로 부산시장 김현옥이 임명되었는데, 윤치영이 서울시장 재임 시절에 했던 일들이 흥미롭다. 그는 시정목표로 "명랑한 서울, 깨끗한 서울, 살기좋은 서울"을 내걸었지만, 사실상 아무 일도 하지 않았다.

그러나 역설적으로 서울 인구 집중을 매우 중요한 사회문제로 여기는 관점에서 보자면 '불도저'라는 별명을 얻었을 정도로 열심히 일했던 김현옥보다는 윤치영이 더 나은 인물이었다. 윤치영은 자신이 열심히 일하지 않는 나름대로의 이유를 갖고 있었다. 그는 서울시 국정감사 때 어느 국회의원이 서울시 도시계획의 부진함을 비판하자 이렇게 답했다.

"좋은 말씀입니다. 나도 좋은 도시를 만들 줄은 압니다. 그런데 서울시는 아무런 도시계획 사업도 하지 않고 있는데도 이렇게 많은 인구가 전국에서 모여들고 있습니다. 만약에 내가 멋진 도시계획을 해서 서울시가 정말로 좋은 도시가 되면 더욱더 많은 인구가 서울에 집중될 것입니다. 농촌인구가 서울에 모여들지 않게 하기 위해서도 서울을 좋은 도시로 만들어서는 안 됩니다. 내가 서울에 도시계획을 하지 않고 방치해두는 것은 바로 서울 인구 집중을 방지하는 한 방안입니다."[1]

1964년 2월 6일 국회 내무위에서 나온 윤치영의 답변도 논란을 불러일으켰다.

"서울시의 현재 인구는 약 350만 정도입니다. 해마다 30만 명의 인구가 증가합니다. 광주시 인구수와 맞먹는 인구가 매년 늘어가고 있습니다. 이 인구증가를 막아야 합니다. 지방에서 서울로 진출해올 사람은 각 도지사의 사전허가를 받고 서울에 들어오기 전에 다시 서울시장의 허가를 받는, 그런 입법조치를 연구해주십시오. 그런 법률이라도 만들지 않으면 누가 서울시장을 해도 마찬가지입니다."[2]

이 엉뚱한 발언은 속기록에서 손질이 되긴 했지만 배석한 기자들에 의해 알려졌다. "지방민의 서울이주를 허가제로 하는 입법"이라는 내용으로 대대적으로 보도되었다. 윤치영의 서울 인구 집중에 대한 신경질적인 반응은 시골사람을 깔보는 오만함에서 비롯된 발언이었는지는 몰라도, 이 발언을 계기로 박정희정권은 서울 인구집중에 관심을 기울여 1964년 9월 22일 최초로 '대도시 인구집중방지

서울시의 인구가 350만 명이었을 때부터 이미 '초만원' '도시비대증'을 우려하는 목소리가 높았다. 때문에 1964년에 처음 대도시 인구집중방지책이 만들어진 이래 인구 과밀을 해소하려는 여러 정책이 제안되었지만, 서울의 인구는 급격히 늘기만 했다. 서울 중심의 사회구조는 그대로였기 때문이다.(경향신문, 1965년 5월 12일)

책'을 발표하게 된다.[3]

그러나 훗날의 역사가 말해주지만 서울로 인구를 유인하는 '구조'를 그대로 둔 채 아무리 규제를 가해봐야 부질없는 일이었다. 왜 서울로 인구가 집중되는가? 권력과 부, 그리고 그 권력과 부에 접근할 수 있는 주요 수단인 '명문 대학'이 서울에 집중돼 있기 때문이다. 이걸 분산시키기는커녕 오히려 강화하면서 '서울 인구집중방지'를 외치는 건 사기행각이다.

그런데 그런 사기행각이 중앙정부는 물론 유력 정치인들에 의해 버젓이 자행되고 있는 게 우리 현실이다. 이 점에서 시민운동가 시절에 지역균형발전을 역설했던 박원순이 서울시장이 되고 나서 달라진 모습은 많은 것을 생각게 한다.

2011년 서울시장 보궐선거에 범여권 시민후보로 출마한 이석연 (전 법제처장)은 범야권 통합후보로 거론되고 있던 박원순에 '맞짱 토론'을 제안했다. 그는 "박 변호사가 속한 참여연대나 민주당은 수도 이전에 찬성했었고, 박 변호사는 지금도 '서울을 옮기는 게 뭐가 나쁘냐'는 식으로 말하는데 지금도 찬성하는 것인지 묻고 싶다"면서 "이번 선거가 서울시장을 뽑는 선거인 만큼 반드시 짚고 넘어가야 한다"고 말했다.[4] 박원순은 그런 공세에도 불구하고 서울시장에 당선되었고, 지금도 지역균형발전 이야기만 나오면 적극적 지지자임을 표방한다.

2015년 3월 5일 세종시에서 열린 국가균형발전 선언 11주년 기념식에서 새정치민주연합 대표 문재인은 "박근혜정부가 국가균형발전의 철학과 가치를 헌신짝처럼 내팽개치고 있다"고 비판하며 "수도권과 지역간 심각한 불균형을 해소하는 것은 더 이상 미룰 수 없는 국가적 과제"라고 강조했다. 박원순은 이 기념식에 보낸 영상 메시지를 통해 "저는 서울시장이지만 국가균형발전이 절박하다는 생각을 하고 있다"며 "균형발전 정책의 참의미와 가치가 많은 국민들에게 인식되고 가속화될 수 있는 계기가 마련되길 바란다"고 말했다.[5]

그렇다면 박원순은 달라진 게 없잖은가. 이 영상 메시지만 보면 그렇게 생각할 수도 있겠지만, 그 자리의 성격을 감안하지 않을 수 없었던 고충을 이해해야 할 것 같다. 거대하게 추상적으로 찬성하느냐가 중요한 게 아니라 구체적인 정책으로 그걸 실천하느냐가 더 중요하다고 보아야 하지 않을까?

서울시장 박원순은 어떻게 달라졌는가?

박원순은 2014년 10월 7일 출입기자 간담회에서 "지방분권은 필요하다고 생각하며, 이를 위한 행정기관의 지방 이전도 반대하지 않는다. 하지만 금융 분산정책은 현명하지 않다고 본다"고 말했다. 그는 "글로벌 금융기업의 유치는 하루아침에 되는 것이 아니다"면서 "우리 한국 입장에서는 금융 허브를 분산해선 안 된다"고 강조했다. 이어 "한국거래소 본사의 부산 이전 등 서울에서 일부 금융기관이 분리되면서 효과가 떨어진 측면이 있다"고 지적했다.[6]

박원순은 2015년 3월 3일 『매일경제』 인터뷰에서 "서울이 금융, 연구개발(R&D) 등 비즈니스와 문화예술 수도 기능을 잃어서는 안 된다"며 "이미 지방으로 이전한 금융사도 서울에서 일할 수 있는 환경을 조성해야 한다"고 주장했다. 그는 또 "어정쩡한 논리로 (중앙 정부가) 금융 기능을 지방으로 찢어놓는 것은 안 된다"며 "지방 금융사 서울사무소 기능을 모은 합동 사무소 등을 설립할 필요가 있다"고도 강조했다.[7]

글로벌 컨설팅 기업인 맥킨지에서 일하다가 박원순에 의해 서울시 경제진흥본부장으로 스카우트된 서동록은 2015년 3월 30일 『이데일리』인터뷰에서 'N분의 1' 방식의 지역균형발전 모델은 대한민국의 경쟁력을 하향평준화시킬 뿐이라며 이렇게 말했다.

우리나라 상황은 영화 '국제시장'의 한 장면과 많이 닮았습니다. 자신이 배에 올라타기 위해 앞선 사람을 끌어 내리는 볼썽사나운 모습입니다. 더 많은 사람이 배에 오르기 위해서는 오히려 밀어주고 올려줘야 합니다.

서동록은 서울시를 경제수도로 육성하기 위한 방안 중 하나로 '서울특별법' 제정을 제안하면서 "지금은 한국과 중국, 일본 등 국가간 경쟁 시대가 아닌 서울, 상해, 도쿄 등 국제도시간 경쟁 시대"인데도 "우리나라는 지역 균형발전이라는 명분 아래 수도권 규제를 강화하고, 금융·연구개발(R&D) 등을 여러 도시로 분산시키고 있는데 이는 도시 경쟁력을 떨어뜨리는 일"이라고 말했다.[8]

박원순의 '책사'로 알려진 서동록이 훌륭한 분임을 믿어 의심치 않지만, 지방을 보는 그의 시각은 전형적인 이명박·박근혜정권의 핵심 브레인 같다. 영화 〈국제시장〉의 한 장면을 거론하는 그의 상상력은 충격적이다. 왜 지방이 서울을 끌어 내린다고 생각을 할까? 지난 반세기 넘게 서울이 지방을 끌어내려온 역사에 대해선 아는 바가 전혀 없는 걸까? 이미 특별한 시市인 서울특별시로도 모자라 '서울특별법'을 제정하자고? 할 말이 없다.

그러더니 얼마 지나서인 6월 초 서울시가 2016년 하반기 전북혁신도시로 이전할 예정인 국민연금공단 기금운용본부의 서울사무소 유치를 최대 30%의 파격적인 임대료 할인 혜택을 내걸고 여의도 국제금융센터IFC에 추진하고 있다는 얘기가 언론에 보도되었다. 이 보도에 따르면, 서울시 고위관계자는 "기금본부가 지방으로 이전하면 국내외 투자자와의 접촉이 어려워지고, 금융 핵심 인력을 끌어오는 데 한계가 있어 운용 효율성이 저하될 가능성이 크다"며 "기금운용본부가 서울에 남을 수 있도록 최대한 입주 지원에 나설 방침"이라고 했다.

이 같은 사실이 알려지자 전북도민들은 "만약 서울시의 논리대로라면 지방에 온전하게 남아날 만한 기관이 대체 몇 개나 되겠느냐"고 반문하며 "정치 놀음으로 LH공사를 경남 진주에 통째로 넘기고 민심 달래기 용으로 겨우 받아온 게 국민연금공단인데 그것마저 빈 껍데기만 남겨놓을 작정이냐"라고 불쾌감을 드러냈다.[9]

점입가경이다. 2015년 7월 30일 아침 집으로 배달된 『전북일보』를 펴드니 1면 머리기사로 「기금본부 '서울 설치 꼼수' 전북도민 분노」라는 제목이 박혀 있는 게 아닌가. 이번엔 서울시가 아니라 새누리당이다. 이 기사는 이렇게 시작하고 있다. "국민연금관리공단 기금운용본부의 전북 혁신도시 이전을 불과 1년도 남겨놓지 않은 시점에서 정희수 의원을 포함한 새누리당 일부 의원들이 기금운용본부를 공사화(기금투자공사)하는 내용의 '국민연금기금운용위원회 설치 등에 관한 법률'(이하 공사화 법안)을 발의하면서 전주가 아닌 서울에 주된 사무소를 설치하는 내용을 포함시킨 것으로 알려져 도민들의 분노를 사고 있다."

전북도의회 의장단은 긴급 기자회견을 갖고 "도민들에게 또다시 LH악몽을 떠올리게 하는 악의적 입법소식에 억장이 무너지는 심정"이라며 "개탄과 우려를 금할 길이 없다"는 내용의 규탄 성명서를 발표했다. 도의회는 "국민연금공단의 전북이전은 지난 2011년 'LH경남 일괄이전'이라는 이명박정권의 대국민 사기극 직후 정부와 여당이 그 무마책으로 결정한 것"이라며 "국민연금공단의 핵심 조직인 기금운용본부의 전북이전을 막으려는 다분히 정치적이고 악의적인 의도를 담은 이번 법안의 처리과정을 200만 도민들은 똑똑히 지켜볼 것"이라고 강조했다.[10]

『전북일보』는 사설을 통해 다음과 같이 주장했다. "기금운용본부의 전북 이전은 약속대로 관철돼야 마땅하다. 2012년 대선 당시 새누리당 박근혜 대통령 후보가 전북도민한테 약속한 내용이다. 당시에도 서울 상주 요구가 있자 논란을 잠재우기 위해 새누리당과 박근혜 후보가 전북 이전을 약속한 사안이다. 그 결과 기금운용본부의 주된 사무소를 전주에 두기로 하는 내용의 '국민연금법 개정안'이 불과 2년 전에 여야 합의로 국회에서 통과된 것은 다 아는 사실이다. 그런데도 전북에 내려오기 싫어하는 일부 기금운용본부 임직원의 사주를 받은 일부 국회의원들이 전북이전 무산 기도를 하고 나선 것은 박근혜 대통령을 실없는 사람으로 만들고, 새누리당을 '도민 배신당'으로 낙인 찍는 일을 하는 것이나 다름없다."[11]

과연 그럴까? 일부 국회의원들이 일부 기금운용본부 임직원의 사주를 받아 벌인 일일까? 반면 『새전북신문』은 법률안을 대표 발의한 곳이 국민연금공단 소관 업무를 감독하는 보건복지위원회가 아니라 재정위원회이며, 대표 발의자인 정희수 의원(경북 영천)이 기획재정위원장임을 지적하면서 "이들은 금융 모피아를 등에 업고 전북 이전을 무산시키려는 의도를 드러냈다"고 분석했다.[12] 그렇다면 '금융 모피아'의 장난인가? 어느 신문도 지적하지 않고 있지만, 서울시 경제진흥본부장 서동록이 행정고시 37회에 합격해 재정경제부(현 기획재정부) 행정사무관으로 7년간 근무했던 점과는 아무 관련이 없는 걸까?

기금운용본부 임직원의 사주 때문이건 금융 모피아의 장난 때문이건, 근본을 파고들자면 사실상 서울시민으로 살아가는 의원들의 뇌리에 각인된 '서울 패권주의'가 진짜 이유가 아닐까? 이 점에선 이들의 생각이나 서울시장 박원순의 생각이 똑같다는 게 놀랍지 않은가? 어찌됐건 지금으로선 정확한 이유를 알 수 없으니, 이 일이 앞으로 어찌 될 것인지 지켜보기로 하자.

일단 확실한 의도를 드러낸 서울시에 대해서만 말해보자. 물론 박원순의 선의는 이해할 수 있다. 하지만 그 정도의 선의는 세종시로의 정부 기능 이전을 결사 반대하던 이명박에게도 있었다고 보아야 하지 않을까? 지역균형발전에 반대하는 사람들에게 서울의 금융집중 필요성 정도의 선의나 명분이나 논거가 없을 거라고 본단 말인가? 금융 기능이 분산됨으로써 생길 수 있는 문제가 아무리 심각하다 해도 그건 정부 기능의 분산보다는 덜 심각할 텐데, 어이하여 정부 기능의 분산에 찬성했던 박원순은 금융 기능의 분산엔 그렇게 반대하는 걸까?

물론 우리는 그 이유를 잘 알고 있다. 서울시장이 됨으로써 입장이 달라졌기 때문이다. 서울을 가급적 더욱 부강하고 편리한 도시로 만드는 건 서울시장으로서의 당연한 책무다. 따라서 우리는 그를 탓할 수 없으며 탓해서도 안 된다. 문제는 이명박이 그러했듯이, 여야를 막론하고 서울시장직이 대통령직으로 가는 징검다리로 여겨지고 있다는 점이다. 즉, 서울의 힘을 키우는 사람만이 그 업적을 인정받아 대통령이 될 가능성이 높다는 이야긴데, 이게 과연 지역 균형발전을 위해 바람직한 건가?

물론 박원순은 대통령이 된다 해도 여전히 서울시장인 것처럼 일할 사람은 아니며 또 한 번 달라질 가능성이 높다는 옹호론도 가능할 것이다. 그러나 지금 나는 박원순을 문제 삼는 게 아니다. 입장따라 생각과 행동이 바뀌는 것에 대한 윤리적이거나 철학적인 성찰을 해보자는 것도 아니다. 지금 나는 서울을 키워 결과적으로 지역균형발전에 역행하는 공로를 세우는 것이 대통령이 되는 데 매우 유리한 한국의 대통령 선발 메커니즘에 대해 생각해보자고 말하는 것이다.

대한민국을 서울시로 간주한 이명박

이명박정권이 공격적으로 지역균형발전에 역행하는 행보를 걸은 건 분명한 사실이다. 이명박은 대한민국을 서울시로 간주한 대통령이었다. 실패로 돌아간 '세종시 백지화' 시도뿐만이 아니다. 다양한 분야에서 지역균형발전을 조롱하는 정책을 폈다. 여기선 수도권 규제 문제만 살펴보기로 하자.

2008년 3월 7일 지식경제부 장관 이윤호는 경제 5단체장과 간담회를 갖고 정부의 규제완화 방향을 밝히면서 "수도권은 합리적으로 규제를 풀되, 국가의 지원은 지방에 집중할 방침"이라고 말했다.[13] 말 그대로 실현만 된다면, 지방에서도 반대할 건 없었다. 그러나 믿을 수도 없고 실현될 수도 없으니, 이 노릇을 어찌할 것인가.

규제를 푸는 건 수도권엔 '현금'이다. 일도 매우 간단하다. 규제를 푸는 것만으로 모든 게 완성된다. 반면 국가의 지원을 지방에 집중하겠다는 건 지방엔 '어음'이다. 그것도 만기일이 멀리 남은 5년짜리 어음이다. 안전장치도 없다. 법적으로 강제할 수도 없는, 그저 신뢰뿐이다.

이명박정권을 믿을 수 있는가? 문제는 이윤호가 아니라 이명박이었다. 수도권과 지방의 공정거래 차원에서 지방을 옹호해야 할 공정거래위원회마저 이미 2008년 2월 수도권 규제 완화를 들고 나온 것도 바로 그 점을 말해주는 것이었다. 공정위는 "수도권 공장총량제 등에 대해 목적달성에 필요한 것보다 과도하지 않은지, 규제가 경쟁에 미치는 영향은 어떤지 등을 종합 검토할 필요가 있다"고 했다.[14] 그것 참 이상하다. 왜 그 생각을 노무현정권 시절엔 전혀 못 했던 걸까?

이명박을 믿을 수 있느냐 하는 건 멀리 갈 것도 없이 서울시장 재직시절부터 나온 이명박의 발언만 점검해보면 된다. 믿을 수 없다! 국가의 지원을 지방에 집중하겠다는 건 갑자기 툭 튀어 나온 것이다. 규제를 푸는 것에 대한 반대를 의식해 급조한 말이었던 것이다.

당시 이명박정권의 강한 의지를 믿는다 해도 실현되기 어려운 또 다른 이유가 있다. 정권이 돈을 땅에서 캐내는 건 아니라는 점이다. 국가의 지원은 누구에게 더 주면 누구에게 덜 돌아가는 '제로섬 게임'이다. 국가의 지원을 지방에 집중한다는 건 수도권으로 돌아갈 지원이 적어진다는 걸 의미한다. 수도권 이해당사자들이 그걸 팔짱 끼고 구경만 하고 있었겠는가.

이윤호의 발언이 나온 지 2개월여 후인 2008년 5월 14일자 신문에 재미있는 기사가 등장했다. 당시 각 신문별 기사 제목들만 살펴보자.

「공공기관장 연봉 차관급으로 인하」(경향), 「공기업 기관장 기본 연봉 깎인다」(국민), 「공공기관장 연봉 차관급 제한」(동아), 「공기업

기관장 연봉 깎고 성과부진하면 임기중 해임」(조선), 「금융 공기업 CEO 연봉 절반 깎일 듯」(중앙), 「공공기관장 연봉 대폭 깎는다」(한겨레).

공기업의 '도덕적 해이'에 염증을 내던 사람들은 위와 같은 기사들을 보고 시원하게 생각했을 것이다. "쇠고기 파동 건으로 영 마음에 안 들지만 그래도 역시 이명박이다"라고 생각한 사람들이 있었을지도 모르겠다. 그러나 이건 '기만'이었다. 이 기만을 제대로 보여준 기사가 하나 있었으니, 그건 바로 『한국일보』 기사였다. 다른 신문과는 달리 『한국일보』는 기사에 이런 제목을 달았다. 「산은 등 공공기관 30곳 완전민영화/기관장 연봉 1억 원 이하로 제한키로」.

그렇다. 보도를 하려면 이렇게 제대로 해야 한다. 이 기사는 왜 기만인지 굳이 설명할 필요조차 없게끔 일목요연하게 문제의 핵심을 드러내 보여준다. 민영화를 한다는 건 CEO 연봉이 수십억 원대로 뛸 수도 있다는 걸 의미하는 것일진대, 기관장 연봉을 들고 나온 이유가 무엇인가? 민영화를 순조롭게 추진하기 위해 벌인 '이명박표 포퓰리즘'이었나?

공기업 민영화엔 또 하나의 기만이 얽혀 있었으니, 그건 바로 혁신도시 문제였다. 한 달여 전 이명박정권은 사실상 '혁신도시 백지화' 카드를 내밀었다가 지방 민심이 들끓자, 오해라고 펄펄 뛰면서 혁신도시를 '실효성 있게 보완'하고 '국고지원을 확대'하겠다고 했다. 혁신도시의 핵심은 공기업 이전인데, 그걸 빼고 무엇을 '보완'할 수 있으며 무엇을 '확대'할 수 있단 말인가? 중요한 건 신뢰다. 그럼에도 2008년 7월 당시 청와대 국정기획수석비서관 박재완은 다음과 같이 말씀하신다.

"수도권 규제 문제도 좀 더 큰 차원에서 봐야 합니다. 우리나라 전체가 중국의 자치성省 하나보다 작아요. 이 좁은 나라 안에서조차 수도권, 비수도권으로 나누는 게 의미가 있는지 의문을 가져볼 수 있겠고요. (…) 수도권과 비수도권의 동반 발전, 상생을 도모하는 것이 중요합니다. 이전 정부에서처럼 수도권에 있던 것을 빼내서 비수도권으로 이전하는 것은 낡은 방식입니다. 그렇게 하면 수도권과 비수도권의 격차는 완화할 수 있겠지만 전체 파이는 똑같지 않습니까."[15]

아! 나도 모르게 한숨이 터져나왔다. 경남 마산에서 자라 부산고(이후 서울대 경제학과, 하버드대 정책학 박사)를 나왔다는 그가 '지방'보다는 국가 전체를 생각하는 애국심을 보인 것에 감동해야 마땅하겠건만, 한숨이 터져나온 건 어인 이유일까? 대大를 위해 소小가 희생하거나 인내하라는 개발독재 논리! 그 끈질긴 생명력에 대한 경외감은 아니었을까?

서울의 강남-강북 격차에 분노하는 이들에게 "우리나라 전체가 중국의 자치성 하나보다 작은데 강남, 강북으로 나누는 게 무슨 의미가 있느냐"고 말하는 게 온당한가? 양극화가 극심해지고 있는데 부자들이 빈자들을 향해서 "우리나라 전체가 중국의 자치성省 하나보다 작은데 부자, 빈자로 나누는 게 무슨 의미가 있느냐"고 말하는 게 온당한가?

지방의 요구는 무조건 수도권에 있던 것을 빼내서 비수도권으로 이전하라는 게 아니다. 전체 파이를 키우지 못하면서 나눠먹기만

하자는 것도 아니다. 수도권과 비수도권의 동반 발전을 전혀 신경 쓰지 않은 정부의 기만적인 정책, 그리고 새로 투자·투입되는 돈과 인허가권이 수도권 위주로 돌아가는 것에 문제를 제기하는 것이다.

대한민국을 경기도로 간주한 김문수

서울시장직과 더불어 경기도지사직 역시 대통령직으로 가는 징검다리로 여겨지고 있는데, 이 또한 한국의 대통령 선발 메커니즘에 대해 다시 한번 생각해볼 걸 요구한다. 이를 잘 보여주는 인물이 바로 경기도지사를 지낸 경력으로 대권을 꿈꾸는 김문수다. 김문수는 대한민국을 경기도로 간주한 대통령 후보인 셈이다.

경기도지사 시절인 2008년 김문수는 라디오 방송에 출연해 수도권 규제 정책을 강하게 비판하면서 "중국 공산당도 우리 같은 규제는 안 한다"고 주장했다. 국가의 지원을 지방에 집중하면, 김문수는 아마도 "중국 공산당도 우리 같은 집중 지원은 안 한다"고 들고 일어설 것이다. 중국 공산당이건 어느 나라 공산당이건, 아니 그 어떤 파시스트 정권이건, 우리처럼 기형적이다 못해 엽기적인 수도권 집중을 조장하거나 방치해온 경우가 있는가?

김문수는 『중앙일보』 인터뷰에서 다음과 같이 말했다.

(문) "'공익적 가치 실현'이라는 말을 많이 하는데, '수도권 규제 완화'에 올인하는 것 같은 행보들은 경기도 입장에서는 몰라도, 국가의 입장에서 공익적 가치라고 보기 힘들지 않습니까?"

(답) "아, 천만에요. 수도권 규제 철폐는 지방에도 좋은 일이에요."

(문) "수도권 규제 완화가 지방에 좋다고요? 그건 좀 동의하기 어려운 말인데요."

(답) "경기도민의 80~90%가 지방 사람입니다. 지방연합군이에요. 경기도가 안 되는데 지방이 잘될 수가 없어요. 지방은 지방대로 방안을 찾고, 경기도는 경기도대로 최선을 다해서 서로 윈-윈 해야죠. 이를테면 새만금을 농지로 전용한다는데요. 제가 농림장관에게 농사지을 사람 있습니까 하고 물어봤어요. 없다는 거예요. 그럼 그걸 중국에 대응하는 국가 산업기지 같은 걸 만들어야지 중국을 이길 거 아닙니까. 경기도 규제 풀려보세요. 담벼락 효과가 사라져요. 인접한 천안·당진·아산에 발전 기회가 열리는 거죠."

(문) "그럼 김 지사께서 경기지사가 아닌 충남지사라 해도 이런 발언에 동의하시겠어요?"

(답) "나는 내 역할을 다하는 겁니다. 다른 지자체도 마찬가지고요. 그게 궁극적으로 국가의 이익이 되는 공익 아닙니까? 내가 충남지사라면 경기도의 규제 완화를 달콤하게 생각하겠어요. 아니면 최소한 경기도를 묶으라고는 안 할 겁니다."[16]

한마디로 이야기해서, 수도권 규제 철폐에 반대하는 이들은 무엇이 자기 이익에 도움이 되는지도 모르는 바보라는 주장이다. 이게 말이 되나? 정직하게 수도권 규제를 철폐하면 지방에 이런 문제가 생기는데 그건 이런 저런 식으로 풀어나가야 한다고 말해야 하지 않나? 그러나 그에겐 그런 진정성이 없다. 김문수는 다른 자리에선 또 다른 말을 한다. 『중앙일보』에선 수도권 규제 철폐가 지방에도 이익이 된다고 주장하더니, 열흘 후 『조선일보』 인터뷰에선 다시 '공산당' 타령이다.

(문) "경기도가 어렵다고 하지만, 지방은 더 어려운 상황이다."

(답) "시도지사협의회장인 김진선 강원도지사에게 '경기도가 망하면 강원도가 잘살 것 같으냐'고 물은 적이 있다. 수도권에 인구의 절반이 산다. 그런데 경기도 주민 중 85% 이상이 지방 출신이다. 수도권과 비수도권은 상생관계에 있다. 저 사람을 묶어버리면 내가 잘살 수 있다고 여기는 것은 공산당적인 생각이다. 중국 공산당도 하지 않는 하향평준화 정책에 우리가 맛을 들였다. 바로 지난 정권의 포퓰리즘 정책 탓이다."[17]

도대체 어떤 게 김문수의 진심인가? 그래야 무슨 반론을 펴더라도 제대로 할 수 있을 게 아닌가? 경기도 주민 중 85% 이상이 지방 출신이라는 게 수도권 규제 철폐의 논리로 오용되고 있다는 것도 놀랍다. 그렇기 때문에 지방 사람들이 고향 떠나 수도권으로 몰려들지 않게 해야 한다는 생각은 정말 꿈에서도 해본 적이 없는 걸까? 저 사람을 묶어버리면 내가 잘살 수 있다? 이게 수도권 규제의 논리란 말인가?

『전북일보』 논설위원 조상진은 김문수의 논리에 대해 "이것은 장남에게 모든 것을 바쳐 대학 졸업시키고 잘 살게 해줬더니 동생들 것까지 뺏어가겠다는 심보에 다름 아니다. 이미 장남은 비만으로

헉헉거리고 동생들은 기아에 허덕이는데도 말이다"라고 비판했다. 이어 그는 "지난 대선에서의 선택이 오늘이듯, 수도권 노래만 부르는 김문수·오세훈을 4년 또는 9년 후 다시 선택할 것인가 자문해 봐야 한다. 반드시 그들을 기억해 두자. 여기에는 영남도 충청도 강원도 호남도 따로 없다"고 했다.[18]

지방의 분할지배를 통한 내부식민지 영속화

그러나 기억해도 전혀 소용없는 게 한국의 현실이다. 지방 유권자들은 지역주의에 중독돼 있어, 지방의 문제를 전혀 생각하지 않은 사람들이 대선에 출마해도 불이익을 주지 않는다. 그게 바로 김문수의 믿는 구석이기도 했다. 지방의 자업자득인 셈이다.

대선에서 지방이 지방 의제를 중심으로 단합된 힘을 보인다면, 감히 그 어떤 대통령 후보도 지방의 고통을 외면하는 발언을 하진 못할 것이다. 그러나 어떻게 된 게 이 나라에선 '수도권 우선주의'를 내세우는 후보일수록 대선 경쟁력이 높아진다.

그런 이유로 "지방은 당해 싸다"고 말해야 할 것인가? 그건 아닌 것 같다. 예산을 권력의 입맛에 맞게 마음대로 주무르거나 그렇게 할 수 있는 가능성을 차단하지 않은 예산 배분 시스템이 원흉이다. 지방자치단체장이 중앙부처를 자주 찾아 온갖 인맥을 동원해 호소·읍소해 예산을 많이 따오는 것이 단체장의 능력으로 평가받는다는 건 세상이 다 아는 일이다. 그럼에도 우리는 이 시스템을 그대로 둔 채 전혀 엉뚱한 일들에 혈압을 올리며 개혁을 논하고 있다. 중앙의 지방 분할통치 전략에 사실상 맞장구를 쳐주고 있는 셈이다. 예산에 대해 '혈세' 운운하며 감정적 대응을 하는 일은 이제 그만두고, 그 분배의 과정에 망원경과 현미경을 동시에 들이대는 범국민 운동이 절실히 요청된다.

예산 문제에 대해선 나중에 자세히 다루겠지만, 투명하지 못한 예산 분배는 지역간 갈등을 불러일으키기 마련이고 그 과정에서 지역주의와 지역감정은 증폭되고 악화된다. 타 지역에 대한 맹목적인 혐오의 감정으로까지 비화된다. 한 영남 유권자의 말을 들어보자.

"이명박이가 부패할 기라는 거, 박근혜가 무능할 기라는 거, 누가 모르고 찍었나? 우리 바보 아니대이. 오죽하면 돼도 걱정 안 돼도 걱정이라 했겠나? 하지만도 대안이 없었다 아이가? 조선왕조가 아무리 부패하고 무능했어도 일본 놈 통치보단 난 것 맹키로."

역사학자 전우용은 「국민통합, 내선일체」라는 제목의 칼럼에서 이런 말을 소개하면서 다음과 같이 이야기한다.

1961년 이래 지금까지 단 5년을 빼고는 내내 영남 출신이 대통령이었다는 사실, 차기 대권 후보로 거론되는 사람들 전부가 영남 출신이라는 사실은 그에게 지당한 일일 뿐 자부심을 갖고 말고 할 일이 아니었다. 그러면서도 노무현, 문재인, 박원순, 안철수는 단호히 '배신자'로 규정했다. 그에게 중요한 것은 대통령 개인의 출신지가 아니라 '영남 정권의 정통성'이었다. 평소 꼭꼭 숨겨 두었던 내심을 취중에 드러내

국민통합, 내선일체

세상읽기

전우용
역사학자

"이명박이가 부패할 거라는 거, 박근혜가 무능할 거라는 거, 누가 모르고 찍었나? 우리 바보 아니대이. 오죽하면 돼도 걱정 안 돼도 걱정이라 했겠나? 하지만도 대안이 없었다 아이가? 조선왕조가 아무리 부패하고 무능했어도 일본놈 통치보단 낫것 맹키로."

1961년 이래 지금까지 단 5년을 빼고는 내내 영남 출신이 대통령이었다는 사실. 차기 대권 후보로 거론되는 사람들 전부가 영남 출신이라는 사실은 그에게 지당한 일일 뿐 자부심을 갖고 말고 할 일이 아니었다. 그러면서도 노무현, 문재인, 박원순, 안철수는 단호히 '배신자'로 규정했다. 그에게 중요한 것은 대통령 개인의 출신보다 아니라 '영남 정권의 정통성'이었다. 평소 꼭꼭 숨겨 두었던 내심을 취중에 드러내면서도, 그는 '호남 지역감정에 비하면 영남 지역감정은 양반'이라는 말로 자기의 비교우위를 강조했다. 물론 그도 맨정신일 때는 지역감정이 망국적이라고 말한다.

이런 사람이 얼마나 되는지는 알 수 없으나, 간간이 이런 단단한 내심에 접하곤 한다. 그때마다 20세기 근왕주의자의 결기를 보는 듯해 한편 감탄하면서도, 그의 의식 깊은 곳에 지역감정이라는 단어만으로는 설명할 수 없는 무엇인가가 자리 잡고 있는 것 같다는 느낌을 떨칠 수 없다.

고려시대에는 호남인을 차별했고, 조선시대에는 서북인을 차별했다. 하지만 통일왕조 국가에서 수도가 아닌 특정 지역의 권력 독점을 당연시하는 문화는 없었다. 혹자는 박정희 정권이 권력기반을 강화하기 위해 지역감정을 이용했다며 그에게 원죄를 돌리기도 한다. 그러나 그 연원은 조금 더 거슬러 올라간 시점에서 찾아야 할 듯하다.

1945년 이전의 일본 제국은 일본 본토와 조선, 대만, 만주로 이루어져 있었다. 본토에서 멀리 떨어진 곳의 다른 인종이 사는 땅에 식민지를 만든 유럽 제국주의와는 달리, 같은 문화권에 속하는 가까운 지역들을 점령한 일본 군국주의는 점령지를 항구적 영토로 삼아 거대 제국을 건설하려는 '내지연장주의'를 채택했다. 이를 위해서는 식민지 원주민을 궁극적으로 일본인화하기 위한 '국민통합'이 필수적이었다. 그들은 조선에서는 '일본 왕은 일본인과 조선인을 차별하지 않는다'는 뜻의 일시동인(一視同仁)과 '일본과 조선은 하나'라는 뜻의 '내선일체(內鮮一體)'를 내걸었고, 만주에서는 '일본인, 조선인, 한인, 만주인, 몽골인이 서로 협력하며 화합한다'는 뜻의 '오족협화(五族協和)'를 천명했다.

그러나 이런 국민통합의 구호들은 식민지에서나 통용되었다. 조선인도 대만인도 일본인이 되면, 본토의 '내지인'들은 이를 내심 인정하지 않았고 마지못해 인정하더라도 '1등 국민'과 '2등 국민'으로 나누었다. 대일

들의 다함 없는 충성을 받을 자격이 있었다. 그렇게 그들은 국가권력에 대해 '아니요'라고 말하지 못하는 사람들이 되었다.

1960년대 이후의 경제개발 과정은 마산, 울산, 포항, 창원, 구미 등 영남권에 대규모 산업도시가 만들어지는 과정이기도 했다. 경제성장의 과실은 주로 수도권과 영남권에 분배되었다. 현재 한국경제를 지배하는 재벌가문 대다수도 영남에서 기원했다.

이런 역사 과정에서 영남인들의 의식 깊은 곳에 과거 '내지인'들이 가졌던 것과 비슷한 상대적 우월감과 자부심이 자리 잡은 것은 오히려 당연했다. 하지만 이런 마음을 내려놓지 못하면 대한민국은 영영 내지와 외지, 본토와 식민지로 구성된 '소제국' 상태에서 벗어나지 못할 것이다.

'망국적 지역감정'이라는 말이 나온 지도 수십 년이 지났다. 이제는 지역감정을 선거에 이용하는 정치인들만 탓할 때가 아니다. 지금 많은 일본인들이 '한국인의 반일감정에 비하면 일본인의 혐한감정은 아무것도 아니다'라고 한다. 이 말에 동의할 수 있을까? 이런 상황에서 '호남 정치' 운운하는 사람들도 한심하기는 일제강점기 '조선인 자치'를 주장했던 자치론자들과 하등 다를 바 없다.

나는 고 육영수 여사와 동향(同鄕)이고 외가도 충청도이며, 처가는 경기도다. 조선시대 과거 시험 치르는 것도 아닌데, 이런 얘기를 하면 묻지도 않고 '홍어'로 낙인찍어 버리는 사람들 때문에 구차하게 삼족(三族)의 출신지

지방은 서울의 식민지 신세이지만, 다 같지는 않다. 지역간 차별로 인해 영남 지역은 호남 지역에 비해 훨씬 많은 지원을 받아왔다. 이러한 '분할지배전략'은 지역갈등을 불러와 중앙의 지방 지배를 영속화하는 데 기여하고 있다.(경향신문, 2015년 7월 4일)

면서도, 그는 '호남 지역감정에 비하면 영남 지역감정은 양반'이라는 말로 자기의 비교우위를 강조했다. 물론 그도 맨정신일 때에는 지역감정이 망국적이라고 말한다. 이런 사람이 얼마나 되는지는 알 수 없으나, 간간이 이런 단단한 내심에 접하곤 한다. 그때마다 20세기 초 근왕주의자의 결기를 보는 듯해 한편 감탄하면서도, 그의 의식 깊은 곳에 지역감정이라는 단어만으로는 설명할 수 없는 무엇인가가 자리 잡고 있는 것 같다는 느낌을 떨칠 수 없다.

그 '무엇인가'는 과연 무엇일까? 그는 일제 강점기 시절 조선인도 대만인도 일본 국민이었으나, 본토의 '내지인'들은 이를 내심 인정하지 않았고 마지못해 인정하더라도 '1등 국민'과 '2등 국민'으로 나누었다는 사실을 상기시킨다. 대일본제국의 '1등 국민'이라는 자부심을 준 것만으로도, 천황제 군국주의 국가권력은 내지인들의 절대적 충성을 받을 자격이 있었으며, 그렇게 그들은 국가권력에 대해 '아니요'라고 말하지 못하는 사람들이 되었다는 것이다.

1960년대 이후의 경제개발 과정은 마산, 울산, 포항, 창원, 구미 등 영남권에 대규모 산업도시가 만들어지는 과정이기도 했다. 경제성장의 과실은 주로 수도권과 영남권에 분배되었다. 현재 한국 경제를 지배하는 재벌가문 대다수도 영남에서 기원했다. 이런 역사 과정에서 영남인들의 의식 깊은 곳에 과거 '내지인'들이 가졌던 것과 비슷한 상대적 우월감과 자부심이 자리 잡은 것은 오히려 당연했다.

하지만 이런 마음을 내려놓지 못하면 대한민국은 영영 내지와 외지, 본토와 식민지로 구성된 '소제국' 상태에서 벗어나지 못할 것이다. (…)

나는 고 육영수 여사와 동향同鄕이고 외가도 충청도이며, 처가는 경기도다. 조선시대 과거 시험 치르는 것도 아닌데, 이런 얘기를 하면 묻지도 않고 '홍어'로 낙인찍어 버리는 사람들 때문에 구차하게 삼족三族의 출신지 정보를 밝혀야 하는 '현대 국민국가' 국민으로 산다는 사실이, 너무 서글프고 참담하다.[19]

영남 정권들은 이런 서글프고 참담한 비극을 교묘히, 아니 노골적으로 악용한다. 인사의 영남 편중은 제쳐놓더라도 국토교통부가 국회에 낸 '2014년 도로사업예산현황'을 분석한 결과 호남지역 고속도로 건설 예산은 667억 원인 데 비해 영남지역 고속도로 예산은 9755억 원으로 무려 13.1배나 차이가 난 것은 무엇을 말하는가?[20] 2015년 국토부의 추가경정예산 가운데 영남지역 사업의 비율이 건수로는 41%, 액수로는 40%에 이른 것은 무엇을 말하는가? 내년 총선을 앞두고 국토부가 정부·여당의 텃밭인 영남권의 민원 해결에 나선 것이 아니냐는 지적이 나오는 것에 대해 무어라고 답할 것인가?[21] 지방의 분할지배로 내부식민지를 영속화하겠다는 게 아니고 무엇이란 말인가?

한국은 전형적인 "니가 당해라" 사회

김문수의 이론은 아무리 선의로 해석해도 기껏해야 앞서 말한 '낙수효과' 이론이다. 그 이론은 경기도 내에서도 통하지 않았다는 게 충분히 입증되었다. 경기도 내의 낙후 지역이 그걸 잘 말해준다. 사실 수도권 규제와 관련해 가장 문제가 되는 건 수도권 내의 낙후지역이다. 특히 경기 북부 지역은 수십 년간 국가안보를 위해 국군은 물론 미군이 주둔하면서 군사시설보호구역 규제를 광범위하게 받았고, 경기도라는 이유로 '수도권 규제'도 강하게 받은 낙후지역이다. 2008년 8월 26일 오후 경기 의정부시청 앞 광장에서 '군사시설 주변지역 규제 완화 및 지원 대책 촉구를 위한 결의대회'가 열린 것

도 바로 그런 이유 때문이었다.[22]

이 지역 주민들의 억울함은 지방 주민의 억울함에 비할 바가 아니다. 이 문제를 어떻게 해결할 것인가? 이 문제를 푸는 답은 수도권 규제 문제를 푸는 답과 직결돼 있기에 매우 중요한 의미를 갖는다. 즉, 수도권 규제 문제는 구조적이거나 국가정책적인 문제로 인해 빚어지는 특정 지역 주민들의 억울함을 어떻게 해소시켜줄 것인가 하는 문제라는 것이다.

꼭 우리만 그런 건 아니겠지만, 한국은 전형적인 "니가 당해라" 사회다. 수도권-지방 문제는 물론 군사시설에서부터 송전탑 건설에 이르기까지 모든 문제로 인해 부당한 불이익을 보는 사람들에게 적절한 보상을 해주는 게 아니라, 그런 불이익을 당하는 사람의 팔자소관이나 운으로 돌리면서 그냥 당하라고 방관하거나 등 떠미는 사회라는 것이다. 전쟁 나면 재수 없는 사람이 당하며 그건 어쩔 수 없다는 식의, '전쟁 멘털리티'라고나 할까?

『녹색평론』 발행인 김종철은 그런 사고의 전환을 제안한다.

밀양에서 초고압 송전탑 건설문제로 이루 말할 수 없는 고통을 겪고 있는 시골 사람들을 대하는 이 나라 기득권자, 잘난 사람들의 태도를 보면 거의 구역질이 난다. 그들은 '이대로만 살게 내버려 둬 달라'는 시골 사람들의 간절한 호소에 한번이라도 귀를 기울일 마음은 없이, 시골 사람들의 무지와 이기심을 비난하는 데만 열을 올린다. (…)
이 지겹도록 반복되는 약자멸시와 강자우선의 논리, 즉 자신들의 특권적 이익을 '국익'으로 포장하여 끊임없이 약자를 희생시킴으로써 기득권을 유지·강화하려는 이 뿌리 깊은 부도덕한 상황을 어떻게 타개할 수 있을까? 나는 저명한 반핵운동가 히로세 다카시의 오래된 제안, 즉 원전을 세우려면 도쿄 중심부에 세워야 한다는 제안을 그냥 반어법이 아니라 매우 진지하게 받아들여야 할 필요가 있다고 생각한다. 왜냐하면 결국 대개의 인간은 당사자가 아니면 당사자의 고통과 불행을 이해하지 못하기 때문이다. 서울이나 대도시의 전력 사용 때문에 시골 사람들이 고통과 멸시를 당하는 상황을 종식시키자면, 대도시 사람들도 같은 고통을 느껴볼 필요가 있는 것이다.[23]

그렇다. 우리에게 필요한 건 최소한의 역지사지다. '군사시설 주변지역 규제 완화 및 지원 대책 촉구를 위한 결의대회'를 진두지휘한 김문수가 그런 문제를 지적하면서 정면으로 돌파하고자 했다면 뜨거운 지지를 받았을 뿐만 아니라 국가 지도자로서의 위상을 확고하게 굳힐 수 있었을 것이다. 그러나 유감스럽게도 김문수는 '수도권 규제 철폐'만을 외쳤을 뿐이다. 수도권 규제 논쟁은 '강자 대 약자'의 구도인데, 그걸 뒤집으려고 수도권 내의 약자를 끌어들여 그 구도를 바꿔보려는 시도만 했다는 것이다. 즉, 경기도 내 낙후지역 주민들의 아픔을 수도권 규제 철폐의 명분으로만 이용하려고 했을 뿐이다.

제임스 맥그레거 번즈James MacGregor Burns는 『리더십Leadership』(1978)에서 "지도자의 중요한 임무는 역사의 각 단계에서 나타나는 커다란 모순을 분별해내는 일이다"고 말한다.[24] 한국의 지도자들이 그 경지에까지 도달해야 한다고 요구할 생각은 추호도 없다. 하지만

'공정'이나 '형평' 개념 정도는 알아야 할 게 아닌가 말이다.

박근혜정권은 한술 더 뜬다. "수도권 규제를 단두대에 올려 과감하게 풀자" 등 온통 대기업을 위해 규제를 풀겠다는 말과 행동뿐이다.[25] 수도권에서 지방으로 이전하는 기업에 지급하는 입지보조금을 폐지하겠다고 하질 않나,[26] 대통령 소속 지방자치발전위원회는 되레 지방 발전의 발목을 잡고 있다.[27] 실제로 박근혜정권 출범 이후 2015년 7월까지 발표된 정부의 투자활성화 대책 456개 중 수도권 규제완화와 직·간접적으로 관련된 대책은 139개에 달한다.[28]

이대로 가다간 지방경제가 '초토화'된다는 아우성이 쏟아지고 있지만,[29] 이런 문제에 대해선 어떻게 하겠다는 말은 전혀 없다. 대선유세땐 "지역화합과 국민통합을 위해서는 꼭 해야 할 두 가지 과제가 있다. 첫째가 지역균형발전이고 둘째가 공평한 인재등용이다. 두 과제를 실천하려는 의지와 능력이 없다면 헛공약이 되고 말 것이다"고 해놓고선,[30] 이렇게 배신을 때려도 되는지 모르겠다.

'지역균형발전기금'의 조성이 해법이다

수도권 규제 철폐 찬성론자들이 내놓는 모범답안은 한결같다. '국가'다. 예컨대, 전경련 규제개혁팀장 고용이는 "수도권과 비수도권이라는 이분법적 사고에서 벗어나 국가 경제 전체 차원에서 냉정한 검토와 건설적인 논의가 필요하다"고 말한다.[31] 한국경제연구원장 권태신은 "미국 텍사스주의 6분의 1도 안 되는 국토에서 수도권과 비수도권으로 구분 짓는 것은 국가 경쟁력을 빼앗을 뿐"이라며 "정치적인 반발 때문에 큰 틀에서 수도권 규제 정책을 바꿀 수 없다면 자연보전권역에서 공해 배출을 하지 않는 공장은 신·증설을 가능하게 해줘야 한다"고 말한다.[32]

우리나라 전체가 중국의 자치성 하나보다 작고, 미국 텍사스주의 1/6도 안 되는 국토이기 때문에 수도권과 비수도권으로 구분 짓는 것은 무의미하거나 국가 경쟁력을 빼앗을 뿐이다? 그런데 그렇게 말하는 사람들은 왜 한사코 서울에서만 살려고 하는 걸까? 이들이 말하는 '국가'는 개발독재 시대의 구호로 쓰이던 '국가'와는 어떻게 다른 건가? 국가를 위해 희생해라? 참아라?

이들이 일부 지방의 참상을 제대로 안다면 결코 그렇게 말 못할 것이다. 예컨대, 전국 시·군·구 가운데 분만이 가능한 산부인과 병·의원이 없는 곳은 전남 10곳, 경북·경남 각 9곳, 전북·충북 각 6곳 등 55곳에 이른다. 지역간 모성 사망비 격차는 어떤가? 모성 사망비는 산모가 출산과 관련해 사망하는 비율로, 분만 인프라 수준을 반영하는 지표다. 강원도의 모성 사망비는 2007년만 해도 서울의 3배를 조금 넘는 수준이었으나, 2013년엔 10만 명당 27.3명을 기록해 서울(5.9명)의 4.6배에 달했다. 강원도만 떼어놓고 보면 40년 전인 1970년대 우리나라 전체 모성 사망비와 맞먹는다. 이러니 "후진국만도 못한 강원 산모 사망률"이라는 말이 나오는 것이다.[33]

실언으로 이해하고, 말하고자 했던 취지의 핵심을 짚어보자. 수도권의 투자가 막히면 최첨단 기업은 지방으로 옮겨가는 대신 해외로 떠나버린다는 말에 동의한다. 2004~2013년 수도권 기업들이 해외에 투자한 액수가 180조 원에 이르며, 수도권 규제만 풀리면 당장 경기도에서만 2조 원, 인천·서울을 합쳐 3조 원이 투자로 연결 된다고 하는 점도 중요하게 생각한다.[34] 문제는 지역간, 국민간 형 평이다. 개발독재가 무시했던 형평 말이다.

　나는 이 문제는 가칭 '지역균형발전기금'의 조성 등과 같은 근본 적이고 획기적인 방안으로 풀어나가야 한다고 생각한다. 구조적이 거나 국가정책적인 문제로 인해 특정 지역 주민들이 당하는 경제적 불이익을 그 기금으로 보상해주자는 것이다. 기금은 구조적이거나 국가정책적인 수혜를 누리는 지역에서 유·무형의 이익을 일정 부 분 환수하는 방식으로 조성할 수 있다. 수천억 원 수준의 기금을 말 하는 게 아니다. 장기적으로 수십조, 수백조, 아니 그 이상의 기금을 형성해야 한다. 낙후나 불이익의 정도는 어떻게 판단할 것인가?

　여야 정당은 공천 문제를 둘러싸곤 희한하다 싶을 정도로 창의성 을 잘 발휘한다. 새누리당의 2012년 공천 개혁을 시도하면서 이른 바 '교체지수' 등을 토대로 최소 25%의 현역 의원을 공천에서 배제 하는 제도를 도입했다. 이젠 새정치민주연합의 혁신위가 당 지지도 와 의원 개인 지지도를 비교해 산정하는 교체지수 도입을 추진하고 있다. 교체지수를 산정해 '하위 25%'에 드는 경우 공천에서 배제하 겠다는 것이다.[35] 교체지수 도입이 옳건 그르건, 왜 그 좋은 머리를 지역별로 가칭 '지역균형발전지수' 같은 제도를 도입해 지역균형발 전기금을 배분하는 근거로 삼자든가 하는 더 큰 문제엔 써먹지 않 는지 모르겠다.

　'지역균형발전기금' 제도가 제대로 정착된다면 수도권 규제 완화 는 물론 완전 철폐까지 얼마든지 가능하다. 즉, 이런 식으로 "니가 당해라" 사회의 기본 모델을 바꿔보자는 것이다. 물론 쉽지 않은 일이다. 그러나 국가 지도자가 되려는 사람이라면 그런 정도의 비전을 제시해야 하는 게 아닌가? 단지 자신이 서울시장이라는 이유로, 경기도지사라는 이유로 서울시와 경기도의 이익만을 위해 일하다가 그 업적을 인정받아 대통령이 되겠다는 건 너무 한심하지 않느냐는 것이다.

"지방이 오히려 기득권을 즐겨왔다"고?

지방자치는 모든 이들에게 도움이 되는 '윈윈 게임win-win game'은 아니다. 궁극적으론 그럴망정 우선 당장 지방자치로 인해 피해를 본다고 느끼는 사람들이 적지 않다. 김병준은 '지방자치로 배 아픈 사람들'로 중앙부처 공무원들과 국회의원들을 지적했다. 이들은 지방자치제와 '권력 싸움'을 할 수밖에 없는 처지에 놓여 있다는 것이다. 김병준은 특히 기초자치단체장을 임명제로 전환하자고 했던 42명의 국회의원에 주목하면서 "'철없는' 국회의원들이 철없이 휘두른 입법권의 칼에 이 나라 지방행정이 죽고 이 나라 미래가 죽을 뻔했다"고 주장한다. 그는 이들의 이름을 기억해야 한다면서 다음과 같이 열거했다.

"임인배(대표 발의), 강숙자, 강창희, 권기술, 김덕배, 김윤식, 김정숙, 김태호, 김학송, 남경필, 맹형규, 박상희, 박승국, 박시균, 박재욱, 박창달, 백승홍, 서상섭, 서정화, 서청원, 손희정, 성공화, 송훈석, 심규철, 안경률, 안영근, 오세훈, 오장섭, 유흥수, 윤영탁, 이원형, 이윤성, 이재선, 이재오, 이해봉, 이희규, 임진출, 정진석, 조웅규, 조희욱, 하순봉."[36]

'지방자치로 배 아픈 사람들'은 중앙부처 공무원들과 국회의원들 뿐일까? 그렇지 않다. 김병준은 "중앙집권체제 아래 큰 이익을 누렸던 많은 사람들이 불안을 느끼거나 아픈 배를 어루만지고 있다. 지방분권에 따른 지방지의 성장을 경계하는 중앙언론, 중앙정부와 깊은 터널을 뚫어놓은 기업, 지역건설업체의 성장을 경계하는 거대 건설회사, 등 열거를 하자면 끝이 없다"며 다음과 같이 말한다.

"이들이 그냥 있을 리 없다. 어쩌다 시작된 지방자치이지만 되돌릴 수만 있다면 지금이라도 되돌리고 싶다. 그래서 온갖 생각을 다 해본다. 행여 자치단체에 부정이라도 발생했다는 소리를 들으면 자다가도 벌떡 일어나 박수를 친다. 수갑 찬 시장·군수가 TV 화면에 뜨면 '지방자치로 나라가 망했다'라고 큰소리치고, 지역이기주의로 나라가 시끄러우면 '어떤 놈이 지방자치 하자고 했느냐'고 고래고래 고함을 지른다."[37]

왜 그럴까? 그런 정신 구조를 이해해야 하지 않을까? 『경향신문』 (2008년 8월 13일) 대담에서 경기개발연구원장 좌승희가 하신 말씀이 실마리를 던져주는 것 같다. 그는 한밭대 명예총장 강용식이 "서울 등 수도권이 규제완화 등을 주장하는 것은 논리에도 맞지 않습니다. 서울 등 수도권이 기존에 누려오던 이득, 이른바 '기득권'을 놓고 싶지 않다는 것으로밖에 이해할 수 없습니다"라고 말한 것에 대해 다음과 같이 반박한다.

"수도권의 요구에 대해 '기득권 지키기'라고 지적하는 것은 말이 되지 않습니다. 수도권의 기득권은 없습니다. 그동안 정부의 정책을 냉정하게 살펴보면 우리나라는 수도권의 이익을 지방에 나눠주는 데 집중해왔음을 알 수 있습니다. 지방이 오히려 그 기득권을 즐기고 있었다고 볼 수 있습니다. 그동안 수도권에서 세금을 거둬들여 지방으로 넘겨준 것이 엄연한 사실 아닌가요."[38]

반박도 어느 수준이 되어야 할 수 있는 법인데, 한마디로 할 말을 잃게 만드는 말씀이다. 나는 지역균형발전전략이 단순한 분산정책이나 나눠주기 정책으로 전락해 효율성과 생산성이 크게 떨어진다는 비판엔 흔쾌히 동의한다. 국가적 차원에서 발전 거점을 만들어 육성하는 선택과 집중의 논리도 지지한다. 문제는 그로 인해 불이익을 받는 사람들에 대한 최소한의 배려일 텐데, 그런 배려조차 불필요하다는 듯 지방이 오히려 기득권을 즐겨왔다니 이게 도대체 무슨 말씀인가? 이 책 전체가 반론이 될 것인즉, 여기서 반박할 필요는 없을 것 같다. 중앙이 지방을 바라보는 시각의 한 줄기를 이해한 것으로 만족하고, 지방사람들이 마음을 독하게 먹을 필요가 있다는 것을 확인해두기로 하자.

"지방 균형발전의 미망에서 깨어나자"고?

'고함'이나 '궤변'도 있지만 '부드러운 속삭임'도 있다. 2008년 1월 『중앙일보』에 아주 재미있는 칼럼이 하나 실렸다. 이 신문의 논설위원 김종수가 쓴 「지방 균형발전의 미망에서 깨어나자」는 칼럼인데, 그 핵심 내용을 소개하자면 이렇다.

"지금의 수도권 규제는 수도권에서 기업 하기 어렵게 만들어놓으면 기업이 지방으로 내려갈 것이란 가정에서 출발했다. 이 가정이 틀렸다는 것은 그간의 경험이 여실히 보여준다. 수도권에서 공장을 짓거나 늘리기 어려운 기업은 지방 대신 중국과 베트남으로 떠났다. '수도권 규제=기업 지방 이전'이란 등식은 처음부터 성립할 수 없는 것이었다." 이어 이 칼럼은 노무현정부의 지방 균형발전 정책에 내재된 정략적 의도와 그것이 초래한 여러 부작용을 거론하면서 다음과 같이 주장했다.

"이젠 지방 균형발전이란 헛된 미망에서 깨어나야 한다. 전국을 모두 수도권처럼 만들 수도 없고, 그래서도 안 된다. 지역마다 여건과 특색이 다르다. 지방을 발전시킨다는 것이 서울과 똑같이 되라는 것은 아니지 않은가. 지방의 발전은 지방 스스로 하는 것이지 중앙정부가 대신해 줄 수 없다."

이 칼럼의 선의는 이해하지만, 논리 전개가 너무 거칠다. 노무현정부의 지방 균형발전 정책에 정략적 의도가 있었으며 그것이 초래한 여러 부작용이 있다는 주장에 일리가 있다 하더라도 그렇기 때문에 "지방 균형발전이란 헛된 미망에서 깨어나야 한다"는 주장엔 동의하기 어렵다. 운전 부주의나 난폭운전으로 교통사고가 났으면 자동차를 없애자고 선동할 게 아니라, 정반대로 교통안전을 위한 제반 조치의 이행을 주장하는 게 옳지 않을까?

수도권에서 공장을 짓거나 늘리기 어려운 기업이 지방 대신 중국과 베트남으로 떠났기 때문에 '수도권 규제=기업 지방 이전'이란 등식은 처음부터 성립할 수 없는 것이었다는 주장도 비슷한 함정에 빠져 있다. 왜 지방이 중국과 베트남보다 못한 비참한 처지에 놓여 있다는 생각은 해보지 않는 것일까? 지방 균형발전을 꼭 해야 할 강력한 이유가 나타났는데도 그걸 정반대로 해석하는 그 놀라운 상상력의 근원은 도대체 무엇일까?

지방의 발전은 지방 스스로 하는 것이지 중앙정부가 대신해 줄 수 없다는 주장은 이 필자가 대한민국을 연방제 국가로 알고 있는 가 하는 의구심을 불러일으킨다. 지방이 언제 지방발전을 중앙정부 가 대신해달라고 했는가? 중앙정부가 뺏어간 지방의 몫을 내놓으 라는 정당한 요구가 그렇게 보였나? 하긴 중앙정부를 상대로 한 지 방의 로비가 그런 인상을 주었을 순 있겠다. 그렇다면 "지방이여, 당당하게 요구하라!"고 선동을 하는 게 옳지 않을까?

지방이 무조건 옳다고 주장할 순 없다. 나는 지금과 같은 '내부식 민지' 체제하에선 지방 엘리트의 상당수가 현 '서울공화국' 체제의 공범으로 가담하고 있기 때문에 '수도권 대 지방'이라는 구도가 우 리가 생각하는 것만큼 그리 선명하진 않다고 생각한다.

또한 나는 지금과 같은 방식의 '수도권 규제'는 최선의 해법은 아 니라고 생각한다. 다시 말하지만, 앞서 언급한 '지역균형발전기금' 의 조성을 전제로 단계적으로 수도권 규제를 완전 철폐하는 것도 좋다고 본다. 표현은 매우 잘못되었지만, 『중앙일보』 칼럼이 말하고 자 했던 취지엔 동의하는 점도 있다. 지금 우리에게 가장 필요한 건 역지사지다. 위 칼럼을 쓴 필자가 자신이 평생 지방에서 산다는 걸 전제했을 때에도 위와 같은 주장을 할 수 있었을지는 의문이다.

'경제'가 시급하다면 '교육'이나 '문화'를 지방 살리기의 대안으로 생각해볼 수도 있다. 기존 네거티브 방식이 문제라면 포지티브 방식으로의 대전환도 생각해볼 수 있다. 그런데 수도권 규제에 반대하는 사람들은 그런 정도의 머리조차 쓰지 않은 채 몽땅 날로 먹으려고 든다. 그러지 말자. 알고 보면 서울 사람들도 대부분 지방 출신들인데, 그렇게 배은망덕해서야 쓰겠는가.

왜 중앙 공무원들은 의무적으로 지방 근무를 해야 하는가?

2006년 10월 변용환 한림대 교수 연구팀이 발표한 「기업유치로 인한 지방세수 증대효과」라는 논문의 내용은 충격적이다. 이 논문은 1996년부터 2003년까지 하이트맥주 홍천공장의 조세 납부실적을 분석한 결과 지방세는 전체 납부세액의 0.22%에 불과했다고 밝혔다. 이는 우리나라 전체 세금에서 국세가 차지하는 비중이 높은데다 지방세원의 발굴, 세율결정, 지방세 감면 등에서도 지자체의 자율권이 거의 없기 때문에 빚어진 현상이다.[39]

이는 지방분권이 절대적으로 필요한 이유를 잘 웅변해준다. 지방분권은 행정적이고 제도적인 문제라 지방 주민들이 알기 어렵다. 지방 주민들은 지역에 기업이 많이 유치되면 지역발전이 잘되는 줄로 알고 있지만, 지방분권이 이루어지지 않으면 "재주는 지방이 부리고 돈은 중앙이 먹는" 비극이 발생한다.

2008년 5월 경북대 교수 김형기는 "지방에는 권한과 세원 및 인

재가 없다"며 "이 세 가지가 자치와 분권에 필수적이지만 3무無에
가깝다"고 진단했다. 당시 부산시장 허남식은 "시장이 횡단보도에
선 하나 긋는 것도 할 수 없다. 말로만 지방분권이었지 재정구조도,
자치경찰도, 교육자치도 뭐 하나 이뤄진 게 없다. 중앙정부가 다 틀
어쥐고 있다. 홍콩이나 싱가포르 같은 국제도시와 경쟁하려 해도
권한은 없고, 규제만 있어 한계를 느낀다"며 "진정한 분권과 자치를
위해선 중앙정부의 법적·행정적·재정적 권한을 지방으로 대폭 넘
기는 발상의 대전환이 필요하다"고 강조했다.[40]

'발상의 대전환'을 못하는 동시에 안 하는 이유는 우선적으로 무
지 때문이다. 2008년 5월 충남지사 이완구는 "중앙 공무원들이 지
방 현실을 너무 모른다"며 "중앙 부처의 공무원들이 지방에 내려와
의무적으로 일정 기간 현장근무를 할 필요가 있다"고 말했다. 왜
그런가?

"도로 하나만 예로 들자. 천안·아산 인구가 70만 명이다. 사실상
충남 경제를 이끌어간다. 두 도시에는 삼성·현대 등 대기업이 몰려
있다. 두 도시를 잇는 4차선 도로가 7.4km다. 그런데 이곳을 지나
는 데 한 시간이나 걸린다. 도로 확장을 해달라고 요청했지만 몇 년
째 제자리걸음이다. 편도 2차선 도로를 3~4차선으로 확장하는데
몇 년째 공사를 하는지 모르겠다. 도지사가 애걸복걸해도 중앙정부
는 꿈쩍하지 않는다. 중앙 부처 공무원들이 지방에 와서 실정을 봐
야 한다. (…) 중앙정부에서 축산정책을 담당하는 실무 책임자가 소
한번 길러본 경험이 없다. 이들이 만든 축산정책이 어떻게 현실성
이 있겠는가. 중앙 공무원이 변해야 나라가 산다. 정부 부처 과장이

도道 정책을 좌지우지할 정도다."[41]

이완구는 국무총리가 되려다 망신을 당하고 말았지만, "중앙 부처의 공무원들이 지방에 내려와 의무적으로 일정 기간 현장근무를 할 필요가 있다"는 그의 말만큼은 백번 옳다.

더불어 이 대목에서, 이완구가 2008년 8월 전국 순회 간담회 행차에 나선 한나라당 지도부와 한판 붙은 것도 아주 잘한 일로 짚어 둘 만하다. 당시 한나라당 지도부는 지역에 따라 말을 달리 하고, 기분에 따라 특정 지역에 지원을 해줄 수도 있고 안 해줄 수도 있다는 식의 행태를 보였다. 한마디로, 지방을 거지 취급한 것이다. 말싸움 끝에 이완구가 잘 지적했듯이, 그건 정말 유치한 짓이었다. 이런 유치한 오만함은 도대체 어디에서 비롯된 것일까? 그게 다 '개천에서 용 나는' 모델의 부작용이다. 승자의 관점에서 패자를 내려다보는 자세가 몸에 배게끔 하는 게 바로 그 모델의 본질 아닌가 말이다.

왜 환경운동가들은 지방의 환경만 문제 삼는가?

한국의 가장 큰 환경문제는 과밀過密의 극을 치닫는 서울에 있다. 그런데도 환경운동가들은 이걸 문제 삼지 않은 채 오로지 지방만 문제 삼는 이상한 일을 하고 있다. 자신들도 수도권에 살기 때문이다. 생각해보자. 엄청난 양의 국부國富가 수도권 교통문제 해결을 위해 퍼부어지고 있다.

국토연구원 연구위원 김선희는 다음과 같이 말했다.

2002년 현재 우리나라의 수송부문 에너지 소비는 전체 에너지 소비의 22%로 1980년에 비해 2배 이상 증가했다. 따라서 국토 공간 구조를 개편하거나 계획할 때 에너지 소비를 최소화할 수 있는 지식과 지혜를 총동원한다면 에너지 소비를 구조적으로 줄일 수 있다. (…)

만약 우리나라 지방도시들이 경제적, 문화적으로 일정한 자족성을 확보하게 되면 수송 에너지를 얼마나 줄일 수 있을까? 단순히 인구의 재배치에 따라 교통량이 변화될 수 있다는 가정 아래 최적화 시뮬레이션으로 분석한 결과, 서울권의 인구 16.7%와 부산권의 인구 5.1%를 대전, 광주, 대구 및 마·창·진권으로 배치할 경우, 26.3%의 지역간 유발 교통량 절감효과가 있음이 예측되었다. 따라서 '지방분권형 국가만들기'가 성공해서 수도권 '일극집중'이 시정된다면 우리 국토도 에너지 소비를 근본적으로 줄이는 절약 시스템으로 기능을 할 수 있을 것이다.[42]

서울의 극심한 교통체증과 환경오염 등으로 인한 국고 손실만 해도 2008년 기준으로 연간 13조~15조 원에 이른다.[43] 그런데 이렇게 막대한 비용은 아예 고려되지도 않는다. 국민 모두가 부담하는 비용이기 때문이다. 누가 나서야 할까? 시민운동단체들이 문제 삼아야 한다.

그런데 환경운동가들이 이런 문제들에 목소리를 낸 걸 본 적이 있는가? 거의 없다. 환경운동가들이 죽으나 사나 매달리는 건 주로 지방의 개발 문제고, 그 대표적 사례가 바로 새만금이었다. 운동을 하기 위해서라곤 하지만, 왜 유명 환경운동가들은 다 수도권에만 몰려 사는지 그것도 의문이다. 수도권에 살기 때문에 유명해진 건가?

감히 환경운동의 대의에 딴지를 걸려는 게 아니다. 나는 골프조차 반대하고 골프 치는 동료 교수들을 내심 경멸하는 '순정' 환경보호론자다. 내가 문제 삼는 건 제국주의적 환경보호론이다. 죽어도 서울을 떠날 뜻이 없는 서울시민이 1년에 한두 번 지방의 시골을 찾아 자연을 만끽하면서 "개발이 한국을 망친다"고 외쳐대는 이른바 '환경제국주의'를 대하는 느낌이 들어서 하는 말이다.

2006년 3월 『한겨레』 환경전문기자 조홍섭은 '한국의 환경운동을 말한다' 토론회에서 "새만금사업 반대운동에서 가장 아쉬운 것은 전북 도민들의 반대여론을 조직하지 못한 것"이라고 말했다. "예를 들어 전북도청 게시판에 '우리도 한번 오염돼봤으면 좋겠다'는 글이 올랐는데, 이건 정말 경험에서 우러나온 것이라는 생각이 들었다."

그는 또 "이 나라에 오염되지 않은 곳이 어디 있나. 청계천도 끝까지 갔다가 복원됐고, 동강이나 우포늪도 마찬가지"라며 "이 문제는 간단치가 않다. 전북도민의 가난이나 소외, 바다에서 일하는 사람들과 그 부모의 한恨 때문에 나온 지지지, 도청 홍보나 지역신문에 놀아나서 그러는 게 아니다"고 했다. 그는 새만금사업을 지지하는 전북도민들에 대해 "그들은 무지하지 않다"며 "우리가 품이 많이 들어가는 운동보다는 이기든 지든 한 판 붙어보자는 식으로 운동한 게 아닌가 하는 아쉬움이 든다"고 토로했다.[44]

청계천 건설업자들은 '자선사업'을 했나?

정말 반가운 말씀이다. 분노해야 마땅할 일을 아쉬움이 드는 걸로 끝낸 게 아쉽긴 하지만 말이다. "왜 새만금사업을 반대하는 목소리를 내지 않느냐? 전북에 산다고 몸보신 하는 거냐?" 새만금사업에 대해 내내 침묵했던 나는 그런 힐난을 듣기도 했는데, 내 입장은 중립이었다. 새만금사업에 찬성할 수 없었지만, 전북도민의 새만금사업 지지를 '개발업자-공무원-언론' 3자의 결탁과 탐욕에 휘둘린 것으로 보는 반대자들의 시각과 주장엔 찬성하지 않는 정도가 아니라 화까지 치밀었기 때문이다.

그간 나는 지방을 옹호하는 강경한 목소리를 많이 내왔는데, 글을 쓰고 나서 매번 후회하곤 했다. 사람들이 영 좋게 보질 않기 때문이다. 지방에 살다보니 한恨 맺힌 게 많다고 본다. 심지어 지방사람들조차 그렇게 본다. "이젠 웬만하면 만족하고 사시지요." 그런 고마운(?) 말씀까지 들었다.

말이야 바른 말이지만, '탄탄한' 직장 갖고 있는 사람들에겐 지방은 천국이다. 비교적 적은 돈으로 넓은 아파트 사서 살 수 있고, 공기 좋고, 교통지옥 없고, 음식 좋고, 가까운 주변에 놀러갈 곳이 숱하게 널려 있다.

그런데도 왜 자꾸 지방을 비분강개조로 옹호하는가? 전북 인구 이야기를 하지 않을 수 없다. 1966년 252만 명이던 인구가 지금은 180만 명대로 줄었고, 지금도 매일 60명꼴로 줄고 있다. 돈 벌어 떠나는 게 아니다. 대부분 먹고살 길이 없어 전북을 떠나는 거다. 그들이 객지 나가 어떻게 사는지 조사된 바 없다. 제발 국가인권위원회라도 나서서 그들의 인권 실태를 조사해보면 좋겠다.

지방 건설업자들의 탐욕을 비판하는 것도 웃기는 일이다. 청계천 복원을 맡은 건설업자들은 '자선사업'을 했나? 왜 똑같이 돈 벌어도 지방의 건설업자만 욕을 먹어야 하는 건지 모르겠다. 막노동을 하더라도 객지 나가서 하는 것보다는 고향에서 하는 게 더 낫지 않을까? 서울이 고밀도 개발로 치닫는 건 발전과 번영의 상징으로 여기면서 지방은 서울사람들을 위한 휴식공간으로 머무르기 위해 환경보호를 제1의 가치로 여겨야 한다는 식의 발상도 의심해볼 필요가 있지 않을까?

지방 건설사업을 지방업체들이 먹는 것도 아니다. 대부분 서울업체들이 먹는다. 유통과 비슷하다. 대구시와 대구상공회의소는 2006년 외지 건설·유통업체가 대구에서 올린 매출액의 60~70%인 5조 원(2006년 추산치)이 외지로 빠져나간 것으로 추정했다. 서울 등지에 본사를 둔 대구의 대형 마트 18곳에서 올린 매출액 1조5000억 원 가운데 인건비·납품대금 등으로 대구에 남은 돈은 5000억 원가량에 불과했다. 또 대구에서 발주한 각종 건설공사 금액 5조 원 중 76%인 3조8000억 원을 서울 업체가 따냈다.[45]

경제력이 약한 지역일수록 그런 '서울 빨대효과'가 훨씬 더 크다. 그런 지역의 건설업체들은 수백억 원대 큰 공사를 수주할 능력도 없고, 컨소시엄 등을 통해 진입하기도 만만찮기 때문이다. 그래서 전북의 경우 지역업체들이 대형 공공사업에 일정 비율 의무적으로 참여할 수 있도록 하는 특별법을 만들어야 한다는 목소리가 높다.[46]

이런 현실에 대해 나는 탄탄한 직장 가졌다고 모른 척하기가 힘들다. 그래서 새만금사업에 대해서도 반대자들이 전북도민들을 무지하거나 어리석게 보는 듯한 발언을 하면 혈압을 올렸던 거다. 무지하거나 어리석은 건 오히려 그렇게 보는 사람들이다.

진보의 제1강령은 '내부식민지' 타파다

그런 점에서 김병준이 이른바 '천사표 처방'에 대해 이의를 제기하는 것에 공감하지 않을 수 없다. 즉, 사람들이 천사처럼 생각하고 행동하는 걸 대안으로 제시하는 식의 사회개혁론을 이젠 내버릴 때가 되었다는 것이다. 그가 소개하는 한 학생과의 이야기를 들어보자.

행정대학원 학생 한 명이 '지역이기주의의 완화 방안'에 관한 졸업논문을 써왔다. '이대로 가다가는 나라가 망한다'는 이야기와 함께 효과적인 방안이 마련되어야 한다는 내용이었다. 과연 그 '효과적인 방안'이라는 것이 무엇일까? 결론부터 보았다. 너도나도 이야기하는 천사표 방안이 제시되어 있었다―'시민 모두가 시민으로서의 도덕적 의무를 다해야 하며, 국가적 이익을 위해 개인과 지역의 이익을 양보하는 정신을 기르지 않으면 안 된다.' 심사과정에서 물어보았다. "자네는 죽자고 모으고 빚까지 얻어 산 아파트가 옆에 소각장이 생겨 값이 반으로 떨어지면 어떻게 하겠나? 나라도 그냥 넘어가지는 않을 것 같은데……." "아닙니다. 저는 그냥 양보할 겁니다. 공익을 우선해야 한다고 생각합니다." "좋아, 자네는 그렇다 치고 자네 부인은 어떨 것 같나? 양보할 것 같나?" "아직 결혼 못 했습니다." "……그래? 그러면 지금 살고 있는 집은 어떻게 되나? 자네가 산 집이 아니겠네?" "예, 아직 제 집이 없습니다." 사람은 천사가 아니다. 천사가 될 수도 없다. 천사가 될 수 없는 존재를 보고 천사가 되라고 하는 것은 정책도 아니고 해결책도 아니다. 사회적으로 책임 있는 사람들이 할 말은 더욱 아니다. 이제 우리는 이런 소리를 그만해야 한다. 지방자치가 지역이기주의 원인이라는 소리도 그만해야 하고, 사람보고 천사가 되라는 이야기도 그만해야 한다.[47]

수도권 주민들이 그러하듯이, 지방 주민들은 천사가 아니며 천사가 되어서도 안 된다. 서울에 사는 환경운동가와 지식인이 서울이 야기하는 환경문제는 비교적 외면하면서 지방의 개발을 문제 삼는 게 잘못됐다고 말할 수는 없다. 서울은 '이미 버린 몸'이니 버리지 않은 지방이나마 챙겨야겠다는 애정 때문일 수도 있다. 그렇게 이해를 하려고 애를 썼지만, 새만금과 관련해 쏟아져나온 서울 거주 진보파들의 비판은, 이 나라에서 '진보'의 제1강령은 '내부식민지' 문제를 기준으로 재정의되어야 하는 게 아닌가 생각을 갖게 만들었다.

나는 서울 강남에 살고 수십억대 부동산을 갖고 있고 골프라면 환장을 하면서 새만금사업을 강하게 비난한 진보 인사를 알고 있다. 죄송하지만, 나는 이런 식의 진보는 '사기 진보'라고 생각한다. 새만금사업을 비난한 세력 중엔 '사기 진보'가 적지 않았다는 게 나의 판단이다.

　수도권 규제를 둘러싼 국민사기극엔 보수와 진보의 구분이 없으며, 이 사기극을 중단시키기 위해선 서울시민뿐만 아니라 지방 주민들에게도 각인돼 있는 '서울 패권주의'를 깨야 한다는 뜻에서 드린 말씀이다. 또한 '개천에서 난 용'들은 자신이 놀던 개천을 고맙게 생각하는 게 아니라 오히려 흉보고 깔보는 못된 버릇을 갖고 있다는 점도 지적해두고 싶다. 자신이 피땀 흘려 노력한 끝에 탈출한 곳이니, 자신의 성취를 만끽하기 위해 더 그러는 것 같다. 그래서 내가 개천에서 용 나면 안 된다고 주장하는 것이다. 한국사회는 개천 중심으로 재편되어야 진보파들이 소중히 여기는 가치들의 구현도 이뤄질 수 있다는 것을 명심하자.

왜 **인사**와 **예산**을 둘러싼 '**내부식민지 전쟁**'이 벌어지는가?

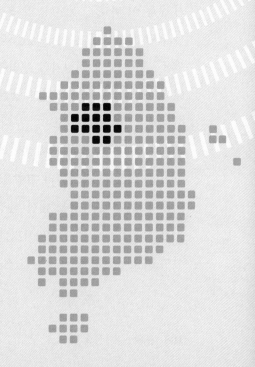

고향을 끼워맞추는 블랙 코미디

정부 인사 때마다 벌어지는 한편의 '블랙 코미디'가 있다. '뿌리 찾기 운동'이 바로 그것이다. 그 운동의 주체는 대통령 또는 그의 인사 담당 참모들이다. 이 운동은 평생을 서울 또는 경기도 사람으로 살아온 고위공직 내정자의 뿌리를 찾아내 새롭게 밝히는 걸 주요 내용으로 한다. 이 코미디의 압권을 보여준 건 이명박정권이었다. 이명박정권이 연출한 코미디 무대 위에 오른 대표 스타는 문화체육관광부 장관 유인촌과 관세청장 허용석이었다.

 이명박정권은 유인촌의 고향을 본인이 지금까지 밝혀왔고 모든 이들이 알고 있던 서울 대신 전주라고 내세웠다. 이럴 수가! 놀란 기자들의 질문 공세가 잇따르자, 유인촌은 "아버지 고향은 충남 서산이고, 한국전쟁 때 부모님이 전북으로 피난 가서 나를 낳으셨다"

며 "이후 서울에서 자란 것"이라고 답했다.[1]

인사에서 지역 안배를 하는 것 같은 시늉을 내려는 이명박정권의 '꼼수'에 대한 비판이 제기되었지만, 이 정권은 눈 하나 깜짝하지 않고 뒤이어 허용석의 출생지가 전북이라고 주장하고 나섰다. 허용석은 평소 그렇게 말하고 다닌 적이 단 한 번도 없었다는데, 이게 웬 말인가. 이런 궁금증에 대해 허용석은 이렇게 답했다. "동두천에서 태어났지만 호적에는 본적은 서울, 출생지는 아버님의 고향인 전북 진안으로 되어 있다."[2]

이명박정권의 '꼼수'를 비판하기 위해 꺼낸 이야기가 아니다. 정부 인사가 있을 때마다 눈에 불을 켜고 내정자들의 출신 지역별 분류를 해야 하는 우리 모두의 딱한 처지에 대해 한번 생각해보자는 뜻이다.

유인촌의 경우엔 아버지 고향이 충남 서산이라니, 그 어떤 의미에서건 전주 출신이 아닌 게 분명하다. 단지 태어난 장소 기준으로 따진다면, 예컨대 삼성 회장 이건희의 부인 홍라희도 전주 출신인가? 홍라희는 해방둥이로 전주에서 태어났다. 고향은 서울이지만 아버지가 전주에 판사로 와 있었기 때문에 '전라도에서 얻은 기쁨'이라는 뜻으로 라희羅喜라는 이름을 얻게 되었다. 스쳐 지나가는 인연이었을 뿐, 그 누구도 홍라희를 전주 출신으로 분류하진 않는다. 그건 일본 오사카에서 태어난 이명박을 오사카 출신으로 분류하지 않는 것과 같은 이치다.

그런데 허용석의 경우엔 좀 다르다. 허용석이 전북 출신이냐 아니냐 하는 건 전북에서 발행되는 신문들을 보거나 전북 지역 정서를 살펴보면 잘 드러난다. 전북은 아버지 고향을 기준으로 '전북인' 여부를 평가하는 문화를 갖고 있다. 물론 다른 지역도 비슷하지만, 인구 유입이 가장 적은 전북이 특히 심하다. 이명박정권이 고위 공직 내정자들의 고향을 갖고 장난치는 데는 낙후된 뿌리 중심의 지역문화에도 책임이 있다는 뜻이다.

속된 표현으로 "당해 싸다"는 말이 있는데, 지방은 의외로 당해 싼 짓을 많이 한다. 예컨대, 지방대 차별을 어디에서 가장 심하게 할 것 같은가? 서울? 아니다. 오히려 지방이다. 아는 사람은 안다. 이걸 뼈저리게 느낀 사람들도 많다.

노무현정권 시절 전북 정치인들이 각종 고위직 꿰차고 잘나갔을 때 나온 전북 신문들을 지금 다시 본다면 너무도 한심해서 혀를 끌끌 찰 사람들이 많을 게다. 한마디로 이야기해서, 자화자찬 일변도였다. 전북이 마치 대한민국의 중심이라도 된 것인 양 허풍을 떤 기사들이 지겨울 정도로 양산되었다. 전북도민에게 실질적으로 무엇을 가져다주었는가 하는 의제는 실종된 채 말이다.

아버지 고향을 따지는 발상은 과거엔 미풍양속이었는지 모르겠지만, 오늘날 그런 발상을 고수하는 한 돌아오는 건 '낙후落後'뿐이다. 그런데 누구의 낙후냐가 중요하다. 극소수 엘리트는 계속 재미를 보고 대다수 서민은 고통을 받는데도, 언론이 극소수 엘리트에 초점을 맞춰 '전북 전성시대'를 외쳐대는 게 여태까지의 현실이었다.

아버지 고향, 중요하지 않다. 유인촌의 고향이 전주라는 이명박정권의 주장에 유인촌이 얼마나 수긍했는지는 모르겠지만, 그 주장대로 유인촌의 고향은 전주다! 물론 자격상 모자란 게 있긴 하다. 그러나 뒤늦게라도 고향으로 알고 실천하면 고향이 되는 것이다. '노동'에만 유연성 개념을 도입해 비정규직 양산하지 말고, '고향'에 유연성 개념을 도입해 출신 지역 따지지 않는 명랑사회 이룩하자.

박근혜는 '영남향우회 정부' 만들려고 정권 잡았나?

이명박과의 차별화를 공격적으로 추진했던 박근혜는 대선 후보 시절 '국민대통합'을 대표 공약으로 내걸고 탕평인사를 약속했다. "국민통합은 말로만 외친다고 이뤄지지 않는다. 대통령이 된다면 먼저 대탕평인사부터 펼쳐나가겠다"느니 "지역과 성별, 세대를 넘어 골고루 사람을 등용해 100% 대한민국을 만들겠다"는 등 감동적인 말을 많이 했다. 그런데 결과는? 비판이라는 것도 어느 정도여야 할 수 있는 법인데, 아예 말이 나오질 않는다. 문자 그대로, "이럴 수가!"였다. 나는 "출신 지역 따지지 않는 명랑사회 이룩하자"고 했는데, 박근혜정권은 그걸 초극단으로까지 밀어붙인 것이다. 박수를 쳐야 하나?

2014년 11월 박근혜가 '경제 검찰'로 불리는 공정거래위원장에 대구·경북TK 출신을 앉힘으로써 감사원장·검찰총장·경찰청장·국세청장에 이어 5대 권력기관장이 전부 영남 출신으로 채워졌다. 검찰·경찰·국세청·감사원의 고위직 152명 중 영남 출신이 40%를 넘어섰으며, 국가 의전서열 1~10위 중 야당 대표와 중앙선관위원장을 뺀 8명도 영남 출신이었다. 이런 편중 인사는 '헌정사상 처음 있

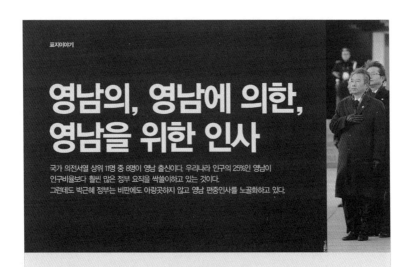

박근혜정부 들어 영남 출신 인물이 요직을 차지하는 극심한 인사 편중이 나타났다. 국가 의전서열 상위 11명 중 8명이 영남 출신일 정도였다. 이러한 인사 행태는 박근혜정권이 내건 '100% 대한민국'을 만드는 데 역행할 뿐 아니라, 지방으로 하여금 중앙권력에 갈수록 목을 맬 수밖에 없게 만든다.(주간경향, 2015년 3월 10일)

는 일'이었다.[3]

2015년 1월 12일 박근혜는 신년 기자회견에서 '인사 대탕평' 공약 불이행과 인사 소외 지역의 불만을 지적하는 질문에 "인재 위주로 이렇게 하다 보니까 어떤 때는 이쪽이 많기도 하고 저쪽이 많기도 하다"고 답했다. 과연 그런가? 2015년 2월 『한겨레』가 박근혜정부 출범 2년을 맞아 검찰과 경찰·국가정보원·국세청·감사원·공정거래위원회 등 6대 권력기관의 장차관급 인사 31명을 분석한 결과,

조사 대상의 54.9%가 영남 출신인 것으로 집계됐다.[4]

『경향신문』은 「박근혜정부 '영남 편중' 너무 심각하다」는 제목의 사설에서 이렇게 말했다.

박근혜정부의 특정지역 편중 인사가 도를 넘어섰다. '100% 대한민국'은 고사하고, 사회통합을 위한 최소한의 지역균형마저도 실종됐다. 외려 갈수록 편중이 심화되는 양상이다. 국가 의전서열 10위까지 8명이 영남 출신이다. 올 들어 교체된 청와대 신임 수석 4명 가운데 3명이 대구·경북TK 출신이다. (…)

동향·동창으로 엮인 인사들이 권력기관을 장악하게 되면 '끼리끼리 문화'에 빠져 균형과 견제의 원리는 증발되기 십상이다. 인위적인 지역 안배를 하려 능력과 자질에 따른 적재적소의 인사 원칙을 깨라는 말이 아니다. 통합의 가치를 일거에 무력화시킬 만큼 유능한 인재를 등용하는 거라면 문제될 게 없다. 하지만 박근혜정부 2년 평가에서 국민이나 전문가들 공히 '인사'를 최악으로 꼽는다. (…)

대통령의 인사에서 지역 편중이 노골화되고 탕평의 기본원리가 무시되면 그 해악은 광범위하게 번진다. 당장 연고주의가 드센 관료사회에 악영향을 미친다. 실제 일선 부처와 공공기관에 편중 인사가 심화하고 있다. 또한 연고로 얽힌 인사는 부정부패의 관피아 구조와 쌍생아이다.[5]

『한겨레』도 「'영남향우회 정부' 만들려고 정권 잡았나」는 제목의 사설을 냈다.

지금 정부 각 부처와 주요 기관들의 핵심 요직에 있는 사람들의 면면을 들여다보면 거의 '영남향우회' 수준이라고 해도 지나치지 않다. 그들이 끼리끼리 밀어주고 끌어주면서 축배를 들고 있는 한쪽 편에서는 소외된 지역 사람들의 울분과 원망이 차곡차곡 쌓여 간다. 이런 인사의 빛과 그늘 속에서 국가의 통합이며 화합 따위는 아득히 먼 나라 이야기가 되고 말았다

박근혜정부의 편중인사 특징의 하나는 염치며 체면 따위를 과감히 벗어던졌다는 점이다. 과거 정부에서도 편중인사니 코드인사니 하는 논란이 있었으나, 그래도 형식적 균형이라도 유지하려 애썼다. 검찰총장이 호남이면 법무부장관은 영남 하는 식으로 모양새라도 갖추려 했다. 하지만 박근혜정부는 이제 그런 시늉도 하지 않는다. (…)

'동종교배 퇴화의 법칙'이 동물뿐 아니라 인간 사회에도 적용된다는 것은 상식에 속한다. 같은 고향 사람들, 같은 사투리를 쓰는 사람들, 비슷한 학교와 배경을 지닌 사람들만 옹기종기 모인 조직이 걸어갈 길은 뻔하다. 더 나은 진화와 발전은커녕 퇴보만을 거듭할 뿐이다. 지금 이 정부가 총체적 난조에 빠져 있는 것은 다 이유가 있는 것이다.[6]

박근혜는 2012년 7월 10일 대선출마선언문에서 "그동안 정치를 해오면서 저에게 손해가 되더라도 한번 드린 약속은 반드시 지켜왔다. 국민과의 약속을 지키는 일에는 정치생명을 걸고 싸워 왔고 앞으로도 그럴 것이다"고 했다. 그리고 그해 11월 전북 방문 때엔 이렇게 약속했다. "모든 공직에 대탕평 인사를 할 것이다. 어느 한 지역이 아니라 모든 지역의 100% 대한민국 정권이 될 것이다. 제가

되면 호남은 희망의 땅으로 다시 태어나게 될 것임을 약속드린다. 약속한 것은 반드시 실천하는 정치의 새 모습을 보여주겠다."

『전북일보』수석논설위원 이경재는 「'영남민국'과 박 대통령의 허언」이라는 제목의 칼럼에서 박근혜의 위와 같은 발언들을 상기시키면서 이렇게 말했다. "집권 2년이 속절없이 흘렀다. '국민대통합' '인사대탕평' '지역균형발전' '동서화합' '희망의 땅 호남' 등 입맛에 척척 앵기는 약속들은 이제 거짓말의 백미로 반전되고 말았다. 지난 2년의 대한민국은 철저히 '영남민국'이었다. 일은 사람이 하는 것인데 청와대와 내각, 권력기관, 공기업 등의 핵심들이 영남권 인사들로 채워졌다. (…) 이제 집권 3년차에 들어섰다. 다른 건 몰라도 지역을 찢어놓거나, 사람을 차별하는 정책 만큼은 피했으면 한다. 그래서 신의 없는 대통령이란 소릴 듣지 않았으면 좋겠다."[7]

왜 문재인은 노무현정권을 '부산정권'이라고 했는가?

아무리 그 정도가 심하다 해도 이명박·박근혜정권만 비판할 일은 아니다. 우리 모두의 문제로 여기는 게 해법을 찾는 데에 오히려 도움이 될 것이다. 지역주의란 무엇인가? 이걸 자꾸 감정의 문제로만 보면 답이 나오질 않는다. 지역주의건 지역감정이건 그 뿌리는 '이익'에 있다. 우리 지역 출신이 권력을 잡아야 우리 지역이 더 많은 돈을 가져올 수 있다는 생각, 이게 바로 모든 문제의 근원이다.

그런데 놀랍고도 흥미로운 건 우리는 그런 문제의 해결을 대통령의 의지에만 내맡겨둘 뿐, 그걸 제도와 법으로 해결하려고 들진 않는다는 사실이다. 그걸 잘 아는 대통령 후보들은 마음에도 없는 말을 무조건 내뱉고 본다. 그래서 "국민통합은 말로만 외친다고 이뤄지지 않는다. 대통령이 된다면 먼저 대탕평 인사부터 펼쳐나가겠다"느니 "지역과 성별, 세대를 넘어 골고루 사람을 등용해 100% 대한민국을 만들겠다"는 등의 허황된 말이 양산되는 것이다.

과거 그 어떤 정권보다도 더 지역주의 극복을 외쳤던 김대중·노무현정권도 선거를 통해 정치 지형을 바꾸는 방식으로만 이 문제에 접근했을 뿐, 제도와 법을 통한 해법에 전혀 관심이 없었다. 자신들의 집권 기간내에 그 어떤 과실을 따보려는 과욕 또는 성급함이 빚은 비극이었다. 이걸 잘 보여준 게 노무현정권 시절에 나온 이른바 '부산정권' 파동이다.

당시 호남 상황을 보자. 노무현정권 시절 가장 꿈에 부풀었던 지역은 전북이었다. 한동안 중앙언론까지 나서서 '전북정치인 전성시대'라며 호들갑을 떨었다. 유력 대통령 후보, 국회의장, 집권당 원내대표 등 거물급들이 모두 전북 출신이라는 것이다. 전북지역 언론도 큰 기대를 걸면서 그 사실을 대서특필하곤 했다. 물론, 참으로 한심하고 딱한 노릇이었다.

2005년 4월 『전북일보』 정치부장 조상진은 당시 여당인 열린우리당 내에서 결성되고 몇몇 전북의원들도 참여한 '대구를 사랑하는 국회의원 모임'을 거론하면서 "가장 못사는 전북은 아예 구애대상에서 빠져 있다. 지역구 의원 11자리를 모두 몰아주고 개인적으로 국회의장이며 원내대표 등으로 잘 나가고 있으나 도민들의 살림살이와 상대적 박탈감은 좀처럼 나아지지 않으니 말이다"라며 다음과 같이 개탄했다.

지역 내 총생산GRDP은 전국 평균의 70%대로 최하위를 벗지 못하고
있다. 인구 또한 190만 명선도 무너져 이대로 가다가는 타시도에 흡수
되든지 아니면 해체되어야 할 판이다. 그런데도 전북은 여당에게 있어
주머니 속 공기돌이요 우리에 갇힌 집토끼 신세다. 한나라당도 도세가
작으니 구애 대상도 아닌 모양이다. 전북몫은 여당과 야당 어디에도
없어 보인다. 나만의 소아병적 푸념이었으면 차라리 좋겠다"[8]

정도는 덜 했을망정 광주·전남도 비슷한 정서를 공유하고 있었
다. 이런 정서는 시간이 흐를수록 강해졌는데, 그런 상황에서 나온,
노무현의 최측근인 전 청와대 민정수석 문재인의 '부산정권' 발언
이 큰 논란을 빚었다.

2006년 5월 15일 문재인은 열린우리당 오거돈 부산시장 후보 선
대위 사무실을 방문한 직후 가진 부산지역 언론인과의 간담회에서
"노무현 대통령이 부산 출신인데다 퇴임 후 이 지역에서 산다는 의
지도 확고한데 왜 부산정권으로 받아들이지 않는지 이해가 안 된
다"며 "아시아태평양경제협력체APEC 정상회의, 신항 및 북항 재개
발 등 부산에 신경쓰고 지원했는데도 시민들의 귀속감은 전혀 없
다"고 말했다.

이에 한나라당과 민주당이 거세게 반발했다. 한나라당 대변인 이
계진은 "고약하고 악의적인 지역감정 조장발언"이라며 "과연 호남
지역을 가서도 같은 말을 할 수 있는지 묻고 싶다"고 했다. 민주당

대변인 유종필은 "전국정당을 한다면서 부산에서는 부산정권, 호남에서는 광주를 모태로 하는 호남정권이라고 말하고 있다"며 "이는 현 정부가 국민과 호남인을 대상으로 사기극을 펼치고 있는 것"이라고 했다.[9]

문재인의 발언은 선의에서 비롯된 것이었겠지만, 노무현정권의 지역주의 해소책이 한숨을 자아내게 만들 정도로 한심했다는 건 분명했다. 어떻게 해서건 지역구도를 깨보겠다는, 아무리 좋은 뜻에서 비롯된 것이었을망정, 너무 정략적이고 편의주의적이었다. 원칙에 의한 정공법이 아니라 '떡을 주는' 구태의연한 수법으로 영호남두 마리 토끼를 다 잡으려는 과욕과 환상의 수렁에 빠져 있었다.

'동진' '서진' 그만두고 시스템 좀 세워보자

'대구사랑 의원 모임'도 치졸하기 짝이 없는 발상이었다. 대구시민의 강한 자존심이 그런 급조된 '이벤트'에 의해 휘둘릴 것 같은가? 대구의 경제적 어려움은 곧 지방 중소기업의 어려움이다. 대구를 사랑하려면 중소기업을 사랑해야 한다. 당연히 그 사랑을 실현할 수 있는 구체적인 실천방안을 제시해야 한다. 그런데 그런 일은 전혀 하지 않고, 모든 걸 '이벤트'로만 때우려 했으니 대구 민심이 움직일 리 만무한 일이었다. '동진東進'이니 '서진西進'이니 하는 전략·전술 차원에서 이뤄지는 방식으론 지역주의를 해소할 수 없다. 가장 중요한 건 공평한 게임의 룰을 세우는 것이다.

전국에 걸쳐 선거때마다 국회의원·지방자치단체장 후보들이 가장 강조하는 게 무엇인가? 그건 "나 서울에 줄 있다"는 '줄 과시론'이거나 "나 서울 가서 살다시피 하련다"는 '줄 올인론'이다. 지역에 중앙 예산 끌어오고 사업·기업 유치하는 데 필요한 줄을 이용하고 만들 수 있는 자신의 역량을 알아달라는 것이다. 유권자들이 그걸 비웃을까? 그렇지 않다. 유권자들은 줄의 필요성에 절대적으로 공감한다.

지역주의 선거의 본질은 서울의 권력 핵심부에 지역의 줄을 만들겠다는 것이다. 후보가 서울에 어떤 줄을 갖고 있느냐 하는 게 투표의 주요 판단 기준이 되는 선거와 민주주의가 갈 길은 뻔하다. '풀뿌리 정신'에 충실할수록 오히려 당선은 어려워진다.

한국인의 정당 충실도는 대단히 높다. 아니 지지하는 정당이 없다는 사람이 다수인데 그게 무슨 말인가? 투표시에 그렇다는 것이다. 평소엔 지지하는 정당이 없을 뿐만 아니라 정당들에 침을 뱉다가도 투표를 할 때엔 정당만 보는 게 한국 유권자들의 속성이다. 왜 그럴까? 한국인들은 정당 민주주의의 신봉자들이기 때문인가? 아니다. 오히려 정반대. 정당을 신뢰할 수 없는 집단으로 간주하기 때문에 더욱 정당에 집착한다. 정당이 공명정대한 집단이라면 굳이 정당에 연연할 이유는 없다. 정당은 불공정과 편파에 능한 집단이기에 지역발전을 위해선 힘이 있는 정당을 무시할 수 없다는 게 유권자들의 오랜 경험에서 비롯된 통찰이다. 좀 점잖게 이야기하자면, 정당정치에 대한 신념보다는 정당 중심의 정략적 파워에 대한 기대(또는 공포) 심리가 강하다는 뜻이다. 지역주의적 투표 행위도 궁극적으론 "우리 지역 정당"을 키우자는 장기 프로젝트의 일환으로 보는 게 옳다.

지금도 전국의 모든 지역들이 앞다투어 다 자기 지역이 가장 못 살고, 가장 차별받고, 가장 억울하다고 하소연하고 있다. 이른바 '우는 아이 젖 더 주기 신드롬'이다. 지금 우리 사회엔 객관적이고 포괄적인 증거를 제시하면서 균형발전의 순차적 청사진을 제시하고 국민을 설득할 수 있는 권위체가 없다. 그런 권위체를 키워나가려는 노력이 지역주의 해소책의 핵심이 되어야 한다. 그래서 정치지도자들의 정략과 연고가 아니라 공정하고 객관적인 원칙과 기준에 의해 지역발전전략이 수립되고 실행에 옮겨져야 한다. 그럼에도 발생하는 지역격차는 앞서 말한 지역균형발전기금으로 해소해야 한다.

그런 신뢰의 메커니즘이 구축된다면, 선거 때마다 단골 메뉴로 등장하는 그 지긋지긋한 '차별 타령'도 완화될 수 있을 것이다. 물론 그런 시스템을 세우는 게 쉬운 일은 아니다. 중요한 건 지금 우리가 그 방향으로 돌아서지도 못한 채 엉뚱한 방향으로 달리면서 지역주의가 해소되기를 기대하는 어리석은 게임에 몰두하고 있다는 사실이다. 제발 말로만 '시스템'을 외치지 말고 온몸으로 '시스템' 좀 세워보자. 지방은 선물이나 탐내는 거지가 아니다. 지방을 거지 취급하는 건 전형적인 '내부식민지' 논리다.

시스템 없이 그때그때 순발력만으로 헤쳐 나가려는 한탕주의 행태부터 버려야 한다. 지난 2008년에 나온, 광역시·도를 폐지하고 시·군·구를 합쳐 70개 시로 광역화하는 지방행정체제 개편안도 한탕주의의 전형이다. 당시 민주당이 내놓고 한나라당이 맞장구 친이 방안에 반대하는 게 아니다. 찬성하는 것도 아니다. 찬성이냐 반대냐가 중요한 게 아니라 평소실력과 '어떻게'가 중요하다고 보기 때문이다.『조선일보』인천취재본부장 김낙기가 정말 옳은 말 했다.

이제부터라도 지방에 권한과 재정을 단계적으로, 그러나 보다 과감히 넘겨 자치 능력과 책임성 개발의 기회를 줘야 한다. 지방행정개편의 근본 취지는 지방 경쟁력 확보를 통한 국가 경쟁력 강화다. 지방의 업무 역량은 예전과 같은데 행정개편으로 갑자기 덩치만 키운다고 어느 날 갑자기 경쟁력이 커질 리는 없다.[10]

지방행정개편의 취지는 제법 설득력이 높다. 문제는 지방행정개편이라는 대규모의 '한탕'이 없이는 기존 문제들을 도저히 해결할 수 없다는 것처럼 전제하는 자세에 있다. 즉, 속된 말로 평소 개판 쳐놓고 '각론' 차원에선 그 어떤 개선도 시도하지 않다가 누적된 문제들을 홍수에 휩쓸려 내려가게 하듯이 '총론' 한방으로 해결해보려는 한탕주의에 동의할 수 없다는 것이다. 이제 제발 그러지 말자. 한탕주의론 안 된다. 평소 실력으로 각론에 충실해야 한다.

'대통령 결정론'을 넘어서야 한다

"한 표가 당신의 삶을 결정합니다"(경향), "당신의 한 표, 한국 미래를 좌우합니다"(국민), "한 표의 힘, 대한민국의 5년을 결정합니다"(동아), "오늘 여러분의 선택이 '대한민국 5년'을 결정합니다"(한겨레), "당신의 한 표에 한국의 미래가 달렸습니다"(한국).

17대 대선이 치러진 2007년 12월 19일 아침 각 신문 1면에 큰 활자로 박힌 투표 참여 독려 메시지다. 이 메시지들의 선의를 이해하고 존중한다. 그러나 이젠 좀 달리 생각할 때가 되지 않았느냐는 제안을 하고 싶다.

이 메시지들이 공통적으로 담고 있는 전제는 이른바 '대통령 결정론'이다. 대한민국의 5년, 국민의 삶, 한국의 미래가 대통령 한 사람에게 달려 있다는 뜻이다. 한국과 같은 '대통령 공화국' 체제에서 이런 '대통령 결정론'은 당연하게 여겨진다.

그런데 '대통령 결정론'은 한 가지 치명적인 결함을 안고 있다. 대통령이 잘못된 길로 가더라도 막을 길이 없다. 국민이 할 수 있는 일은 이미 투표장에서 다 끝나버렸기 때문이다. 대통령이 무슨 일을 하건 묵묵히 따라가거나 구경할 수밖에 없다는 체념과 패배주의가 '대통령 결정론'의 토대다.

'대통령 결정론'은 우리가 아직 '박정희 시대'를 졸업하지 못했다는 걸 말해준다. 그 시대엔 총칼이 큰 힘을 썼지만 오늘날엔 대통령이 제공할 수 있는 수천 개의 고급 일자리와 예산을 나눠줄 수 있는 결정권이 큰 힘을 쓴다. 그 일자리와 돈을 노리는 엘리트들은 대통령을 맹목적으로 추종하고 예찬한다.

더욱 위험한 건 대통령을 교주로 모시는 '대통령 종교'의 신도들이다. 이들은 대통령에게 자기 자신을 바침으로써 자기 자신이 대통령이 된다. 자신의 그런 신앙 행위가 '권력감정'의 대리만족이라는 메커니즘을 통한 권력욕이라는 걸 인정하지 않은 채, 자신에겐 사심이 없다고 확신하면서 권력투쟁의 투사로 맹활약한다.*

이게 바로 '대통령 결정론'이 현실로 바뀌는 과정이다. 대통령의 오류와 과오가 교정되기 어려운 이유다. 진짜 문제는 이 모든 과정이 이념이나 정치적 포지션 등으로 위장된다는 사실이다. 자신의 이익을 위해 대통령에게 아첨하면서도 그걸 명분이 있는 이념·정치투쟁인 양 포장을 함으로써 온 나라를 갈등과 분열의 수렁으로 몰고 간다.

공공영역을 이권투쟁의 마당으로 전락시키지 않으려면, 정치적 바람을 타지 않고 시민사회의 상식과 양식으로 움직이는 영역을 넓혀나가야 한다. 이게 진정한 개혁이다. 그런 개혁을 전혀 하지 않으면서 '이념'이나 '코드'를 앞세워 모든 걸 '정치화'하는 건 반대편 세력의 집권을 염두에 두지 않은 소탐대실의 극치다.

그럼에도 우리는 개혁을 여전히 사람이나 세력 중심으로 생각하는 데에 익숙하다. 이게 바로 대선의 중요성이 실제 의미와 가치 이상으로 증폭되는 이유이기도 하다. 대선으로 인해 자신의 생계와 위상이 결정되는 수만 엘리트 계급의 열망과 공포가 뻥튀기되면서 대선은 나라의 흥망성쇠가 걸린 문제인 양 오인된다.

이러한 오인은 필연적으로 환멸과 좌절을 낳게 돼 있다. 대통령

---

*   막스 베버Max Weber는 권력감정을 "사람들에게 영향력을 갖고 있다는 의식, 사람들을 지배하는 권력에 참여하고 있다는 의식, 역사적으로 중요한 사건의 신경의 줄 하나를 손에 쥐고 있다는 감정"이라고 정의하면서, 형식상으로는 보잘것없는 지위에 있는 경우에도 일상생활을 초극超克하게 할 수 있는 힘이 바로 권력감정에서 나온다고 말한 바 있다.(막스 베버, 이상률 옮김, 『직업으로서의 학문/직업으로서의 정치』, 문예출판사, 1994, 125쪽)

에겐 원초적으로 그럴 만한 힘이 없기 때문이다. 보통사람보다 그저 조금 유능한 사람일 뿐인 대통령을 영웅으로 미화하고, 국민 각자가 나눠져야 할 짐까지 떠맡기는 건 대선을 무당의 푸닥거리로 만드는 일에 다름 아니다.

이젠 생각을 좀 바꿔보자. 우선 우리가 '대통령 공화국' 체제에 길들여지고 중독된 사람들이며, 그로 인한 폐해가 매우 심각하다는 걸 깨닫고 인정하는 게 필요하다. 대선 결과에 대해 열광하지도 말고 낙담하지도 말자. '대통령 결정론'을 넘어서 '국민 결정론'으로 넘어가자.

'또 파? 눈먼 돈, 대한민국 예산'

인사와 예산을 둘러싼 '내부식민지 전쟁'은 예산 배분 문제를 늘 최대 이슈로 삼고 투명하게 다루지 않는 한 결코 끝나지 않을 것이다. 즉, '중앙정부 인사와 예산의 투명화·시스템화'가 지역주의 해소의 주요 대안이라는 것이다. 그러나 우리는 예산에 관심이 없다. 전문가들의 영역으로만 간주한 채 예산을 거들떠보지도 않고 그저 흥분하기 쉬운 정치적 소재만 골라 올인하는 걸 정치참여요 개혁이라고 생각하고 있다.

정광모의 『또 파? 눈먼 돈, 대한민국 예산: 256조 예산을 읽는 14가지 코드』(2008)는 돈만 눈이 먼 게 아니라 우리 모두 개혁의 길을 찾는 데 눈이 멀었다는 걸 말해준다. 예산을 모른 척 하면서 다른 싸움질 하는 데에만 열을 올리고 있기 때문이다. 이를 입증하기 위해 예산 문제와 관련된 기사 10개를 인용하고자 하니, 인내심을 갖고 읽어주시기 바란다. 충분히 인내할 만한 가치가 있다고 믿기 때문이다.

박팔용 전 김천시장은 2006년 언론 인터뷰에서 '비가 많이 올 것 같은 장마철이나 태풍 때는 지자체 공무원들이 허술한 다리를 찾아 모래공사를 하는 척하면서 밤에 굴착기로 다리 기둥을 들이받아 흔들리게 한다'고 말했다. 비로 다리가 떠내려가면 중앙에서 수십억 원의 재해복구비를 받을 수 있기 때문이다. 그 재해복구비로 내려오는 돈이 바로 특별교부금이고, 이 돈이 내려오면 그곳 건설업자에겐 이득이 떨어지고, 그 업자와 알고 지내는 공무원은 손에 떡고물을 묻힐 수 있다. 그래서 중앙 공무원이건 시장·군수건 다들 빼내 쓸 궁리만 하고 있다. (…) 특별교부금이 이렇게 엉터리로 낭비되고 있지만 국회의원들은 그걸 감시하기보다는 자기 지역구에 끌어다 쓸 생각뿐이다. 공무원노조가 조사해봤더니 특별교부금에 영향력을 미칠 수 있는 국회 행자위나 예결위 소속 의원들 출신 지역엔 다른 지자체의 1.5배 특별교부금이 분배됐다.[11]

중앙 및 지방정부와 공공기관들은 연말이 되면 불용예산을 쓸 궁리를 하느라 이른바 '12월의 열병 December fever'을 앓는다. 감사원에 적발되거나 정부 예산낭비신고센터에 접수되는 '연말 예산 낭비 사례'는 일일이 열거할 수 없을 정도다. 노무현정부 시절 청와대는 2004년 12월 14일부터 보름 사이에 132만 원짜리 옷걸이를 비롯해 50건의 가구 및 사무기기 구입에 7억3700만 원을 썼다. 예산을 절약해 남기면 다음 해 예산 편성 때 그만큼 삭감당하고 '무능하다'는 소리나 듣는 공직사회 분위기에서 누구도 아끼려 하지 않는 것이다. 연말마다 벌어지는 멀쩡한 보도블록 교체, 불요불급한 장비 구입, 외유성 해외출장이 대표적이다. 해마다 비판이 쏟아지는데도 고쳐지지 않는 것은 공직자들의 의식과 예산 제도에 심각한 결함이 있다는 증거다.[12]

정부 어느 누구도 국민에게 예산 낭비죄를 사과하지도, 벌 받지도 않는다. 납세자인 국민이 예산 씀씀이에 별반 관심을 두지 않는 탓이다. 올 정부·지방자치단체 예산을 합치면 358조 원. 국민 한 사람이 매월 62만 원씩 호주머니에서 세금을 내는 거라면 그제서야 '내 돈' 하며 정신이 번쩍 들 것이다.[13]

전 국민이 감염된 '불용(不用) 예산 탕진병'

국회의원들의 선심성 '예산 끼워넣기'가 18대 국회에서도 어김없이 재연되고 있다. 나라의 살림 규모가 적정한지를 따지고 정부 지출의 우선순위를 점검하는 상임위별 내년 예산안 심의 과정이 여전히 지역구 예산 챙기기 수단으로 전용되고 있는 것이다.[14]

2009년도 도로·철도 관련 예산 증액분의 절반 정도가 국토해양위 소속 의원들의 지역구에 집중된 것으로 분석됐다. 단일 지역으로는 이명박 대통령의 고향이자 이상득 의원의 지역구인 경북 포항의 예산증액이 가장 많았다. 경향신문이 23일 국회 국토해양위가 의결한 국토해양부 예산 증액분(1조8400억 원)을 분석한 결과 도로·철도 예산이 정부안보다 144건, 1조800억 원이나 늘어난 것으로 나타났다. 예산이 늘어난 지역 중 가장 눈에 띈 곳은 포항이었다. 국토해양위원장인 한나라당 이병석 의원(경북 포항북)이 총 7건에 743억 원으로 가장 많이 증액시켰다. 항만 부문까지 포함해 이명박 대통령의 친형인 이상득 의원의 지역구(경북 포항남·울릉) 관련 예산 증액분(218억 원)을 합하면 포항·울릉 지역의 사회간접자본soc 예산 증액은 1000억 원에 육박했다. 도로건설 예비타당성 조사의 37.1%가 포항과 관련된 것으로 나타난 데 이어 예산 증액 과정에서도 이 대통령의 고향인 '포항의 힘'이 발휘된 셈이다. 또 도로·철도 예산 증액분 중 국토해양위 소속 의원들의 지역구로 배당된 것은 4941억 원으로 전체의 45.8%에 달했다. 건수별로는 총 53건으로 전체의 36.8%에 해당됐다. 국토해양위가 지역구 관리를 위한 '노른자 위원회'로 통하는 이유가 증명된 셈이다.[15]

일요일인데도 짙은 색 양복을 차려입은 30~40명이 계수조정회의가 열리는 회의실 앞에서 서성이고 있었다. 오후 3시 반경에 의원들이 모습을 드러내자 이들은 의원들과 눈이라도 한 번 맞추기 위해 안간힘을 썼다. 국회가 내년도 예산을 심의하기 시작하자 국회본청 6층은 정부 각 부처와 지방자치단체에서 나온 공무원들로 붐빈다. 이들은 사무실 앞에 진을 치고 '어떻게 됐어?'라며 흘러나오는 정보에 촉각을 곤두세웠다. 내년도 예산이 본격적으로 심의되는 이때쯤이면 예산을 한 푼이라도 더 받기 위해 공무원들은 사활을 건 전쟁을 치른다. 특히 재

정자립도가 낮은 지방의 공무원들은 전전긍긍하는 표정이 뚜렷했다.[16]

이번에 예산을 다룬 예결위원은 50명이다. 이 가운데 절반은 예산 요구서 자체를 처음 구경하는 사람들이다. 사실은 행정부에 경험이 있다 해서 누구나 예산 요구서에 적혀 있는 숫자의 이면裏面을 읽을 수 있는 것이 아니다. 예산을 모르는 사람이 예산을 다루는 것은 눈먼 사람의 코끼리 다리 만지기와 한가지다. 그나마 이 예산 초보자들은 국회 의장단 선출이 늦어지면서 8월 말까지 손을 놓고 있었다. 더욱 한심한 것은 올 한 해 이렇게 '수습修習'을 거친 위원들 대부분이 내년이면 바뀌고 새 초보자들이 예결위원으로 들어온다는 사실이다. 지난 2년 예결위원 교체 비율이 각각 88%, 90%였다. '당신 한 번 했으니 나도 한 번 해보자'는 정당판 평등 심리는 예결위가 임기 2년의 상임위가 아니라 1년짜리 특위 형태를 못 벗어나는 이유이기도 하다. 미국과 일본은 예결위원을 2~5년씩 하는 것이 관행이다. 이런 실정이니 사업별 심사는 엄두도 못 낸다. 소위小委에서 지역구 민원이나 몇 건 해결하고 마는 경우가 허다하다. 국민 세금이 어디서 얼마나 새나가는지도 알 리가 없다. 소위 핵심 위원들은 온갖 청탁을 수십 건씩 들고 다닌다. 작년 소위엔 사업 예산에 청탁자 이름을 써넣은 문서가 나돌기도 했다.[17]

힘없는 다른 지역의 예산 뺏어먹는 실세들의 장난질

7·30 재·보선 순천-곡성에서 벌어지는 여야의 '예산폭탄' 논쟁은 한국 정치의 후진적 수준을 보여준다. 여야의 이른바 '실세'가 국가 예산에

영향력을 발휘할 수 있다고 공공연히 자랑하고 이를 버젓이 공약하는 게 최대 화제로 떠오르고 있다. (…) 한국에서는 국가 예산에 자의적인 손길을 가하려는 여야의 행태가 고질처럼 반복되고 있다. 일부 실세는 정부의 예산 편성에 압력을 넣고, 여야 할 것 없이 예결위원들은 지역 예산을 권리처럼 챙기고, 일반 의원은 막바지에 예결위에 '쪽지'를 넣어 지역개발 예산을 극적으로 취득한다. 거센 비판에도 불구하고 여야 정치인이 이를 마다하지 않는 건 이런 행동이 지역의 득표에 도움이 된다고 믿기 때문이다.[18]

국회의원들은 그동안 간사들 간의 증액 심사 과정에서 이른바 '쪽지 예산'을 챙겨왔다. 기록이 남는 공개회의에선 거론하기 낯 뜨거운 지역구 선심성 예산을 쪽지에 적어 몰래 간사들에게 들여보내 관철해온 것이다. 2011년 2000억 원대였던 쪽지 예산은 2012년에 4000억 원대로, 2013년엔 5574억여 원으로 급증했다. 올 예산에도 5000억 원 넘게 들어갔다는 분석이다. (…) 대부분 의원들의 지역구 사업이다. 명백한 예산 심의권 오용誤用이고 남용濫用이다.[19]

세월호특별조사위원들이 직원 체육대회 개최 비용 252만 원, 동호회 지원 비용 720만원, 전체 직원 생일 케이크 비용 655만 원 등을 책정해서 논란이 일었다. 억대 연봉을 받고, 명절 휴가비를 받는 것까지는 이해한다고 치자. 그래도 조사 기간 중 생일 파티까지 국민 세금으로 할 일은 아닌 것 같다. 그런데 그들의 해명이 더 걸작이다. '다른 특조위 수준을 따랐고, 파견된 공무원들이 만들어준 대로 했다'는 것이다.

세월호 참사가 왜 일어났는지조차 잊어버린 사람들 같다. 그들은 세월호 참사의 진상을 조사하는 과정에서 담당자들이 '늘 그래왔다' '다른 공무원들이 하는 대로 따랐다'고 답할 때 뭐라고 추궁할지 궁금해진다.[20]

"세상에서 가장 떼먹기 좋은 돈은 나랏돈이다"

무슨 말이 더 필요할까? 위 10개 기사들을 읽고 나면 누구나 "예산 문제를 이대로 두면 안되겠구나" 라는 생각을 할 것이다. 국회의원들이 가장 진지해지고 심각해지고, 더 나아가 살벌해지기까지 하는 것도 바로 예산을 나누는 문제임은 두말할 필요가 없다. 2014년 11월에 예산 증액·감액 작업을 하는 국회 예산결산특별위원회 예산안조정소위 회의장에서 국회의원들끼리 공무원들이 보는 앞에서 "깡패"니 "양아치"니 "인마"니 하면서 거칠게 싸운 것도 바로 그런 살벌함을 말해주는 게 아니고 무엇이랴.[21]

그런데 신기한 건 그 어떤 변화도 시도되지 않고 있다는 점이다. 언론도 연례행사처럼 의례적인 비판을 할 뿐 "이대론 안 된다"는 심각한 문제의식을 갖고 있는 것 같진 않다. 신문을 보라. 어느 신문이건 어김없이 12월이면 보도블록 갈아엎는 작태를 비롯하여 예산 문제의 전근대성을 질타하는 비판이 무성하다. 그런데 단지 그뿐이다. 매년 반복되는 기사이기 때문이다. 아무리 언론이 힘이 없다지만, 뭔가 이상하지 않은가?

2014년 6월 이명박정부의 실세였던 박영준 전 지식경제부 차관이 설립에 관여했다는 한국경제교육협회(한경협)가 수십억 원대의 국고보조금을 빼돌린 사실이 적발됐다. 이 단체 고위 간부 허모 씨는 남편과 지인을 공동대표로 앉힌 A사에 청소년 경제신문 발행사업을 몰아주고 사업비 일부를 돌려받는 수법으로 36억 원을 가로챘는데, A사 대표의 수첩에서 "돈은 먹는 놈이 임자다"라는 메모가 발견됐다. 이에 대해 『동아일보』는 "나랏돈을 눈먼 돈으로 여기고 빼돌렸다는 것을 적나라하게 드러내는 문구다"며 다음과 같이 개탄했다.

주관 부처인 기재부는 국민 세금으로 조성된 국고보조금과 기업들의 돈을 몰아주고도 관리 감독은 제대로 하지 않았다. 정권 실세가 추진하고 선배 관피아들이 회장과 고문으로 있으니 협회를 사실상 방치한 것이다. 정권이 바뀐 뒤에야 감사원 감사와 경찰 수사에 의해 비리 사실이 드러났다. 경찰은 어제 기재부 공무원 12명에 대해 징계를 통보했다. 공직자들이 혈세를 제대로 쓰는지는 감독하지 않고 되레 각종 자문료와 명절 선물만 챙긴 데 대한 처벌로는 너무 가볍다.[22]

왜 처벌이 그렇게 너무 가벼웠던 걸까? 답은 의외로 간단하다. "돈은 먹는 놈이 임자다"는 철학은 A사 대표뿐만 아니라 이 나라의 공무원과 정치인 대부분이 갖고 있는 생각이기 때문이다. 세상에서 가장 떼먹기 좋은 돈은 다음 중 무엇일까. ①친구 돈 ②부모 돈 ③회사 돈 ④나라 돈.[23]

청와대·기획예산처·기획재정부 등에서 33년 공무원으로 지내며 청와대 경제수석과 정책실장에까지 올랐던 김대기는 『덫에 걸린 한국경제』(2013)에서 ④라고 답했다.

국민들도 다를 게 없다. 그래서인지 예산 문제를 집중적으로 다루는 시민운동단체도 없다. 시민들의 호응이 없기 때문이다. 정치 참여 욕구가 강한 시민들이 원하는 건 주로 카타르시스 효과다. 분노와 증오 위주다. 이들은 분노와 증오의 담론을 잘 구사하는 단체나 정치인들에게 몰린다.

왜 예산 문제는 개혁의 영원한 성역으로 남아있는 건가? 승자 독식주의와 한탕주의 도박 심리가 결합한 탓이다. 누가 정권을 잡건 예산 배분을 투명하고 공정하게 만들 생각은 하지 않고 "우리가 정권 잡아 우리 맘대로 쓰자"라고 생각하기 때문이다.

예산 문제가 바로 잡히면 한국사회에 엄청난 변화가 일어난다. 혹 이 대변화도 두려워하는 게 아닐까? 여야與野를 막론하고 기득권 질서에 익숙한 이들이 대변화가 일어난 체제하에서 자신들의 기득권이 손상되는 걸 염려하는 점도 있지 않겠느냐는 것이다. 두 가지 대변화만 말해보자.

우선 지역주의가 해소되거나 약화된다. 한국사회의 영원한 수수께끼 중 하나는 지방 사람들이 지방의 이익에 충실한 투표를 하지 않는다는 점이다. 왜 그런가? 물론 지역주의 때문이다. 지방 전체의 이익보다는, 자기 지역 출신이 중앙 권력을 장악하는 게 자기 지역의 이익에 도움이 된다고 보는 것이다. 즉, 예산 배정에 있어서 매우 유리해진다는 뜻이다. 만약 예산 분배 과정이 중앙 권력자들의 출신 지역과 관계없이 공정하고 합리적으로 이뤄지는 시스템이 구축된다면, 지역주의 투표를 해야 할 이유는 사라지거나 약화된다. 이런 대변화를 두려워하는 자들이 어떤 선택을 하겠는가?

자기 고향 예산 챙기기에 관한 한 여야, 보수-진보의 차이는 없다. 이 점에선 모든 정치인들이 다 똑같다. 그럴듯한 이념적 명분 앞에선 서로 멱살 잡고 싸우는 것 같지만, 이들은 '예산 따먹기'라는 정치의 고갱이 앞에선 하나가 된다. 우리는 본말전도本末顚倒라는 말을 즐겨 쓰는데, 한국정치에서 과연 무엇이 '본'이고 무엇이 '말'인가?

두번째 변화는 지방자치의 내용과 방식이 크게 달라진다는 점이다. 현 수준의 지방자치의 알파이자 오메가는 예산 전쟁이다. 전라북도의원 김연근은 "예산 확보는 전쟁이나 다름없다. 그러기에 전북도의 모든 공직자들이 사상 최초의 4조 원 시대를 열기 위해 중앙을 오가며 치열한 사투를 펼치고 있다"고 했다. 물론 좋은 뜻으로 한 말이다. 이어 그는 다음과 같이 말했으니 말이다.

따라서 전북도가 흘리는 땀방울만큼이나 4조 원을 어떻게 쓰느냐에 대한 고민도 신중을 거듭해야 할 것이다. 거기서 도민을 위한 민생경제와 복지수준 정도가 결정되기 때문이다. 모두의 땀방울이 만들어낸 예산을 이렇게 편성하면 내년의 민생경제는 어떻게 달라지고, 도민의 삶은 어떻게 변화되는지, 숫자(액수)로 나타나는 이면의 질서와 방향에 대한 정보를 도민들에게 제공하자는 것이다. 이럴 때 전북도가 흘리는 땀방울에 대한 도민들의 진정한 동의와 지지가 확보될 것이다.[24]

"독립운동하듯이, 죽을 각오로 싸우는 예산전쟁"

다만 분명한 건 어느 지역을 막론하고 전쟁이나 다름없는 예산 확보를 위해 공직자들이 중앙을 오가며 치열한 사투를 펼치고 있다는 사실이다. 경북 상주시 서울사무소 소장 장운기는 상경 당시 "독립운동하듯이, 죽을 각오로 하자"고 다짐했다고 한다. 그는 "오죽하면 그 부족한 예산 쪼개 올라왔겠어요. 절박함, 딱 그겁니다"라고 지자체의 어려운 사정을 토로했다. 전북 고창군 서울사무소 소장 이길현은 "종부세처럼 지방에 지원되는 세금이 줄어들면 정말 갑갑한 노릇"이라면서 "자체적으로 할 수 있는 사업이 없으니 중앙의 '정보 전쟁'에 더 의지하게 된다"고 말했다.[25]

참으로 답답하지 않은가? 이 나라의 예산 분배 시스템에 재정이 열악한 지역을 배려하는 장치가 없다는 게 말이다. 그래서 그런 지역의 공무원들이 서울에 거주하면서 독립운동 하듯이 죽을 각오로 로비를 해야 한다는 게 말이다.

앞서 지적했듯이, 지방선거에서 유권자들에게 가장 잘 먹히는 선거 구호는 "나 중앙에 줄 있다"는 '줄 과시론'이다. 줄이 튼튼한 사람이 예산을 지역으로 많이 가져올 수 있다는 걸 유권자들이 잘 알고 있기 때문이다. '줄'은 아무래도 전직이 화려한 사람들에게 유리하다. 학벌도 좋아야 학연을 이용할 수 있다. 아무리 성실하고 청렴하고 유능한 일꾼이라도 '줄'이 약하면 선택받기 어렵다.

창의적 혁신도 대접받지 못한다. 자치단체장의 유능도는 '줄'을 이용해 중앙에서 많은 예산을 끌어오는 걸로 결정되기 때문이다.

내부의 창의적 혁신을 무시하는 건 아니겠지만, 아무래도 이건 후순위로 밀리기 마련이다. 또 여기에도 이른바 '프랙털' 현상이 일어나 모든 지방자치 과정에서 '인맥'이 가장 중요한 능력으로 평가받게 된다. 사실 한국에서 정치적 능력이 있다는 건 곧 인맥 능력을 말하는 것이다. 창의적 혁신은 인맥 관리에나 적용될 뿐이다. 『전북일보』 주필 백성일의 다음과 같은 개탄은 왜 예산개혁이 정치개혁의 핵심이 되어야 하는지를 잘 말해준다.

"두 차례 보수정권이 들어선 이후 전북은 존재감 없는 광역단체로 전락했다. 인재기용은 말할 것 없고 국가예산 배분부터 불이익을 받았다. 역대 정권마다 시늉내기식으로라도 장·차관을 기용했지만 지금은 눈을 씻고 봐도 없다. 정권적 차원에서 안중에 없는 듯싶다. 문제는 각 부처 중간 간부진에도 전북 출신이 없다. 이들 층이 두터워야 후에 장·차관감이 생기는데 계속해서 보수정권이 집권하면 씨가 마를 형국이다. 국가예산 확보를 위해 아무리 도지사와 시장 군수들이 발버둥쳐도 한계에 봉착한다. 그 이유는 집권 여당과 직접적인 교감을 가질 수 없기 때문에 그렇다. 일부 단체장들은 국가예산 확보를 위해 서울을 갔다왔다고 하지만 인맥이 없는 상황에서 뭣하고 왔는지조차 의문이 갈 정도다."[26]

이처럼 예산 문제가 한국 정치와 지방자치의 내용을 결정한다. '예산결정론'이라고 해도 좋을 정도로 예산 분배 과정이 미치는 영향력은 절대적으로 크다. 자치단체장들과 국회의원들이 유권자들에게 내미는 연말 실적 보고를 보라. 거의 대부분 자신이 무슨 예산을 따왔다는 자랑 일색이다. 즉, 정치가 '예산 따오기'로 환원되고

있는 것이다. 민선 도지
사와 시장이 처음 선출된
1995년 7월 이후 2008년
까지 임명된 행정부지사
와 부시장은 모두 100여
명인데, 이 중 행자부 출
신이 90명을 넘는 이유도
바로 여기에 있다.[27]

어디 그뿐인가. '전관
예우前官禮遇'라고 하는 몹
쓸 관행도 상당 부분 예
산 때문이다. 1999년에서
2004년까지 퇴직한 교육
부 출신 관료 중 82명이
사립대에 법인이사(27명),
교수(26명), 직원(14명), 총
·학장(7명) 등으로 취업

지역구 국회의원들은 자기 지역사업 예산 따오기를
지상과제로 여기며, 지역주민 또한 그것을 국회의원
의 가장 중요한 능력으로 평가한다. 이러한 예산 따먹
기 경쟁이 계속되다보니, 공정한 예산 분배의 원칙이
자리 잡지 못한다.(국민일보, 2008년 11월 20일)

했으며, 이들 중 12명은 퇴직 바로 다음 날 사립대로 출근한 것으로
나타났다.[28] 고위 교육 관료들이 대학 총·학장으로 영입되는 관행
은 더욱 기승을 부리고 있다. 이유가 무엇인가? 그게 바로 예산 때
문이다.[29]

사정이 이와 같은데도 우리는 다른 분야에선 제법 선진적인 변화
를 시도하면서도 이 예산 분야만큼은 계속 최악의 낙후 상태를 유

지하기 위해 애를 쓴다. 정치의 콘텐츠가 혁명적으로 바뀌는 걸 두려워하는 자들의 음모나 농간 때문은 아닐까?

'내부식민지 줄 싸움' 그만하자

앞서 무작위로 인용한 예산 문제 비판 기사들의 대부분이 보수신문들의 것이라는 건 예산 문제에 관한 한 언론의 이념 차이가 없다는 걸 시사한다. 이 문제에 관한 한 보수신문에게 기대를 걸 수도 있다는 뜻이다. 마침 『조선일보』 논설위원 김동섭이 아주 좋은 제안을 한 바 있다.

미국 워싱턴의 '정부예산낭비에 반대하는 시민들CAGW'이 본보기가 될 수 있다. 이 예산지킴이 시민단체의 무기는 표지에 돼지 한 마리가 그려진 피그북Pig Book이다. 타깃은 우리 국회의 예산결산특별위원회와 같은 세출위원회로 말도 안 되는 선심성 예산이나 예산 끼워넣기 같은, 절차를 지키지 않은 경우다. 2005년 알래스카주 상원의원은 50명의 섬 주민을 위해 2억2300만 달러짜리 '아무 데로도 이어지지 않는 다리'를 놓으려다가 피그북에 실리면서 결국 공사는 취소됐다. 작년 우리 국회 예산 심의에서 막판에 끼워넣거나 증액한 예산이 도로건설 등 140건 4528억 원이었다. 미 하원도 이런 막판 끼워넣기 편법이 극성을 부리자 누가 왜 예산을 끼워넣는지 의원 실명을 자체적으로 공개하기로 했다. 우리 국민도 정부·국회의 예산 낭비에 대항해 감시의 눈초리를 번득이며 납세자의 본때를 제대로 보여줘야 할 때다.[30]

그러나 한국 유권자들은 예산 문제에 별 관심이 없거니와 각개약진 各個躍進하느라 바빠 당분간 그런 시민운동을 기대하기 어렵다. 게다가 한국은 정보공개제도가 여전히 엉망이라 시민단체가 예산문제를 본격적으로 다루기도 어렵다. 언론이 훨씬 더 유리하다. 언론사들은 취재 시스템을 바꿔 정치꾼들의 멱살잡이나 중계해주는 정치부 인원을 대폭 줄이는 대신 '예산감시부'를 만들어라. 예산감시부 기자들의 고발과 대안 제시로 낙후된 예산 시스템을 바꾸는 데에 일조함으로써 한국 정치를 바꾸는 동시에 땅에 떨어진 언론의 신뢰를 회복해라. 그게 언론의 살 길이기도 하다.

2009년 10월, '함께하는시민행동' 예산감시국장으로 정부의 예산감시 운동을 하다가 한·미FTA 기밀문건을 유출했다는 혐의로 9개월간 감옥살이를 한 정창수는 출소 후 인터뷰에서 국회가 예산심의를 제대로 하지 않는 이유 중 가장 큰 것으로 '관료들의 힘'을 지적했다.

"저는 집권정당은 관료정당이라고 봅니다. 국회의원들은 뭐하느냐. 자기 지역구 관련되는 것만 조금 건드립니다. 파킨슨이라는 영국의 행정학자가 있는데 이 분이 '사소한 것에 대한 관심의 법칙'이란 것을 내놓았어요. 예를 들면 3조 원, 4조 원 되는 큰 사업은 이게 복잡하고 어려워 보이니까 건드리지 않고 10억~20억 원 들여 시민단체를 지원하는, 이런 자기들이 보더라도 문제가 되지 않을 작은 사업 가지고 싸웁니다. 이를테면 국민의정부 시절에 '제2건국위'는 예산으로 보면 정말 얼마 안 됐는데 그것으로 치고받고 싸우는 거예요. 항상 그런 식이었어요."[31]

그런 식으로 우리는 자주 '아메바'처럼 행동하곤 한다. 어디 그뿐인가. 예산과 같은 본질을 바꿈으로써 생겨날 대변화를 기대하는게 아니라 바꾸는 건 하나도 없이 자신들이 미워하는 정치 세력에게 직접 비난을 퍼붓는 걸로 정치 행위를 대체하려는 정서가 일반유권자들 사이에서도 만연해 있다.

중앙정부건 지방정부건 정부 예산은 눈먼 돈이다. 눈먼 돈을 붙들기 위한 사생결단식의 전쟁이 전국에 걸쳐 치열하게 벌어지고 있다. 이는 사실상 '줄 전쟁'이다. 그런 줄이 있느냐 없느냐, 강하냐 약하냐가 지방 선거의 최대 화두가 되고 있으니, 이걸 어찌 지방자치라고 할 수 있겠는가? '내부식민지 줄 싸움'이라고 불러야 하지 않겠는가?

'공짜라면 양잿물도 먹는 지방정부'라는 말이 있다.[32] 예산을 줬으면 지방이 알아서 쓸 수 있게끔 해야 하는데, 그게 그렇질 않으니문제다. 일단 타내서 쓰고 보자는 심리로 일관하니, 무슨 일이 제대로 되겠는가. 그런 버릇이 다른 일들까지 망치고 만다. 지방이 알아서 쓰게 내버려둘 수 없을 만큼 지방에 문제가 많다는 주장은 내내악순환을 지속시킬 뿐이다.

이미 중앙에 줄을 선 사람은 자신의 비교우위를 지키기 위해 기존 체제를 원한다. 게다가 어린 시절 지방을 떠나 중앙으로 유학을가 중앙에서 줄을 만든 사람들은 내내 지방에서 산 사람들보다 적어도 공부하는 실력에선 우월했던 사람들이다. 지방민들도 겉으론뭐라고 할망정 내심 이들을 더 높이 평가한다.

이처럼 '내부식민지'와 '줄서기 문화'는 상호 분리할 수 없는 관계다. 서로 도우며 키워준다. '내부식민지' 체제 때문에 줄서기가 극성을 부리고, 또 줄서기 문화 때문에 '내부식민지' 체제가 공고해진다. 언제까지 이런 악순환을 지속시킬 것인가?

제4장

왜 **한국 대학**은 **부동산 산업**으로 분류되어야 하는가?

과연 '대학 경쟁력'의 정체는 무엇인가?

현재 62만 명인 고졸자는 2023년 39만 명으로 급감한다. 따라서 54만 명인 대입 정원을 확 줄여야 한다. 2023년에 고졸자 전원이 대학에 진학해도 15만~16만 명이 모자라기 때문이다. 당연히 교수도 줄어든다. 한국고용정보원의 『중장기 인력수급 전망(2013~2023)』에 따르면, 2013년 7만3400명이던 교수 수가 2023년엔 6만3200명으로 줄어든다. 잉여 고급인력의 흡수 방안도 국가적 과제로 떠오른 셈이다. 2015년 7월 『중앙일보』 논설위원 양영유는 이런 상황을 거론하면서 다음과 같이 말했다.

"인터넷에는 구조조정 1단계 평가에서 최하위 등급을 받은 30여개 대학 명단이 떠돈다. 수도권 대학도, 지방 국립대도 들어 있다. 교육부 현장방문 평가단이 이번 주 2단계 심사를 진행하자 자존심

4년제 대학 입학정원 내년 1차 감축
지방대 96%… 수도권대는 4% 그쳐

204개 대학 중 95곳이 줄어…특성화사업으로 지방대 집중
유기홍 의원 "지방대 불리 예상했지만 이건 죽이기 수준"
황우여 장관은 "지방대 육성 정책 차질없이 추진 중" 자평

내년도 대학 입학정원 감축분
의 96%가 지방대에 집중된 것으
로 나타났다. 박근혜 정부가 핵
심국정과제로앞세운'지방대살
리기' 구호가 겉돌고, 공염불에
그칠 수 있다는 위기감이 커지고
있다.

유기홍 새정치민주연합 의원
이 30일 교육부에서 전국 4년제

줄인 정원은 17명뿐이었다.
입학정원이 100명 이상 대폭
줄어드는 대학은 모두 30곳으로,
경기대를 제외한 29곳은 지방에
위치해 있다. 조선대·동아대·계
명대 등 지방 사립대들도 100명
이상 정원이 줄어든다.
대학당 평균 감축인원은 지역
별로 전북(114명)이 가장 많고

전국 대학 2014년 입학정원과 2015학년 감축인원
자료: 새정치민주연합 유기홍 의원실
단위: 명

2014년 정원 12만2604
2015년 감축인원 363
(서울·수도권 (경기대))

22만2961 ~17844
2014년 정원
(지방 (113개교))

학들은 수도권(0~5%)보다 훨씬
큰 폭인 7~10%의 감축계획을 내
놨다. 실제 2015학년도 입학정원
을 감축한 95개 대학 중 56개 대학
이 대학특성화 사업에 선정됐고,
이들 대학의 정원 감축인원은
6236명에 달한다.
이런 상황인데도 황우여 교육
부장관은 이날 국무회의서 '지
방대학 경쟁력 제고를 통한 창의
적 지역인재 육성 방안'을 보고하
며, "교육부는 박근혜 정부 핵심
국정과제인 지방대학 지원 확대
를 위해 '지방대학 육성 방안'을

대학 입학정원 조정에서도 지방에 대한 차별은 두드러진다. 정원 감축분의 96%가 지방대의 몫인
것이다. 지방대의 경쟁력이 떨어져서 그렇다고 말을 하지만, 애초 지방에 있기 때문에 경쟁력이
떨어진다는 사실을 외면하고 있다.(경향신문, 2014년 10월 1일)

을 팽개치고 굽실거린다. 결과적으론 교육부 힘만 커졌다. 성적표
는 8월 말 발표된다. 어떤 결과가 나오더라도 대학은 반발할 것이
다. 학생들을 위해서가 아니라 자신들의 밥그릇을 위해서. 가르치
고 배우며 함께 성장하는 교학상장敎學相長이 실종됐다."[1]

평가는 어떤 식으로 이루어지는가? 전국의 298개 대학(전문대 포
함)이 정부로부터 받는 '성적표'에는 A·B·C·D·E가 표시된다. 최상
위 A등급을 받은 대학을 제외하고 B~E등급을 받은 대학은 입학 정
원을 줄여야 하며, D·E등급을 받은 대학은 정부로부터 받는 재정
지원도 불이익을 받게 된다. 이처럼 교육부가 내놓은 해결책은 대
학을 5개 등급으로 나눈 후 강제로 정원을 줄여나가겠다는 것인데,
『조선일보』 사회정책부 차장 안석배는 "하지만 이 정책은 처음부터

잘못 설계됐다"고 주장한다.

"시장 논리와 학생들의 선택에 의한 것이 아니라 교육부 평가에 의한 인위적 정원 조정인 것이 문제다. 그 과정에 대학의 경쟁력을 깎아 먹는 요소가 숨어 있다. 글로벌 시장에서 경쟁할 대학이나 부실 대학이나 똑같은 잣대로 평가해 정원을 줄이겠다고 했고, 교육 수요자의 입장이 아닌 정치 논리에 따라 대학 정원이 조정될 여지를 남겨놨다."[2]

기가 막힌 이야기다. 2014년 교육부가 추진한 전국 4년제 대학 204곳의 2015학년도 정원 감축분 8207명 중 7844명(96%)이 지방에 몰려 있었는데도, 그런 말을 하다니 말이다. 서울·경기·인천 지역에 4년제 대학의 36%(73개)가 모여 있지만 정원 감축은 전체의 4.4%(363명)에 불과했으며, 특히 40개 대학이 몰려 있는 서울에서 줄인 정원은 17명뿐이었다.[3] 행여 서울에서 17명 넘게 줄일까봐 그게 겁나서 그러는 건가?

과거로 거슬러 올라가면 더욱 기가 막힌 이야기들이 많다. 2009학년도 대학입시부터 실시한, 대학이 모집정원의 11%까지 소외계층 학생을 정원 외로 별도 선발할 수 있는 기회균등 할당제는 어떤가? 이에 대해『영남일보』교육팀장 박종문은 "사회적 배려자들의 대학 진학을 용이하게 하기 위해서인데 당시 지방대가 정원 내 모집인원도 겨우 채우거나 못 채우는 실정에서 정원 외 모집 11% 추가는 결과적으로 수도권 정원만 늘리는 결과를 낳았다"며 다음과 같이 말한다.

그런데 교육부는 지나간 일은 알 바 아니고 당장 눈앞에 닥친 학령인구 감소에 따른 대학입학 정원 감축문제에만 관심을 보이고 있다. (…) 지금처럼 대학구조개혁이 이뤄지면 종국에는 수도권과 부산, 대구지역 대학만 살아남을 것이라는 끔찍한 분석도 있다.

진정 교육부가 국토균형발전이라는 상위 목표를 고려하고 과거 정책에 대한 자기성찰을 했다면 대학구조개혁은 수도권 대학 정원감축부터 시작하는 게 순리다. 당장 정원 외 11% 모집 규정만 폐지해도 수도권 정원 11% 감축효과가 생긴다. 정원 외 모집으로 선발하던 사회적 배려자나 지역할당제는 정원 내로 흡수하도록 하면 된다. 부작용도 없고 정책목표도 충실히 이룰 수 있는 방법이다.

그런데도 교육부가 이를 외면하고 비수도권 대학에 불리한 평가 잣대로 대학구조개혁을 하려는 것은 정책의 정당성을 의심스럽게 한다."[4]

옳은 말씀이다. 그럼에도 서울의 기자들은 왜 '시장논리'만 주장하는 걸까? 앞서 소개한 안석배의 주장엔 '대학 경쟁력'의 정체가 과연 무엇인지 그걸 구조적인 차원에서 보려는 생각이 전혀 없다. 수도권 인구 분산을 위해 수도권 대학 정원을 더 많이 줄여야 한다는 주장에 대해 날아오는 반론은 "교육을 다른 목적으로 이용하는 건 위험하다. 교육정책은 교육만의 논리에 따라 세워져야 한다"는 것이다. 일리 있는 말이지만, 교육 논리의 주요 근거인 '대학 경쟁력'은 교육 외적인 것의 영향을 받지 않는가 하는 재반론을 제기할 수 있겠다.

입지조건으로 먹고 사는 '인서울' 대학

수도권 대학의 경쟁력은 지리적 위치에서 나오는 것이다. 물론 그 것만으로 환원할 수 없는 경쟁력이 있는 건 분명하지만, 어느 순간 지리적 위치가 달라지면 곧 상실할 수밖에 없는 것이라는 점에서 지리적 위치의 중요성은 절대적이다.

지방대학들은 산학협동마저도 바로 그 '지리적 위치' 때문에 수 도권 대학에 밀릴 수밖에 없다. 경동대 부총장 전성용은 "지방대에 서 잘하는 것이 있으면 수도권 대학에서 이를 벤치마킹해 대규모 특성화 사업을 추진한다"며 "이 경우 함께 사업을 추진하던 산업체 등이 고스란히 수도권 대학으로 옮겨 간다"고 개탄했다.[5]

정부의 재정지원 분배도 철저히 서울 중심이다. 교육부(7조4082 억 원)와 미래창조과학부(1조5195억 원) 등 정부 부처가 2013년 각 대학에 지원한 고등교육 재원은 모두 10조5074억 원인데, 학생 수 가 1만6712명인 서울대 한 곳에 지원된 액수가 전체의 6.8%인 7155 억 원이다. 국공립대 중 학생 수가 2만3882명으로 가장 많은 경북 대에 지원한 3164억 원(3.01%)보다 두 배 이상 많다. 학생 1인당 지 원금으로 환산해보면 서울대는 4281만 원, 경북대는 1324만 원으 로, 서울대가 거의 4배나 되는 특혜를 누리고 있는 셈이다.[6]

사립대 국고보조금도 '인서울' 대학들의 잔치판이다. 대학교육연 구소가 전국 156개 사립대학의 교비 회계 등을 토대로 분석한 자료 를 보면, 2013년 중앙정부와 지방자치단체가 사립대학들에 지원한 국고보조금은 모두 4조1358억 원으로 사립대학 전체 수입의 18%

에 이르는 규모였다. 그런데 전체 국고보조금의 6분의 1에 해당하는 7066억 원이 연세대·한양대·고려대 등 3개 대학에 집중됐으며, 지역적으론 서울 소재 대학에 44.7%인 1조8494억 원이 투입됐다.[7]

교육부가 지방을 죽이겠다는 의도를 갖고 '인서울' 대학들에 각종 특혜를 베푸는 건 아니다. '대학평가'라고 하는 나름의 합리적 근거가 있다. 문제는 그 근거가 '동어반복'이라는 데에 있다. 잘 생각해보자. 인서울 대학들은 한국의 권력과 부는 물론 문화 인프라와 일자리까지 집중돼 있는 서울에 소재한다는 이유만으로, 즉 입지조건이라는 이점 하나만으로 우수 학생들을 독과점하고 있다. "개도 자기 동네에선 반은 거저 먹고 들어간다"는 속설이 상식으로 통용되는 나라에서 어찌 서울의 유혹을 극복할 수 있으랴.

서울의 인재 독식은 대학입시만으로 끝나는 게 아니다. 편입으로 지방대 학생들을 또 한 번 빨아들인다. 그런 '편입 대이동'을 지적한 『조선일보』 사설 「문 닫을 대학 延命시켜 주는 게 무슨 대학 개혁인가」에 따르면, "해마다 대학 편입 시험에 20만~30만 명씩 응시하고 있다. 지방대·전문대 재학생들이 새 학기만 되면 수도권 대학으로 대이동大移動을 하는 것이다". 그런데 이런 기가 막힌 현실이 지방을 살려야 할 이유가 아니라, 오히려 '경쟁력'을 이유로 인서울 대학을 키워야 할 이유로 둔갑하니 더욱 기가 막히다.

지방대·전문대 교수들은 입시 시즌엔 고교를 돌며 신입생을 유치해야 하고 학기가 바뀔 때마다 학생들이 수도권 대학으로 떠나는 걸 막느라 애를 먹는다. 지금 상태로 가면 10년 뒤에는 학생이 모자라 2000명 정도 신입생을 뽑는 중형中型 규모 대학 80곳 정도는 문을 닫아야 하는 사태가 올 수밖에 없다. 대학 사회에 어마어마한 구조조정 태풍이 몰아닥치는 것이다.

대학 같지 않은 대학들이 적지 않은 게 현실이다. 교수 월급을 13만 원밖에 못 주는 곳도 있고, 의대 설립 20년이 다 되도록 학생들 임상 실습을 다른 병원을 찾아다니며 '동냥 교육'을 시켜야 하는 곳도 있다. 간판만 대학이라고 달고 있는 이런 대학들을 살려두는 것은 국가적 낭비이고, 학생들에게도 불행이다. 대학이 문을 닫으면 지역 경제에 적지 않은 충격을 주게 된다. 국회의원들은 자기 지역구 대학을 살릴 방도를 찾겠다며 정부 지원을 요구하는 등 정치 문제화할 것이다. 이 문제는 해당 대학을 복지 시설, 연수 기관, 평생교육 시설, 문화센터로 전환시키는 등 다른 탈출구를 찾아 해결하게 해야 한다.[8]

일리 있는 주장이다. 문제는 "대학 개혁에 나라의 미래가 걸렸다는 위기감"은 역설하면서도 왜 일부 지방대가 그렇게 됐는지에 대해선 단 한마디도 하지 않고 있다는 점이다. 서울을 대표하는 '지방 신문'임을 스스로 인정한다면 그럴 수도 있겠다고 보겠는데, 이 신문은 틈만 나면 '국가와 민족'을 외쳐대는 신문이 아닌가.

서울대가 전남으로, 연고대가 강원으로 이전한다면?

하나마나한 가정이긴 하지만 서울대가 캠퍼스를 전라남도로 이전한다고 해보자. 그간 축적해온 서울대 파워 때문에 그래도 한동안

'전남 서울대'로 갈 학생들이 많긴 하겠지만, 비슷한 조건하에서 '전남 서울대' 대신 '서울 연고대'를 택할 학생들이 크게 늘 것이며 서울대 파워는 점점 더 약화될 게 틀림없다. 연고대 중 한 대학이 강원도 동해 쪽으로 이전한다고 가정해봐도 좋겠다. 두 라이벌 대학의 운명은 어떻게 될까? 아마 곧 '연고대'라는 말이 사라지고 서울에 있는 어느 한 대학의 압도적 우위가 나타날 게 틀림없다.

SKY를 비판하면 '평등주의자'라거나 '좌파'라는 딱지를 붙이곤 하는데, 이게 참 묘한 일이다. SKY 비판이야말로 오히려 '경쟁지상주의'라는 딱지를 선사받는 게 더 진실에 가까울 터이니 말이다. 늘 기회만 있으면 좌파의 평등주의를 비판하면서 경쟁을 강조하는 중앙대 경제학과 교수 김영봉의 주장을 경청해보자.

김영봉은 2008년 『조선일보』에 기고한 「교육개혁, 경쟁본능을 되살려라」라는 제목의 칼럼에서 다음과 같이 주장한다.

향후 우리 교육이 '국가선진화의 족쇄'라는 오명을 벗으려면, 첫째, 국민의 경쟁 본능을 되살리는 교육이 되어야 한다. '한국에서 하는 만큼만 하면 어디서나 무적'이라는 한국인의 경쟁력은 아마도 진학, 취직 등 치열한 경쟁을 일상으로 접하는 생활조건에 연유할 것이다. 지구상에 한국인처럼 동질적 집단이 작은 땅에 밀집해 살며 경쟁하는 국민이 없을 것이다. 이런 극한의 상황에서는 무한히 인내하고 투자하며 남보다 차별 난 인간이 되어야 성공할 수 있다. 국민의 '광적狂的인 교육열'은 이런 환경의 소산所産이므로 억제할 수도 없고, 억제한다면 국민 개개인의 기회를 박탈하는 일이 된다.

따라서 평등교육은 한국인의 생활본능과 정면으로 대치한다. 이런 공교육이 연 30조 원의 사교육시장을 만들었으며 교육을 우리나라에서 제일 후진 부문으로 남게 했다. 평등주의자들은 '줄 세우는 교육'이 학생을 상처 냄을 아파하지만 이 인정주의자들이 그들의 인생까지 책임지지는 않는다. 과거 우리는 성장기에 상처받고 인내하는 일을 개인을 분발시키는 약으로 받아들였다. 오늘날 한국인을 돕는 공교육은 우수한 자를 역차별 말아 자기발전 의지를 키우고 동시에 우리국민 수준에 상응하는 효율적 교육산업을 일으키는 것이다.

표현 방식엔 다소 이의가 있지만, 나는 이 주장의 취지엔 전적으로 동의한다. 그런데, 같은 글에 담긴 다음 주장을 보면 그가 과연 진정 경쟁을 사랑하는지 고개가 갸우뚱거려진다.

작년 우리나라 고교생의 대학진학률은 83%를 넘었는데 미국은 35%에 불과했다. 우리나라 사람들은 모든 사람이 공평히 명문대학에 갈 권리를 가져야 한다고 생각한다. 그리해서 국가당국이 지금 이 시절에도 각 대학에 입학정원을 배급해준다. 국제적 법률가를 양성하겠다며 도입한 로스쿨도 서울 및 지방대학에 50명, 70명씩 정원을 토막 내서 배급해주었다. 이런 배급 체제가 무슨 수로 대학경쟁력을 키우거나 일류를 만들 수 있겠는가. 우리 정부와 시민사회가 교육기관도 성장하고 도태하는 사회적 유기체임을 인정하지 않는 한 국민소득 4만 달러, 9만 달러는 한낮의 꿈에 불과한 것이다.[9]

하나는 알고 둘은 모르는 말씀이다. 김영봉에게 묻고 싶다. 세계 어느 선진국에 일류 대학들이 인구 1000만이 넘는 대도시에 전부 몰려 있는가? 그도 일류 대학들의 경쟁력이 순전히 입지조건에서 비롯되고 있다는 걸 인정할 것이다. 세상에 입지조건으로 승부를 보는 일류대학이 지구상 어느 선진국가에 있단 말인가? 그가 개탄한 '배급'은 경쟁을 죽이는 '입지조건 경쟁력'의 문제를 완화해보려는 시도일 것이다. 그가 진정 경쟁을 사랑한다면, 그런 미온적인 방법을 쓰지 말고 화끈하게 혁명적인 교육분산을 주장해야 하지 않겠는가?

SKY의 간판 가치는 평생 간다. 즉, 10대 후반에 한 번 치른 경쟁의 결과가 평생 간다는 뜻이다. 우리의 입시전쟁은 바로 그런 '병목 현상'이다. 이후에 경쟁이 없는 건 아니지만, 초기 경쟁의 효과를 뛰어넘을 수는 없다. 바로 그런 이유 때문에 SKY에 들어가지 못한 학생은 자포자기하는 마음으로 적극적인 경쟁에 임하기 위한 자기계발에 소홀해진다. SKY의 간판 가치는 일종의 '지대地代 추구rent-seeking' 효과다. 지대추구는 사적 영역의 집단들이 생산적 활동을 통해 수익을 얻기보다 국가 부문의 자원과 영향력에 접근하여 수익을 얻고자 하는 비생산적인 행위를 의미하지만,• SKY의 간판 가치

•　　　지대추구는 '이권추구利權追求'로 보아도 무방하겠다. 그래서 'rent-seeking society'는 흔히 '이권추구형 사회'로 번역되곤 한다. 지대추구 개념은 미국 경제학자 고든 털록Gordon Tullock이 1967년에 발표한 「관세, 독점과 절도의 복리 코스트The Welfare Costs of Tariffs, Monopolies, and Theft」라는 제목의 논문에서 처음 제시되었지만, 이 용어가 처음 등장한 건 앤 크루거Anne Krueger가 1974년에 발표한 「렌트 시킹 사회의 정치경제학The Political Economy of the Rent-Seeking Society」이라는 제목의 논문에서였다.(렌트rent, 네이버 지식백과; Rent-

가 생산적 활동의 가치를 압도한다는 점에서 그 본질은 같다. 이건 정의롭지 않을 뿐만 아니라 진정한 경쟁을 죽여 한국의 선진국화를 방해하는 일이다.

서울에 살건 지방에 살건 우리 모두 좀 정직해지자. 세계 어느 나라의 명문 대학도 한국의 대학들처럼 지리적 위치로 거저먹고 들어가는 경우는 없다. 교수들도 마찬가지다. 매년 수백 명의 지방대 교수가 서울 소재 대학으로 이동하고 있다. 지방대에서 일하다가 무엇이 맞질 않아 뒤늦게 서울로 갈 결심을 한 게 아니다. 처음부터 지방대는 거쳐 가는 곳으로 생각한 결과다. 지금 정부와 언론이 말하는 '대학 경쟁력' 개념엔 이런 현실이 전혀 반영돼 있지 않다. 정부보다는 일부 언론이 더 문제다. 입만 열었다 하면 '경쟁력'을 이야기하는데, 그 경쟁력의 정체에 대해선 아무 말이 없다.

왜 가난한 지자체가 '신의 직장' 직원들에게 돈을 퍼주는가?

혹자는 수많은 공공기관들이 지방으로 이전하는 '혁신도시 효과'를 기대해보자고 말하겠지만, 얼마나 많은 직원들이 지방으로 이사를 갈 거라고 추정하는지 궁금하다. 자녀를 지방으로 데리고 내려갈 사람이 얼마나 될까? 태평양을 사이에 두고 떨어져 사는 '기러기 부부'를 양산할 정도로 한국인의 자녀 교육열은 세계 최고다. 그건 국

seeking, Wikipedia; 최장집, 『민주화 이후의 민주주의: 한국 민주주의의 보수적 기원과 위기』, 후마니타스, 2002, 133쪽)

가경쟁력 차원에선 우리의 자랑일 수도 있겠지만 개인적 삶의 질에 있어선 재앙을 초래하기도 한다. 공공기관들의 지방 이전이 완료될 경우 서울-지방 간 교통량만 폭증하고 직원들의 삶만 고달파진다는 건 쉽게 예측할 수 있는 일 아닌가.

혁신도시 이전을 앞두고 사표를 낸 국책연구기관 직원들이 2009~2013년 5년간 524명이나 되며, 이들 중 절반 이상이 "지방 가기 싫다"는 이유로 사표를 냈다는 건 무엇을 말하는가? 국책연구원을 떠난 박사들이 가장 많이 가는 곳은 대학이다. 지난 5년간 전체 이직자 524명 중 딱 절반인 262명이 서울과 수도권의 대학교수로 자리를 옮겼다. 다음으로 많이 가는 곳은 지방 이전 대상이 아닌 공공기관으로, 58명에 달했다. 사기업 연구소로 간 연구원들도 42명이었다.[10]

이직할 능력이 없어 어쩔 수 없이 지방으로 내려가더라도 혼자 내려간다. 2015년 3월 현재 전국 10곳 혁신도시 공공기관 임직원 2만여 명의 가족 동반 이주율은 전국 평균 23.1%에 불과하다.[11] 2016년까지 2만7000명이 지방으로 더 내려가겠지만, 이들의 가족 동반 이주율 역시 20%대에 그칠 가능성이 높다. 왜 그런가? 무엇보다도 자녀교육 문제가 걸려 있기 때문이다. '인서울'이라는 속어의 유행이 잘 말해주듯이, 서울 소재 대학에 대한 집착이 병적으로 대중화된 세상에서 자식을 지방으로 데리고 내려오는 건 결코 쉬운 일이 아니다.

혁신도시 이전 공기업에 대한 지자체의 현금 지원은 이미 그게 현실로 나타나고 있는 게 아닌가. 2015년 1월 『경향신문』의 「신의

가족과 함께 지방 이주 직원 23%뿐
(87개 기관)
2만 명 중 1만5000명이 '혁신 기러기'

혁신도시로 이전한 공공기관의 직원들은 가족이 다같이 이주하는 대신, 대부분 가족은 서울에 남겨두고 본인만 이주했다. 자녀 교육 때문에 스스로 '기러기'가 되는 길을 택한 것이다. 서울의 흡입력이 얼마나 강한지를 알 수 있는 증거다.(중앙일보, 2015년 3월 28일)

직장' 지방 이전 공공기관 직원에 현금 퍼주는 '가난한 지자체'」라는 제목의 기사에 따르면, 전남 나주 혁신도시로 본사를 옮긴 한국전력 직원들은 5년간 최대 1000만 원의 지원금을 받는다. 전남 나주시가 직원들의 이주 지원을 위해 파격적인 당근책을 내걸었기 때문이다. 그런데 흥미롭다 못해 비극적인 건 한전은 직원 평균 연봉이 7500만 원에 육박하는 반면, 전남도(나주시 포함)의 1인당 평균소득액은 1312만원(2012년 기준)에 불과한 데다 나주시의 재정자립도 역시 19.08%로 전국 최하위권이라는 사실이다.

'부자 공기업'에 대한 '가난한 지자체'의 무차별적인 현금 지원은 비단 나주시만의 문제가 아니다. 대구와 전북·경남은 혁신도시 이전 공공기관 직원들이 주소를 옮기기만 하면 100만 원을 현금으로

준다. 충북도는 공기업 직원들이 1인 이상 가족과 함께 6개월 이상 주소지를 두면 정착지원금 100만 원을 지급한다. 제주도 역시 비슷한 지원을 하고 있다. 가족들을 대상으로 한 지원도 적지 않다. 제주도는 고교에 자녀가 전학 또는 입학해 1년 이상 다니면 최대 100만 원의 장려금을 주고, 배우자 취업을 위해 과목당 10만 원씩 학원 수강료를 지원한다. 주민의 두 배에 해당하는 출산축하금도 받는다. 대구와 울산시도 고교생에게 100만 원을 지원하며 충청북도는 50만 원을 준다. 강원 원주시는 장학금으로 40만 원을 지급한다. 해당 지자체들은 "공기업 직원들을 이주시키기 위한 차원이지만 일부 공공기관 노조에서는 지원금을 달라며 항의하기도 했다"고 말했다.[12]

지역민과의 역차별은 어찌 할 것인가? 제주도는 공공기관 직원 출산지원금으로 첫째는 30만 원, 둘째 150만 원, 셋째는 300만 원을 지원하지만 제주도민에게는 첫째 10만 원, 둘째 20만 원, 셋째는 60만 원을 준다. 나주로 전학 온 이전 기관 자녀들은 지역 출신 대학생들을 위해 지자체가 서울에 마련한 기숙사인 '남도학숙'과 '나주학사'에도 특례 입사할 수 있다. 본래 이 기숙사의 평균 경쟁률은 3대 1이 넘는다. 경북도와 김천시는 이주 직원들에게 1년간 월 2회 서울~김천 KTX 요금도 지원해주고 있다. 1년간 지원하는 KTX 요금은 1인당 168만 원에 달한다.[13]

어디 그뿐인가. 혁신도시로 이전하는 공공기관 직원들은 아파트 특별분양과 같은 파격적인 혜택 등 정부로부터 두둑한 지원을 받고 있지만, 이 과정에서 이를 되팔아 수천만 원의 시세차익을 챙긴 직원이 수백 명이다. 2014년 말 현재 특별분양을 받은 이전 공공기관 직원은 모두 7666명이었는데, 이들 가운데 863명이 전매제한기간(1년)이 끝난 뒤 바로 팔아 수천만 원의 이익을 챙긴 것이다.[14]

많은 공공기관 직원들이 기러기 가족이 되는 길을 택하기 때문에 빚어진 일이다. 공기업·공공기관을 아무리 지방으로 이전해도 임직원들이 자녀교육을 위해 서울에 거주하면서 지방에선 원룸 형태의 생활을 하는 일이 발생한다. 모두를 괴롭게 만드는 '혁신도시의 비극'이다. 이는 무엇을 말하는가? '교육분산'을 전제로 하지 않는 혁신도시 사업은 성공할 수 없다는 것이다. 기러기 가족의 수만 늘려 그들의 삶을 피폐하게 만들 뿐이다.

건설공화국을 이끌어나간 골프장과 대학

'서울공화국'이라는 이미 설정된 '경로經路'에 어느 정도 의존하는 건 불가피할망정, 기존 경로를 강화하는 일이 '개혁'의 이름으로 이루어진다는 건 다시 생각해볼 일이다. '국가경쟁력'을 내세워 '경로 강화'에 앞장서고 있는 일부 언론사들이 지방에 있다면, 그런 주장을 하진 않을 것이다. 그렇다면, 여론 형성의 '서울 1극 구조'가 '경로 강화'의 주요 원인은 아닐까? 기초적인 역지사지조차 없는 '국가경쟁력' 개념은 지금이 개발독재 시절은 아닌가 하는 의아심을 갖게 하기에 족하다. 경로의 저주라지만, 너무 가혹하다.[15]

'역세권驛勢圈'을 아시는가? 부동산공화국이라 할 대한민국에서 그걸 모르는 사람은 없을 것이다. 포털에 검색을 해보면 이런 정의가 뜬다. "역세권은 지하철역 또는 전철역의 역세권을 약칭한 것으로 어느 특정의 역을 이용하는 여객 또는 화물이 소재하는 지역의 범위를 말한다. 역세권의 파악은 지가형성요인을 분석하는 데 중요한 자료가 된다."[16]

역세권은 입지조건이다. '역세권'이나 '입지조건'을 검색해보면 쉽게 알 수 있는 것이, 이게 부동산산업의 생명과도 같은 것이라는 점이다. 부동산의 입지조건이 좋아야 높은 가격을 받을 수 있다. 「수도권 역세圈+대학家 수익형 부동산⋯임대수요 풍부해 인기 좋네」라는 제목의 한 부동산 기사는 서울 대학 주변의 부동산 경기에 대해 다음과 같이 말한다. "저금리로 수익형 부동산의 인기가 높아지고 있는 가운데 역세권이자 대학가 인근에서 분양하고 있는 상가, 오피스텔 등에 투자자들의 관심이 모아지고 있다. 대학가 주변은 대학생 수요를 기본으로 역세권을 끼고 있는 직장인, 신혼부부 등 임대수요가 많아 공실 염려가 낮은 게 특징이다. 또 서울 강남권이나 도심 주요 지역보다 투자금도 상대적으로 적어 투자수익률이 높은 게 일반적이다. 이에 따라 실제 대학가에서 분양한 상가, 오피스텔과 도시형생활주택은 좋은 분양성적을 보이고 있다."[17]

입지조건이 얼마나 중요하면 건설사들이 옆동네 아파트의 '후광효과'를 노린 황당한 작명법에 골몰하겠는가. 2015년 5월 SK건설이 청약을 마감한 '신동탄 SK뷰파크 2차' 아파트는 실제로는 동탄이 아닌 화성시 기산동에 들어서며, 동탄1신도시 가장 외곽에 있는 동탄3동 주민센터와도 직선거리로 930m쯤 떨어져 있다. 그런데도 인기 높은 동탄 신도시의 후광後光을 받으려고 '신新동탄'이라고 부르는 것이다. 서울시 서대문구 북아현 뉴타운에 분양중인 대림산업의 'e편한세상 신촌'도 신촌 사거리와 1km쯤 떨어져 있지만 이름을 신촌이라고 붙였다. 서울 노원구 월계동의 '꿈의 숲 SK뷰'도 대형 공원인 '북서울 꿈의 숲'과 900m 정도 떨어져 있고, 현대건설의 '목동 힐스테이트' 아파트도 실제로는 서울 목동 건너편인 신정동에 있다.[18]

꼭 그렇게까지 해야 하나 하고 혀를 끌끌 찰 일이지만, 우리는 대학 역시 입지조건에 죽고 사는 산업이라는 생각은 좀처럼 하지 않는다. 대학은 단지 부동산산업에게 높은 가격을 받게 해주는 혜택만 제공할 뿐인가? 달리 말해 대학은 부동산산업과 다를까? 아니다. 똑같다! 그런 점에서 대학은 교육산업이라기보다는 부동산 산업으로 분류되는 게 옳다. 대학들이 심혈을 기울여 하는 일들도 부동산산업과 흡사하다.

우석훈은 건설공화국 한국을 끌어나가는 묘한 축이 두 개 있는데, 그게 바로 골프장과 대학이라며 개탄한다. "한국의 대학들이 거두어들인 등록금은 대부분 캠퍼스 내부에 건물을 짓거나 학교 밖의 땅을 사들여서 건물을 짓는 데 사용되었다. 재벌과 국가 다음으로 대학이 가장 큰 공사 발주자가 된 나라라니."[19]

전상인은 "오늘날 우리나라 대학 캠퍼스가 유례없는 과過개발과 난개발로 신음하고 있는 것은 세계적 수준의 대학으로 웅비하는 과정상의 정상적인 성장통成長痛이 아니다. 그것은 선거 바람이 불면서 대학의 행정 능력이 건설과 건축으로 평가받는 정치적 포퓰리즘의 일환"이라며 다음과 같이 말한다.

"이런 점에서 서울대가 총장 직선제를 도입하고 5년이 지난 1996년에 '시설·건축 안식년제'를 실시하기로 한 것은 매우 현명한 판단이었다. 건물의 무원칙한 신축에 따른 소음과 공해 등을 막겠다는 취지에서 기존의 신축 건물이 완공되기 전에는 새로운 건물을 착공하지 않는다는 원칙을 정했다. 그런데 이러한 결정은 곧 흐지부지되고 말았다. 그 결과로 현재 서울대 캠퍼스는 무개념 개발의 전형적 사례가 되었다. 물론 다른 대학들도 사정은 거의 비슷하다."[20]

왜 '인서울' 대학은 어마어마한 부동산 기업이 되었는가?

'인서울' 대학들은 중앙정부와 지방정부의 지원하에 서울을 벗어나 다른 지역에 새로운 컴퍼스를 짓는 등 '공룡화 전략'을 쓰고 있다. 서울대는 2009년 수원 영통에 융합과학기술대학원을 세우더니, 2014년 강원 평창의 그린바이오 첨단연구단지에 국제농업기술대학원 인가를 받았고, 이젠 '서울대 시흥 국제캠퍼스 및 글로벌 교육·의료 산학클러스터'라는 개발사업을 추진하고 있다. 이에 대해 서울대 교수 김명환은 다음과 같이 말한다.

새 캠퍼스는 총 42만1120㎡라고 하니 한국 최대 캠퍼스인 관악 교정(연면적 110만6968㎡)의 38%가 넘는 터무니없는 규모이다. 서울대의 이름을 팔아 신도시의 시세를 올리는 대가로 지자체는 토지를 무상제공하고 건설사는 개발이익의 일부로 학교 시설을 거저 지어준다는 사업방식은 경기침체와 1100조 원에 근접한 가계부채로 신음하는 우리

현실을 외면하고 한물간 부동산 '대박'의 환상에 휘말리는 짓이다.[21]

토건대학이라고 해서 다 똑같은 토건대학이 아니다. 서울과 지방의 땅값 격차를 생각해보라. 서울소재 대학들은 캠퍼스가 비좁다고 하늘로 치솟고 땅 밑으로 파고들더니 그걸로도 모자라 한동안 수도권에 제2, 제3의 캠퍼스를 짓느라 미쳐 돌아갔다.[22] 김진석이 잘 지적했듯이, "연·고대를 비롯한 서울의 여러 사립대학들은 어마어마한 기업이다. 땅값을 감안하면 재벌에 가까울 정도일 뿐 아니라 서울로의 편향과 독점을 야기하는 대표적인 요인이다. (…) 대학에 바짝 붙어 평당 수천만 원 하는 아파트나 건물이 꾸역꾸역 들어서는 현실이다."[23]

인서울 대학의 분교, 즉 제2캠퍼스의 원래 취지는 수도권 인구 분산이었지만, 이는 전혀 엉뚱한 결과를 초래했다. 국민대 법대 교수 김동훈이 잘 지적했듯이, "지방분교 캠퍼스는 결과적으로 지방의 서울 식민지화를 더욱 가속화했을 뿐이다. 학생들도 대개 수도권 출신이고 하여 주말이나 방학만 되면 지방대 캠퍼스는 휴교상태에 들어가고 만다. 지방문화의 중심지로서의 대학의 모습은 어디에도 없고 지방정착에도 실패하고 말았다."[24]

서울 본교 캠퍼스는 날이 갈수록 고급 쇼핑몰을 닮아가고 있다. 10년 전 국내 재벌 신세계그룹이 수입한 글로벌 자본의 스타벅스가 고려대 안에 처음으로 들어섰을 때 학생들은 "학교의 주인은 자본 아닌 학생"이라며 항의 집회도 열었고, 심지어 어떤 학생은 대학 내 자본의 침입에 대한 항의의 상징으로 스타벅스에 돌을 던져 유리창을 깨트리기도 했다. 당시 『고대신문』의 설문조사 결과 학생 200명 중 121명은 '상업시설이 학교에 들어오는 것을 부정적으로 생각한다'고 답했다.[25] 물론 옛날 이야기다. 지금으로선 정말 아득하게 여겨지는 옛날 이야기가 되고 말았다. 지금은 상업시설이 대학에 들어오는 정도를 넘어서 아예 대학 자체가 상업시설화하고 있기 때문이다.

물론 학생들도 달라졌다. 상업화의 극을 치닫는 대학 축제가 그걸 잘 말해준다. 2014년 10월 문화평론가 하재근은 한 방송인터뷰에서 "요즘엔 축제에 뭔가 좀 유명한 아이돌, 연예인을 섭외하지 않으면, 학생들이 우리 학교 축제는 실패했다, 볼품없다, 초라하다고 생각하기 때문에 총학생회가 무리하게 지출하면서까지 전체 축제 운영비의 50%정도"를 연예인 섭외에 쓰고 있다며 다음과 같이 말했다.

"작년에는 심지어 1억 원 이상을 연예인 섭외에 쓴 국립대가 나타났을 정도로 학생들이 연예인에게 목을 매고 있습니다. (…) 9월 하반기에 2주 동안 걸스데이가 9개 대학을 돌고, 또 에이핑크가 7개 대학을 돌고 이런 식으로 하다 보니까, 대학생들이 스스로 문화를 형성하는 힘은 거의 사라지고 기존의 기획사가 만들어준 상품으로서의 스타에만 열광하는 것이 아니냐, 그런 지적이 나오고 있는 것이죠."[26]

하재근은 그런 현상이 대학의 기업화와 맞물려 있다고 본다. "우리나라 기업 재벌들이 덩치를 막 불려가는 것처럼 이제는 캠퍼스도 굉장히 멋진 큰 건물을 지으면서 덩치를 불리려고 하고, 덩치를 불리려면 돈이 필요하니까 학생들한테 등록금을 많이 받으려고 하고, 학생들한테 주는 복지는 줄이고, 이런 식으로 대학의 기업화 현상이 나타나고, 그러다 보니 대학생들도 상업화로 가는 거죠."[27]

지역의 이익과 지역민의 이익이 다른 '구성의 오류'

점입가경漸入佳境이다. 이젠 서울 입지조건의 폭력에 시달린 지방대들이 역으로 수도권 캠퍼스를 개설하는 게 붐을 이루고 있으니 말이다. 현재 비수도권에서 수도권으로 이전을 추진중인 대학은 청운대(충남 홍성), 경동대(강원도 고성), 세명대(충북 제천), 원광대(전북 익산), 한려대(전남 광양), 예원예술대(전북 임실), 중부대(충남 금산), 을지대(대전시 중구), 동양대(경북 영주), 서영대(광주시 북구), 대경대(경북 경산), 광양보건대(전남 광양), 침례신학대(대전시 유성구) 등 13개교나 된다.[28] 중부대 고양캠퍼스 기공식에서는 집단 상경한 충남 금산 주민들이 "지방대의 수도권 이전으로 지역 경제가 파탄 지경에 몰리고 있다"며 반대 시위를 벌이기도 했다.[29]

지방대의 수도권 이전이 봇물을 이루자 급기야 2015년 5월 비수도권 14개 시·도지사와 지역 국회의원으로 꾸려진 지역균형발전협의체는 국회와 주요 정당 등에 지방대학의 수도권 이전을 제한하는 법률 개정안을 통과시켜달라는 내용이 담긴 서한문을 보내기에 이르렀다.[30] 차라리 지방대학의 수도권 이전을 장려하고 파격적인 국고 지원을 함으로써 전 대학의 수도권대학화를 이루는 게 어떨까 하는 생각마저 든다.

'인서울' 대학들이 입지조건에서 누리는 최고의 경쟁력은 일자리의 서울 집중이다. 대한민국 제2의 도시인 부산 정도면 서울과 붙어볼 만도 한데, 사정은 영 그렇지 못하다. 부산 출신으로 '인서울'에 진학한 학생의 출신지역 회귀율은 9.5%에 불과하며, 85.3%가 수도권에서 일자리를 구한다고 하니,[31] 다른 지역은 더 말할 것도 없잖은가.

그런데 이는 상당 부분 지방의 자업자득이다. 대부분의 지방이 도道·시市·군郡 단위로 인재육성이요 지역발전전략이라는 미명하에 서울에 학숙을 지어 지역인재의 서울 유출을 장려하고 있지 않은가. 아니 장려하는 정도가 아니다. 거의 사생결단의 투지로 밀어붙이고 있다. 지역에 따라선 범도민 운동 차원에서 모금을 해 수백억 원의 돈을 들인 곳들도 있다. 학숙 하나로도 모자라 '제2의 학숙'을 짓자고 열을 올리는 지역도 있다.[32]

가족 단위에선 자식을 서울 명문대에 보내는 게 가문의 영광으로 통한다는 걸 잘 아는 지역 정치인들은 학숙 건립을 공약으로 내걸면서 그걸 인재육성이요 지역발전전략이라고 주장하고 있다. 사실상 '지방대학 죽이기'를 지역인재육성전략이자 지역발전전략으로 삼은 셈인데, 그게 어이없다고 웃거나 화를 내는 사람은 거의 없다. 모두 다 진지한 표정으로 그런 지원이 더 필요하다고 말할 뿐이다. 왜 그럴까?

우리는 지역의 이익과 지역민의 이익이 같을 걸로 생각하지만, 그게 꼭 그렇진 않다는 데 지방의 비극이 있다. 지방대학이 쇠락하거나 죽는 건 지역의 손실이지만, 자식을 서울 명문대에 보내는 건 지역민의 이익이다. 각 가정이 누리는 이익의 합산이 지역의 이익이 되기는커녕 오히려 손실이 되는 '구성의 오류fallacy of composition'가 여기서도 일어나는 것이다.* 심지어 서민층, 아니 빈곤층 학부모마저도 자식을 서울 명문대에 보내는 꿈을 꾸기에 그런 지역발전전략이 당연하다고 생각한다.

지방 지자체들의 서울 학숙 짓기 경쟁

2014년 3월 16일 서울 성북구 동선동에 건립된 구미학숙이 개관식을 가졌다. 구미시장이자 구미시장학재단 이사장인 남유진은 개관사를 통해 "그동안 시 장학재단의 장학사업과 구미학숙의 건립을 위해 동참하고 노력해준 분들께 먼저 감사의 마음을 전하고 지역 우수 인재육성의 요람인 서울 구미학숙이 60억 원의 결코 적지 않은 규모로 서울의 대학가가 밀집한 중심부에 둥지를 튼 것은 어느 지자체나 장학회에서도 쉽게 할 수 없는 크나큰 사업으로, 오늘의

———

* 구성의 오류는 부분에 대하여 말할 수 있는 것을 전체에 부당하게 적용하거나 또는 개별적인 요소에 해당되는 것을 집합 전체에 부당하게 적용하는 것인데, 개인적으로는 타당한 행동을 모두 다같이 할 경우 전체적으로는 부정적인 결과가 초래될 때 쓰이는 말이다. 경제학자 존 메이나드 케인스John Maynard Keynes가 말한 '절약의 역설Paradox of Thrift' 이 좋은 예다. 불황에 저축을 늘리면 개인은 안전감을 느끼겠지만 모두가 다 그렇게 하면 소비가 줄어 경기를 더 악화시키는 결과를 초래한다는 것이다. 마찬가지로 농사를 잘 지어 생산량을 늘리는 것은 농민의 보람이지만, 모든 농민이 다 농사를 잘 짓는다면, 농산물 가격이 폭락해 모든 농민들에게 재앙이 될 수 있다.(강준만, 「왜 풍년이 들면 농민들의 가슴은 타들어 가는가?: 구성의 오류」, 『생각의 문법: 세상을 꿰뚫는 50가지 이론』, 인물과사상사, 2015, 271~276쪽 참고)

지자체, 서울 유학생 기숙사 짓기 '붐'

수도권 전월세 급등 대책세워
전남 '남도학숙' 2017년 완공
강원 '제2학사' 강북에 추진
경남·영주시도 새로 건립기로

■ 지방자치단체들이 서울 소재 대학에 진학한 지역 출신 대학생들의 주거난 해소를 위해 기숙사 추가 건립 또는 신축을 추진하고 있다. 최근 수도권 아파트와 원룸의 전·월세 가격이 오르면서 학부모들의 경제적 부담이 늘어난 점도 감안한 조치로 분석된다.

광주시와 전남도는 13일 서울 소재 대학에 진학한 광주·전남·전남 출신 학생 기숙사인 제2남도학숙의 부지를 은평구청 옛 별관(5960㎡)으로 확정했다. 양 시·도는 오는 2017년까지 500~650명 수용

어서 강북지역 학생들이 불편해함에 따라 강북권에 200여 명 수용 규모의 제2강원학사 건립을 추진 중이다. 도는 신축이 아닌, 기존 건물 리모델링 방식으로 2017년 3월 개사옥을 가질 계획이다.

신축을 추진 중인 지자체들도 많다. 경북 영주시는 2017년까지 100여 명을 수용할 수 있는 서울 영주학숙을 건립하기로 하고 지난 2월 서울 세종문화회관에서 출향 경제인 간담회를 열고 협조를 요청했다.

규모의 제2남도학숙을 건립해 2018년 초 개관할 계획이다.

전남도 관계자는 "동작구 대방동에 있는 남도학숙(850명 수용·사진)의 올해 입사 경쟁률이 2.8대1이었다"며 "서울 유학생들의 안정적 학업을 위해 기숙사 추가 건립은 꼭 필요하다"고 말했다.

강원도는 1975년 관악구 신림동에 설립한 강원학사(100명 수용)가 강서권이

경남도도 400명 수용 규모의 재경 경남학숙(가칭)을 건립하기로 하고 최근 서울시로부터 추천받은 강남구 세곡동 등 부지 3곳을 검토하고 있으며 2018년쯤 문을 열 계획이다.

경기도는 이미 건립한 군인 자녀 기숙사 일부를 활용해 눈길을 끈다. 도는 늘

들어 송파구 장지동에 있는 군인 자녀 기숙사인 송파학사 시설 일부를 경기도 대학생 100명이 사용할 수 있도록 국방부와 협의를 마쳤다. 또 도봉구 쌍문동 경기도장학관(400명 수용) 내에 기숙사 건물을 추가 건립하는 방안을 서울시와 협의 중인 것으로 알려졌다.

앞서 전남 순천·광양·나주·고흥, 충남 태안, 경북 김천·경산·예천 등 8개 지자체는 지난해 초 강서구 내발산동에 382명 수용 규모의 공공기숙사를 건립했다.

경북 구미시와 구미LG디스플레이는 지난해 3월 성북구 동선동에 구미학숙을, 인천시 옹진장학회는 2012년 영등포구 당산동에 옹진장학관을 각각 설립해 운영 중이다. 광주=정우천 기자
sunshine@munhwa.com, 문화

지자체들은 서울의 대학에 진학한 자기 지역 학생들을 위해 경쟁적으로 학숙을 짓고 있다. 한 지역 차원에서는 지역 출신 인재를 지원하는 좋은 의도겠지만, 그럴수록 지역 인재는 서울로 가게 되고 지방은 황폐해진다.(문화일보, 2015년 3월 13일)

개관식은 구미시가 명품교육도시로 다시 한번 비상함을 대외적으로 알리는 감격적인 순간입니다"라고 소감을 피력했다. 개관식을 위해 구미에서 직접 참석한 한 학부모는 "멀리 서울에 학교를 보내 경제적인 부담뿐만 아니라 딸을 가진 부모로서 안전문제 등 여러 가지 걱정이 많았는데, 이렇게 구미시와 장학재단에서 깊은 걱정을 덜어 주어 정말 감사하다"고 말했다.[33] 그밖에 2014~2015년에 나온 몇가지 발표만 살펴보기로 하자.

2014년 3월 전남 순천·광양·나주·고흥, 충남 태안, 경북 김천·경산·예천 등 8개 지자체는 서울 강서구 내발산동에 지하 1층 지상 7층 규모로, 193실에서 382명이 생활할 수 있는 공공기숙사를 건립해 개관했다. 2014년 6·4 지방선거 김해시장 선거에 출마한 새누리당 예비후보들은 "김해 출신 대학생들을 위한 '김해학사'를 서울에

건립하겠다"고 약속했다.[34] 경남 남해군수 선거에 출마한 새누리당 후보는 수도권학생들을 위한 향토기숙사 남해학숙 건립을 약속했다.[35] 전남 화순군수 선거에 출마한 무소속 후보는 재경 유학생장학금 100만 원 지원 및 재경 화순학숙 건립을 약속했다.[36]

2014년 11월 전남 강진·장흥·영암 3개군은 동반성장을 위해 7대사업 공동추진에 합의했는데, 7대사업 중 하나는 서울 유학생을 위한 희망학숙을 건립하는 것이었다.[37] 2014년 12월 31일 경북 울진군수는 신년사에서 서울소재 울진학숙 건립을 계속 추진하겠다고 다짐했다.[38] 2015년 2월 경북 영주시는 서울 동대문구에 소재한 80억 원 내외의 건물을 인수, 리모델링을 거쳐 60실 규모의 숙소에 사무동, 식당, 회의실 등을 마련하고 100명 정도 거주할 수 있는 학숙을 건립하겠다고 밝혔다.[39]

2015년 3월 「지자체, 서울 유학생 기숙사 짓기 '붐'」이라는 제목의 『문화일보』 기사에 따르면, 광주시와 전남도는 서울 소재 대학에 진학한 광주·전남 출신 학생 기숙사인 제2남도학숙의 부지를 은평구청 옛 별관(5960㎡)으로 확정하면서 2017년까지 500~650명 수용 규모의 제2남도학숙을 건립해 2018년 초 개관할 계획이라고 밝혔다. 강원도는 1975년 관악구 신림동에 설립한 강원학사(100명 수용)가 강서권이어서 강북지역 학생들이 불편해함에 따라 강북권에 200여 명 수용 규모의 제2강원학사 건립을 추진중이다.[40]

2015년 7월 1일 경남도지사 홍준표는 도청 강당에서 열린 '경남 미래 50년을 향한 브랜드 슬로건 선포식' 도정 2기 취임 1주년 기자 간담회에서 수도권 대학에 다니는 경남 출신 대학생을 위해 재경 기숙사 '남명학사' 건립을 추진한다고 밝혔다. 200억 원을 들여 400명을 수용하는 규모인데, 경남 창녕 출신인 박원순 서울시장과 2년 전에 약속했고, 막바지 협의중이라고 했다.[41]

개천을 지키는 미꾸라지를 모멸하는 '개천에서 용 나는' 모델

지방에서 그렇게 하는 걸 '인재육성정책'이자 '지역발전전략'이라고 부르는 건 전적으로 '개천에서 용 나는' 모델에 따른 것이다. 다른 지역에서 용이 많이 나오면 우리 지역이 밀릴 수 있다는 지역간 경쟁심리도 은근히 작용하고 있다. 사실상 개천을 지키는 미꾸라지들을 모멸하는 것임에도 자기 집안에 용이 나오길 기대하는 지방민들의 열화와 같은 지지로 지방선거 때는 서울에 학숙을 짓겠다는 공약이 전국 방방곡곡에 난무한다.

지방의 어느 인권단체는 그 지역의 서울 학숙이 2년제 대학의 신입생과 재학생에게 학숙 입사자격을 부여하지 않는다고 국가인권위에 진정을 냈는데, 왜 인권단체마저 그런 학숙 자체가 문제가 된다는 생각은 하지 못하는 걸까? '인서울'이라고 해도 동등한 대우를 받는 것도 아니다. 입사 경쟁률이 높다보니 중하위권 대학에 다니는 학생들은 지방학사에 들어가기 쉽지 않다. 누가 더 '용'이 될 가능성이 높으냐는 기준에 따라 뽑기 때문에 SKY 학생들이 많이 입주하고 있다.[42]

물론 지자체에도 그 나름의 고충은 있다. 인서울 대학들의 높은 기숙사비는 지방 학생들에게 가장 큰 타격이기에 이 학생들과 학부모들은 지자체에 서울에 학숙을 지어줄 것을 요구한다. 예컨대, 2015년 7월 『충청투데이』는 이런 민원을 해결하기 위해 「서울 충남 학사 건립하자」는 제목의 기사를 냈다.

서울로 진학한 충남 연고 대학생들이 심리적인 박탈감을 토로하고 있다. 타지역은 지역인재 육성 차원의 서울 지방학사 건립에 열을 올리고 있지만 충남만은 이와 다른 소극적인 행보를 보이는데 따른 불만의 목소리가 제기되고 있는 것이다.

충청투데이가 전국 도단위 서울 지방학사 기숙사 비용을 분석한 결과 대학 기숙사 비용보다 최대 2배 이상, 학교 인근 원룸에 비해서는 무려 4배가량 저렴한 것으로 조사됐다. 2009년 건립된 충북학사의 경우 월 기숙사비는 20만 원으로 3식이 포함돼 있다. 충북학사의 기숙사비는 최신 시설로 도단위 지방학사 가운데 가장 비싼 금액으로 타지역 지방학사들은 대부분 15만원의 기숙사 비용을 받고 있다. (…) 학비 부담도 문제지만 충남인으로의 자긍심에 금이 가는 부분을 간과할 수 없다. 타 지역이 서울 지방학사 건립으로 지역인재 육성에 심혈을 기울이고 있다는 인식을 지역 학생에게 각인시키면서 지역 정체성과 애향심을 불러일으키고 있지만 충남 연고 학생들과는 별개의 문제다.[43]

지자체의 입장에선 그런 민원을 무시할 수도 없는 입장이어서 곤혹스러운 점도 있겠지만, 다른 지역들은 대부분 지자체 스스로 먼저 나선 경우다. 이 지자체들이 내세운 '인재육성정책'이자 '지역발전전략'은 믿기지 않을 정도로 장기지향적이다. 자기 지역 출신 학생이 서울 명문대에 진학해 서울에서 출세하면, 즉 권력을 행사할 수 있는 요직을 차지하면, 그 권력으로 자기 지역에 좀더 많은 예산을 준다든가 기업을 유치하는 데 도움을 줄 거라고 본다.

서울 중앙부처나 대기업에 자주 로비를 하러 가는 각 분야의 지방 엘리트들은 자기 고향 출신을 만났을 때 말이 통하고 도움을 받은 경험을 갖고 있기에, 위와 같은 '지역발전전략'은 움직일 수 없는 법칙으로까지 승격된다. 조금만 깊이 생각해보면 그건 지역발전전략이 아니라 '지역황폐화전략'인데도 거기까진 생각이 미치지 못한다. 아니 지역보다는 가족의 이익을 앞세우기 때문에 그런 생각을 일부러 안 하는 것일 수도 있다.

'인재숙'을 지키기 위한 학부모들의 삭발투쟁

아예 지방 내에 명문대 입학을 전제로 공부시키는 학숙 또는 인재숙人材塾도 있다. 전북 순창에 있는 '옥천(순창의 옛말) 인재숙'이 대표적 예다. 지난 2007년 논란이 되었던 이 인재숙은 '영리를 목적으로 하는 개인'이 운영하는 일반 학원이 아니라 지방자치단체인 순창군청이 운영하는 '공립 학원'이자 잠까지 재우는 기숙학원이다. 순창군의 '선택받은 상위 20%'가 모여서 공부하는 '방과후 기숙사'인 셈이다.

아이를 순창에서 전남 영광의 한 대안학교로 전학시킨 학부모 한호숙(43)씨는 "아이가 개성적인 삶을 원했다"라며 "이곳은 '인재숙 다니는 아이'와 '인재숙 안 다니는 아이'로 구분지어지는 경향도 강

순창군청이 운영하는 '공립' 기숙학원인 옥천인재숙. 성적 상위 20%만 들어갈 수 있기에 형평성 문제가 제기되기도 하지만, 80%가 넘는 주민들의 지지를 받고 있다. 인재숙 건립은 순창을 넘어 전국적인 현상이 되어가고 있다. 서울로 자기 자식을 보내려는 지방민들의 열망이 얼마나 강한지 알 수 있는 대목이다.

하고, 인재숙을 다니지 않는 것이 잘못도 아니고 바보인 것도 아닌데 아이가 위화감을 느끼기도 했다"고 말했다.

인재숙에 대한 이런 문제 제기에도 불구하고 순창 군민들의 인재숙에 대한 지지는 강력했다. 전남대 사회과학연구소가 순창군의 의뢰로 2007년 9월 20살 이상 지역 주민 1000명을 상대로 설문조사를 했더니, 응답자의 83.2%가 "인재숙이 순창군에 필요하다"고 응답했다. 2006년 순창군은 17년 만에 처음으로 2명의 서울대 합격자를 배출하는 등 인재숙이 보여준 입시 성과 때문이었다.

2007년 10월 전북교육청은 "재학생을 대상으로 하는 기숙학원은 공교육 정상화를 막고, 성장기에 있는 청소년들의 단체 생활을 통한 폐해를 심화할 수 있다"며 '재학생 대상 기숙학원 금지'를 주요 내용으로 한 조례개정안을 발의했다. 그러자 12월 4일 전북도의회 교육위 회의장 앞에서는 때 아닌 삭발시위가 벌어졌다. 조례개정안을 처리하지 말라고 순창군에서 몰려온 학부모들이 벌인 시위였다. 결국 조례개정안 심의는 무산되고 말았다.

인재숙에 아이를 보내고 있는 한 학부모는 "인재숙이 필요하다고 보지만, 형평성 문제나 주입식 교육 방식을 개선할 필요는 있다고 생각한다"며 "하지만 그런 의견을 조금만 내비쳐도 찬성하는 사람들이 '그럼 인재숙을 없애자는 것이냐'며 '도끼눈'을 뜨기 때문에 인재숙에 대해 아무 말도 할 수 없는 게 지금 순창의 분위기"라고 말했다. 이 학부모는 자신의 신상정보가 기사에 나오지 않게 해달라고 신신당부했다고 한다. 이 인재숙을 다룬 「'인재숙'은 지방 교육의 숙명인가」라는 제목의 『한겨레21』 기사는 다음과 같이 말했다.

지역사회의 강력한 지지와 인재숙의 성과 때문일까. 지금 전북의 지방자치단체들은 인재숙을 벤치마킹한 기숙학원을 만드는 데 열심이다. 전북 김제시는 내년 2학기 개원을 목표로 기숙학원을 준비 중이다. 박현 김제시 인재양성과 과장은 '12억 원을 들여 '옥천 인재숙'과 같은 형태의 학원을 설립할 계획'이라고 말했다. 전북 완주군도 비슷하다. 완주군은 올해 약 75억 원의 예산을 지자체가 운영하는 '학원' 에듀빌 건립에 배정했다.[44]

그로부터 8년 후인 2015년 『전북일보』엔 「순창 옥천인재숙 맞춤지도 결실: 2015학년도 수도권 대학 합격생 20명 등 배출」이라는 제목의 기사가 실렸다. 순창 옥천인재숙이 서울대, 연고대 등 수도권 명문대에 20명의 합격생을 배출하며 대입 신화 명성을 재확인했다는 것이다. 이 결과는 그동안 옥천인재숙이 최고의 실력을 갖춘 강사진들을 영입해 행정, 학교와 유기적 협조하에 학생들의 성적향상을 위해 꾸준한 노력을 기울인 결과라는 해설도 따라 붙는다.[45]

물론 이런 유형의 인재숙은 전국적인 현상이다. 경남 사천시도 62억 원을 들여 180명을 수용할 수 있는 '인재육성 학숙관' 건립을 추진중이다. 2015년 5월 담당 공무원, 교육계, 학부모 단체, 도의원, 시의원 등이 참석한 가운데 인재육성 학숙관 건립 추진 의견수렴 간담회가 열렸다. 교육 형평성이나 특정학생 특혜 문제 등을 언급하며 우려를 표한 참석자들도 있었지만, 일부 교장들은 "기숙사 또는 학숙을 통해 우수인재를 유치하고, 서울대에 많이 보내는 것이 사실상 지역학교를 살리는 길"이라고 주장했다.[46]

왜 인재를 서울로 보내면서 인재가 없다고 하소연하나?

개천을 떠나고 싶어 하는 지방민들의 뜨거운 열망에 화답하듯, 서울 명문대 총장님들은 자기 대학이 개천에서 용이 많이 나게끔 하는 데 앞장서겠다는 '진보적' 견해를 자주 밝히신다. 그간 '개천에서 용 나는' 모델의 전도사 역할을 해온 전前 서울대 총장 정운찬은 "공정사회는 개천에서 용 나는 사회"라고 주장하면서,[47] 자신이 서울대 총장 시절 도입한 지역균형 선발제도도 그런 취지에서 한 일이라고 했다.[48]

연세대 총장 정갑영은 2015년 5월 연세대 개교 130주년 기념사에서 "소외 계층이 명문대학에 진학하는 장벽이 너무 높아 '개천에서 용 난다'는 속담이 설득력을 잃어가고 있다"며 "학교 설립 당시의 초심으로 돌아가 소외 계층에 대한 문호門戶를 적극적으로 확대해 나가겠다"고 말했다.[49]

다 아름다운 말씀이다. 자녀를 서울 명문대에 보낸 학부모들에겐 가문의 경사일 테니 뜨거운 축하를 보내는 게 좋겠다. 그러나 말은 바로 하자. 그 인재들은 고향으로 돌아오지 않는다! 지난 반세기 넘게 확인돼온 철칙이다. 그러다보니 어떤 일이 벌어지는가? 지방은 인재난을 겪고, 중앙정부는 그것 때문에 지방을 깔본다. 지자체 인력의 능력에 대한 불신이 매우 강한 것이다. 경북지사 김관용은 이런 현실에 대해 다음과 같이 말한다.

각종 권한도 중앙정부가 꽉 움켜쥐고 있다. 부지사·부시장 수까지 법으로 정해놨다. 또 도지사가 국局 하나 마음대로 설치하지 못한다. 무늬만 지방자치다. (…) 권한을 지방에 내주면 나라가 망하는 줄 아는 것 같다. 지방자치 20년, 이제 지방 정부도 성년이 됐다. 그런데도 어린아이 옷을 입혀 집 안에서만 놀게 하는 꼴이다. 각종 자치권을 과감하게 지방에 넘겨줘야 한다.[50]

"어린아이 옷을 입혀 집 안에서만 놀게 하는 꼴"이라는 말이 가슴에 와 닿는다. 도대체 중앙정부는 왜 그러는 걸까? 강형기는 중앙 공무원들이 지방분권에 대해 갖고 있는 생각을 다음과 같이 말한다.

　실제로 지방분권을 실현했을 때 가장 어려움에 처하는 것은 다름 아
닌 지방이라고 주장한다. 중앙의 시각으로 볼 때, 지금 우리의 지방에
없는 것은 권한이나 재원이 아니라고 한다. 지방에는 인재가 없고, 특
히 지방공무원들에게 정책형성 능력이 없다는 것이다. 그러나 이러한
주장은 속 좁은 단견에 불과하다. 왜냐하면 지방에도 권한과 재원이
있다면 인재들은 자연히 모인다. 실로 중앙공무원이 지방으로 가지 않
으려는 이유는 권한과 재원이 없기 때문이다.[51]

　중앙정부가 과감한 지방분권을 하지 않는 주된 이유는 권력, 즉
'밥그릇'에 대한 욕심 때문이겠지만, 인재를 정책으로 서울로 내쫓
은 지방도 마냥 큰소리 칠 입장은 못 된다. 지방공무원들의 정책형
성 능력이 비교적 약하다는 걸 인정하는 지자체장들도 있다.
　『중앙일보』 논설고문 최철주는 「똑똑한 공무원을 지자체로」
(2005년 2월 1일자)라는 칼럼에서 "어느 도지사가 서울 올 때마다 똑
똑한 공무원 타령 하는 것을 예사말로 들어왔는데 갈수록 그의 한
숨이 짙어졌다. 할 일은 많은데 매끄럽게 일처리해 줄 손발이 없단
다. 인구 5만의 소도시를 거느리는 다른 시장도 역시 마찬가지다.
지방행정은 갈수록 복잡다양하나 일의 진척이 너무 더디고 시행착
오가 잦다고 울상이다. 자신들은 중앙부처의 유능한 공무원들을 데
려다 쓸 아무런 권한도 없고 힘도 없다고 하소연한다"고 했다.
　이어 최철주는 "지방공무원 사회는 정말 무풍지대나 다름없다.

중앙과 지방 공무원들의 경험과 자질, 교육과 훈련은 하늘과 땅만 큼 격차가 벌어지고 있으나 속수무책이다"라면서 "이제 우리도 중앙부처 공무원들이 지자체에서 일할 수 있는 인사교류법안을 본격적으로 검토할 시기가 됐다"고 주장했다.

그것도 좋은 방법이긴 하지만, 근본적인 해결책은 아니다. '개천에서 용 나는' 모델을 버리고, 인재를 지역에 남게 하는 발상의 전환을 하지 않는 한 크게 달라질 게 없다. 인재들을 지방에 유치하는 정책을 펴야 비로소 지방대 교수들도 지방대를 '인서울' 대학으로 가기 위한 징검다리로 여기는 생각을 포기하게 될 것이다.

왜 지방엔 평생을 서울만 바라보며 사는 사람들이 많은가?

박정희는 갔지만 박정희의 유산은 건재하다. 이게 가장 잘 살아있는 분야가 바로 대학이다. 박정희 시절의 강압적인 "잘 살아보세" 캠페인이 사라진 게 아니다. 그건 형태를 달리했을 뿐, 대학입시 전쟁으로 고스란히 살아남았다. 학생들만 그런 전쟁에 참전하는 건 아니다. 교수들도 마찬가지다.

『교수신문』은 지방대를 살리기 위해 "우선 지방대 교수들과 지자체의 장들이 발 벗고 나서야 한다"고 주장한 바 있는데,[52] 현실은 전혀 그렇지 못하다. 2002년 4월 『교수신문』이 조사한 바에 따르면, "지난 학기 서울로 자리를 옮긴 지방대 교수는 90여 명에 불과하지만, 이번 학기 들어서는 파악된 수만 250여 명, 파악되지 않은 수까지 감안한다면 300여 명에 이를 것으로 보인다".[53]

이렇듯 매년 수백 명의 지방대 교수들이 서울소재 대학으로 옮겨가는 바람에 지방대는 서울 소재 대학의 교수 양성소로 전락하고 말았다. 1993년 한림대 사회조사연구소 소장 성경륭은 "현재 지방대학에 있는 사회과학자들은 서울 등 외지에서 간 사람들이거나 현지 출신이라도 어릴 때 고향을 떠났다가 다시 돌아간 사람이 대부분"이라며 "이들은 현지에 소속감을 느끼지 못하고 평생을 서울만 바라보며 사는 사람들이 많다"고 말했다.[54]

긴 시간이 지난 2013년 대구의 어느 교수는 "지역의 교수 가운데 상당수가 서울에 가족을 두고 있다. 과거에는 지방대에 임용되면 가족이 함께 오는 경우가 많았지만 요즘은 그렇지 않다. 일부 교수들은 서울이나 수도권 대학의 임용 공고를 목 빠지게 기다린다. 대학의 수준이 현재 몸담고 있는 곳보다 못해도 상관없다. 지방대는 교수양성소로 전락하고 있다"고 푸념했다. 이 말을 소개한 대구 『매일신문』 특집부장 김교영은 이렇게 말한다. "순간 영화 '설국열차'가 떠오른다. 영화에서처럼 지방민들은 열차의 맨 끝 칸에 탄 사람들 같다. 환경이 좋은 곳으로 한 칸이라도 나아가려고 발버둥치는 모습이 지방의 현실과 닮은꼴이다."[55]

2014년 동아대 국문과 교수 권명아는 이런 현실을 다음처럼 이야기한다.

지방대 교수들끼리는 매사 너무 지나치게 열심인 동료를 두고 '그 사람 요즘 편입 준비하나 보다'라며 냉소적으로 이야기하곤 한다. 기회만 되면 서울로 '유턴'하는 지방대 교수들의 풍토를 보여주는 씁쓸한 사례이다. 지방을 서울로 유턴하기 위한 반환점 정도로 생각하는 대표적 집단이 교수와 정치인이다"며 다음과 같이 말한다.

이들에게 지방은 서울로 '돌아가기' 위해 업적을 쌓는 거점일 뿐, 돌보고 지키고 함께 살아가는 터전이 아니다. 이들이 쌓는 업적도 결국 서울로 돌아가기 위한 목적에 부응하는 일일 뿐 지방을 돌보는 일과는 전혀 관계가 없다. 이들을 '유턴족'이라고 불러도 좋겠다. 교수나 정치인이나 '유턴족'들이 지방에 와서 하는 일은 주로 서울로 '돌아가기' 위한 유턴 정치뿐이다. (…) 유턴 정치는 모두 서울 중심주의의 결과이지만, 교수의 유턴이 학벌 사회와 관련된다면 정치인의 유턴은 지역 자치가 불가능한 정치 구조에서 비롯된다. 그리고 이런 구조가 변화되지 않는 한 선거는 결국 지방을 피폐하게 만들 뿐이다.[56]

예전에 경기도에 있는 수도권 지역의 대학들을 '화수목대학'이라고 했다. 교수, 직원 그리고 학생 할 것 없이 월요일 오후나 화요일 오전에 출근 또는 등교하여 목요일 오후가 되면 서울로 모두 떠나 텅 빈 대학 캠퍼스를 풍자한 말이었다. 심지어 서울을 오가는 열차 안에서 교양강의 수업을 한다는 뉴스도 있었다. 2015년 전주대 사회복지학과 교수 윤찬영은 '화수목대학'의 그런 현실을 거론하면서 비수도권 지방대학의 사정도 크게 다르지 않다고 말한다.

"대개 목요일 오후가 지나면 대학은 파장 분위기다. 지역 대학의 교수 중 수도권 거주자들도 많다. 대개 중요한 회의나 모임은 화요일과 수요일에 집중된다. 월요일은 그분들이 내려오는 날이니 피하고, 목요일은 올라가야 하니 피하다 보면 주로 화요일과 수요일이 번잡해진다. 몇 년 전에 전주에 있는 국립대학이 익산의 국립대학과 통합할 때, 수도권에 집을 둔 교수가 KTX로 출근하거나 주중에 집에 다녀오기 위해서 익산 캠퍼스로 발령 요청을 했다는 일화가 한창 회자되었다. 사실 여부는 알 수 없었지만 참으로 기가 막힌이야기였다. 이제 고속철이 완공되어 개통되니 수도권에서 내려오는 교수들에게는 호재가 아닐 수 없다. 30년을 지역 대학에 봉직해도 지역 사람이 아닌 분들이다."[57]

부산시민 류현제는 "지방대가 문제입니다. 특히 국립대는 더 그렇고요. 지방국립대 교수는 '우주에서 가장 좋은 직업'이라고 얘기할 정도지요. 대학은 위기에 닥친 지역사회에 뭔가 대안을 내주는역할을 해야 합니다. 그런데 전혀 그런 일을 못합니다. 그냥 시늉만내지요"라고 질타한다.[58]

지방국립대 교수 입장에선 '우주에서 가장 좋은 직업'이라는 주장엔 동의하기 어렵겠지만, 반박하기보다는 성찰을 해야 할 대목이다. 이정덕은 '문화분권과 지역문화 부흥'과 관련하여 우선적으로지방대 교수들의 책임을 물었다. 그는 "왜 지방대 교수들이 서울만또는 서울을 중심으로 연구하는지 모르겠다"며 다음과 같이 주장했다.

자기 지방에 대한 연구, 활동을 대폭 늘려야 한다. 지방대는 지방사, 지방문화, 지방환경, 지방정치 등을 전공한 교수를 대폭 채용해야 한다. 이들 분야가 2류 학문분야처럼 다루어져서는 안 된다. 그리고 서울출신 지방대 교수들도 자기 대학이 있는 지방에 대한 관심을 대폭 증대시켜야 한다. 지방에서 무엇을 하려면 관련 전문가들이 너무 부족하다. 그래서 서울전문가가 지방을 모르면서 지방의 계획을 짜고 방향을 설정하는 일이 자주 벌어지고 있다.[59]

그런 현실은 아마도 지역에 대한 이해와 지식이 학생들의 취업에 도움이 되지 않는 현실과 무관치 않을 것이다. 또 한국사회의 높은 해외의존도로 인해 알게 모르게 세계를 지향하는 버릇을 갖게 된 것도 지역연구로부터 멀어지게 한 이유일 것이다. 그러나 세계·서울 지향성이 이렇다 할 결실을 가져온 건 없으니, 이젠 발상의 전환을 시도해 지역에 집중해보는 게 좋겠다. 그런데 이젠 또 대학간 서열경쟁과 이를 부추기는 정부의 정책으로 인해 지방대 교수들이 논문의 노예가 될 수밖에 없는 '서바이벌 게임'을 하느라 지역사회에 관심을 돌릴 시간과 여력이 없으니 이 노릇을 어찌할 것인가?

'인서울' 시민단체들은 과연 지방분권을 원할까?

지방대에 몸담을 경우 불이익이 너무 크고 많기 때문에 처음부터 지방대로 가는 걸 고려하지 않는 연구자들도 많다. 고전문학 연구가로서 대학을 떠나 독립적으로 탁월한 연구 활동에 임하고 있는 고미숙은 어느 인터뷰에서 다음과 같이 말했다.

"나도 취직을 하고 싶긴 했는데 지방대학에 갔을 때 감당해야 할 불이익이 끔찍했어요. 잘 아시겠지만 한국에서는 지적인 흐름이 지방에까지 미치지 못하잖아요? 거기 가서 계속 지적 긴장을 유지할 자신이 없었어요. 그래서 내가 교수가 되려는 이유가 뭔가 하고 곰곰이 따져봤는데, 결국은 연봉하고 소속감 때문이라는 결론에 도달했어요. 사회적 지위는 저한테 필요하지 않아요. 근데, 잘 아시겠지만 연봉이 공개되어 있는 대학은 없잖아요. 공평하게 하려면, 교수 임용을 할 때 대학에선 연봉을 공개해야 해요. 실제로 1년 동안 연봉을 안 주는 대학도 있었어요. 대학이 그런 말도 안 되는 짓을 하고 있었죠. 면접을 하고 나면 일주일 동안 굴욕감에 시달려야 했어요. 그런 상황에서 내 스스로 그 족쇄를 풀어야 했거든요. 그래서 대학으로부터 자유로워지는 길을 택한 거죠."[60]

소설가 김원일은 "지방 출신 소설가인 나로서는 문화적 활동이 용이한 수도 서울에 정착하는 게 꿈이었고, 그 뒤 서울에서 밀려나서는 안 된다는 긴장 아래 여태껏 살아온 것도 사실이다. 그러나 나 역시 사회적 활동을 접을 나이에 이르면 수도 서울을 떠날 예정이다"고 말했다.[61]

세상을 바꿔보자는 시민운동을 하더라도 서울에서 해야 한다. 경남도민일보 행정자치부장(현재는 경남도민일보 이사·출판미디어국장) 김주완은 『대한민국 지역신문 기자로 살아가기』(2007)에서 서울에서 활동하고 있는 메이저 시민단체들이 과연 지방분권을 원하겠느냐는 의문을 제기하면서 다음과 같이 말한 바 있다.

정부와 직접 상대해서 한꺼번에 해결할 수 있는 일도 지방분권이 제대로 이뤄졌을 경우, 일일이 각 광역 시·도와 시·군·구청을 상대로 싸워야 하기 때문이다. 그렇게 되면 지금처럼 서울에 본부를 두고 전국적인 단체로 행세하면서 백화점식 종합운동을 하는 시민단체는 영향력이 급속히 줄어들 것이다. 반면 지역에 따라 다양한 전문성을 갖춘 시민단체가 늘어날 것이다.[62]

이거 아주 중요한 이야기다. 시민운동을 위해 이타적인 헌신을 하는 사람들마저 자기 고향을 떠나 서울에서 일하려고 한다. 그래야 국회의원이 될 수 있는 길도 열리기 때문이다. 박원순의 서울시장 당선을 전후로 유명 시민운동가들이 대거 정관계에 진출한 것은 그들이 비로소 '미꾸라지'에서 '용'으로의 신분상승을 이룩했다는 걸 의미하는 동시에 "역시 사람은 큰 물에서 놀아야 한다"는 '개천에서 용 나는' 모델의 진리를 재확인시켜주는 것이었다.

물론 서울 시민운동가들의 정관계 진출은 전국 차원에서 실질적으로 큰 걸 이뤄보려는 좋은 뜻이겠지만, 그로 인한 사회적 비용과 희생은 매우 크다. 시민운동권마저 서울이 지방인재를 빨아들이는 블랙홀로 기능하게끔 하는 데 그들이 혁혁한 공을 세웠기 때문이다. '풀뿌리'의 현장엔 뜻 있고 능력 있는 사람들이 적어, 토호세력이 모든 걸 좌지우지하는 '토호 민주주의'만 창궐한다. 이젠 서울에서 큰일을 해보려는 선의가 오히려 한국 민주주의의 토대를 죽이고 있는 역설에 눈을 돌려야 할 때다.

사실 대의민주주의의 한계를 보완하기 위한 직접민주주의가 가장 활발하게 작동해야 할 곳은 지방의 작은 지역이건만, 한국에선 정반대다. 서울이 가장 유리하다. 인터넷마저 기존 서울집중 구조를 그대로 빼박은 탓이다. 인구 1000만의 대도시가 직접 민주주의를 해보겠다고 들끓는 반면, 정작 '풀뿌리 정신'이 충만해야 할 중소 지역의 시민들은 직접민주주의를 연고주의로 대체하고 있다.

"싸우면서 닮는다"는 말은 적어도 한국에선 불멸의 진리인 것 같다. 독재정권에 저항했던 민주화세력은 독재정권의 모든 것을 거부하는 것 같지만, 실은 서울 1극 체제식 사고와 행태는 그대로 답습하고 있다. 서울 중심으로 뭔가 크게 한판 벌어져야 '민주주의의 희망'을 발견하고, 민주주의가 실종된 지방은 그저 '휴식'과 '향수'의 용도로만 바라보고 있다.

"모든 돈이 서울로 몰리고 지방엔 빚만 남고 있다"

그러나 이젠 '인서울'에 성공한 지방 학생들의 삶의 질과 더불어 그들의 미래를 진지하게 따져볼 때가 되었다. "큰물에서 놀다보면 큰 인물이 되겠지"라는 식의 대응은 곤란하다. 서울시내 54개 대학의 지방 출신 학생 비율은 아주 적게 잡아도 30%(14만 명)에 달한다.[63] 이젠 "대학 등록금이 '우골탑牛骨塔' '가골탑家骨塔'을 넘어 학부모의 등골을 빠지게 하는 '인골탑人骨塔'으로까지 확대되고" 있는 상황에서,[64] '인서울' 지방 학생들과 학부모들의 삶은 피폐해질 수밖에 없다.

2014년 6·4 지방선거에서 서울시장 자리를 놓고 맞선 정몽준 새누리당 후보와 박원순 새정치민주연합 후보가 서울시립대의 '반값 등록금' 정책을 두고 벌인 논쟁은 지방의 입장에선 황당하게 여겨졌을 뿐이다. 물론 자식을 서울시립대로 보냈거나 보내려는 지방

학부모의 입장에선 너무도 피부에 와 닿는 중요한 이슈였겠지만, 반값등록금은 '서울특별시' 아니 '서울특권시'만이 할 수 있는 호사가 아니었던가. "왜 고졸 취업자가 '반값 등록금' 예산 부담하나"라는 문제 제기가 진보가 아닌 보수 언론에서 나온 것도 흥미로운 일이었다.

"세금으로 대학생 등록금을 대주자는 정책인데, 고졸 취업자는 왜 자신은 대학에 가지도 않는데 또래 대학생의 등록금을 부담해야 하느냐는 것이다. 정부는 몇 년 전부터 '고졸 취업 시대'를 내세우고 있다. 마이스터고 학생들의 100% 취업률을 성공적 교육 사례로 소개한다. 이들이 취업해 낸 세금 중 일부가 반값 등록금으로 들어간다. 이런 어긋난 상황이 명쾌히 설명되지 않는다."[65]

한국금융연구원에 따르면 학자금 대출액이 2014년 말 기준 10조 7000억 원으로 2010년(3조7000억 원)에 비해 3배로 증가했다. 같은 기간 학생 1인당 빚도 525만 원에서 704만 원으로 34% 불어났다. 학자금 대출의 원금과 이자를 6개월 이상 연체한 신용유의자(옛 신용불량자)가 2013년 말 4만 명을 넘어섰다. 같은 기간 든든학자금(취업 후 이자와 원금을 상환하는 방식)을 갚기 시작한 채무자 비중은 68.3%에 불과했다. 3명 중 한 명은 대출금 상환을 시작조차 못하고 있는 것이다.[66]

2015년 1월 취업포털 '사람인'이 신입 구직자 891명을 대상으로 조사한 결과 46.8%(417명)가 빚을 지고 있으며 1인당 평균 부채는 2769만 원으로 집계됐다. '정상적인 경제생활이 어렵다'는 구직자도 29%였다. 이들은 현재 지고 있는 빚을 전부 상환하기까지 평균

5년6개월이 걸릴 것으로 예상하고 있었다. 물론 이들 중 상당수는 지방 출신 학생들이다.[67] 이와 관련, 손모(60대)씨는 다음과 같이 말한다.

"2010년 아들이 대학에 합격했어요. 그전까지는 어렵지만 빚 없이 살았는데, 학자금을 마련하기 위해 대출 광고에 눈을 돌렸어요. 연이자 48%에 선이자 36만 원을 제하고 564만 원을 주더군요. 원금 10만 원에 이자 30만 원을 합쳐 한 달에 40만 원씩 갚는데 2년 넘게 갚아도 이자는 줄어들지 않고, 삶은 피폐해졌어요. 아들놈 등록금 때문에 어쩔 수 없는 선택이었다곤 하지만, 이건 말이 좋아 대출이지 내 발로 살인행위나 다름없는 짓을 해대는 소굴로 들어갔음을 직접 당하고서야 알았습니다."[68]

사정이 그러하니 지방 학생들의 서울 생활이 어떠할지는 미루어 짐작할 수 있는 일 아닌가. 한 조사에 따르면, 지방 출신 대학생의 35.4%가 월세에 살고, $13m^2$(4평) 이상 $33m^2$(10평) 미만의 집에서 사는 경우가 38.9%에 달한다. 임대 주택, 특히 좁은 원룸 등에서 월세로 산다는 것은 빈곤층을 가르는 기준이기도 한데 지방 출신의 상당수는 주거 문제에서부터 빈곤을 겪고 있다.[69]

2015년 2월 『중앙일보』의 조사 결과 인문·사회계열 출신의 1년간 평균 '취준비(취업준비 비용)'가 2479만원에 이르는 것으로 나타났다. 취준비 가운데 방값·식대·교통비 등 생활비(925만 원)가 가장 높은 비율을 차지했다.[70] 지방 출신들 중엔 원룸은 꿈도 꿀 수 없는 이들도 많다. 이들은 '$3.3m^2$ 빈곤의 섬'으로 불리는 고시원으로 향한다. 대전에서 올라와 수년째 고시원 생활을 하고 있는 민철식 씨

김효정 기자 soboru@chosun.com

대학생 정현규씨와 김문주씨는 26살, 동
갑내기 친구다. 동아리에서 만나 금세 의기
투합했지만, 살아가는 모습은 판이하게 다르
다. 정현규씨는 대구 출신으로 자취를 하고,
김문주씨는 서울 서초구에서 태어나 자라 부
모님과 함께 살고 있다. 정씨가 살고 있는 서
울 서대문구 창천동의 원룸 한 달 월세는 50
만원. 전기세와 인터넷 비용은 별도다. 정씨
가 직접 과외를 두 개 하면서 월 70만원의 돈
을 벌고 있지만, 월세며 생활비로 쓰기에는
턱없이 부족한 돈이다. 생활비만 해도 한 달
에 50만원이 들어간다. 교통비만 10만원이
넘는 달도 많다. 돈을 아껴 쓴다고 하지만,
항상 부족하다. 가끔은 학생 식당에서 세 끼
를 다 해결하기도 한다. 취업을 준비하느라
영어 학원에 다녀야 하는데 월 20만원의 수
강료를 낼 능력이 없다. 때문에 부모님이 매
달 50만원씩 꼬박꼬박 정씨의 통장에 입금
을 해준다.

김문주씨 역시 부모님께 용돈을 받아 쓰고
있지만 김씨의 용돈은 정씨처럼 '생존'을 위
한 것이 아니다. 김씨가 한 달에 받는 용돈은
30만원. 일주일에 서너 번은 집에서 저녁식
사를 하기 때문에 30만원의 용돈을 아껴 쓰
면 가끔 맛집을 찾아서 맛있는 음식을 먹을
수 있다. 김씨는 일주일에 5일, 아버지의 절
친한 친구가 소개해 준 재단법인에서 사무
아르바이트도 하면서 월 40만원을 받는다.
이 40만원으로 풍요로운 생활을 한다. 영어
학원과 헬스장도 등록했고 가끔 읽고 싶은
책을 사거나 보고 싶었던 공연도 본다.

김씨는 "지방 출신 친구들을 보면 가끔 '내
가 편하게 사는구나' 생각할 때가 있다"고 말
했다. "집값이 따로 안 들고, 식사도 집에서
해결할 때가 많아 식비도 절반 정도만 들기
때문에 '나'를 위해 쓸 수 있는 돈이 더 많은
것 같다"는 것이 친구 정현규씨와의 재정 상

태를 비교해 본 김씨의 소감이다. 김씨의 소
감을 듣던 정현규씨가 용돈과 관련된 에피
소드를 덧붙였다. "아버지 생신이라고 고향
에 다녀온 적이 있거든요. 고속버스로 왕복
하는 데만 5만원, 아버지 생신 선물을 산다,
뭐한다 돈을 쓰고 나니 딱 5만원 남
았더라고요. 과외비 받는 날까지 한참 남아
서, 다시 아버지에게 용돈을 구걸한 적이 있
었어요."

서울의 집값과 물가가 상대적으로 가파르
게 오르면서 지방 출신들의 서울살이가 고달
파지고 있다. 지방 출신들이 상대적 빈곤과
박탈감으로 내몰리고 있는 것이다. 요즘 온
라인 커뮤니티에서는 '지방충'이라는 말도 등
장했다. 지방에서 올라와 고되게 사는 사람
을 비하하는 말인데, "'지방충'들 때문에 우

'지방충'이라니…

서울-지방 출신 삶의 격차 갈수록 커져

지방과 서울의 격차가 갈수록 커지고 있는 상황에서 지방 학생들의 '인서울' 대학생활은 결코 쉽
지 않다. 학자금과 생활비 마련을 위해 부모와 자녀가 모두 빚더미에 앉아 있는 실정이다.(주간조
선, 2014년 5월 5일)

(28)는 결혼은 물론 연애조차 포기했다. "원룸에만 살아도 어디 산
다고 말하고 여자친구를 데려올 수도 있겠지만, 고시원에 살면서
그게 되겠습니까."[71]

수명이 늘어난 반면 노후 자금이 부족해 퇴직 후에도 은퇴하지
못하는 '반퇴半退시대'에 부모들은 또 무슨 죈가. 부산에 사는 정모

(50·여) 씨는 "지방에서 서울로 대학을 보내면 '반퇴 푸어'가 아니라 '당장 푸어'가 된다. 원룸은 월세 50만 원이 기본이라 학비 빼고도 매달 130만 원을 지원해줘도 아르바이트를 해야 한다더라"고 말했다. 그는 "서울 유학 간 자녀의 월세는 부모가 집이 있으면 연말정산에도 포함되지 않아 이중고를 겪는다"며 "모든 돈이 서울로 몰리고 지방엔 빚만 남고 있다"고 개탄했다.[72] 이와 관련, 김성탁은 다음과 같이 말한다.

웬만한 가정에선 자녀의 서울살이 생활비밖에 감당할 수 없어 대학 등록금은 학자금 대출로 해결한다. 사회에 첫발을 딛기 전부터 빚을 지는 것이다. 다행히 수도권에서 취업에 성공하더라도 월급 받아 원룸비·교통비 등 생활비에 학자금 대출까지 갚고 나면 남는 게 없다. 집장만은 고사하고 수천만 원씩 뛰는 전세자금 마련도 먼 나라 얘기이니 부모의 지원 없인 결혼이 쉽지 않다. 지방의 부모와 서울의 자녀 모두 빈곤의 악순환에 빠질 위험이 상존한다. 고구마 줄기처럼 연결된 '지방의 비애' 뒤엔 '인in 서울' 대학 쏠림현상이 자리 잡고 있다.[73]

본적이 전북이어야만 전북인상을 주겠다고?

한국 대학이 입지조건에 목을 매는 부동산 산업으로 전락한 것과 관련, 지방도 성찰할 점이 있다. 전북을 예로 들어 이야기해보자. 전북은 전국에서 '인구 최다 유출, 최소 유입' 지역이다. 앞서 말했듯이, 반세기전 252만 명이었던 전북 인구가 오늘날 180만 명대로 감소한 현실이 그걸 잘 말해준다. 묘한 아이러니다. "섞여야 산다"는 정신을 구현한 음식인 비빔밥의 본고장이 인구학적 측면에선 섞임의 기회를 박탈당했다는 것이 말이다.

연고주의는 한국인의 유전자라 해도 좋을 정도로 전국에 걸쳐 극성을 부리지만, 전북은 바로 그런 이유 때문에 전국에서 둘째가라면 서러워할 정도로 연고주의 문화가 발달하게 되었다. 연고주의에 대한 세상의 인식은 부정적인 것 같지만, 그대로 믿을 건 못 된다. 누구나 공적 영역에선 연고주의를 비판하지만, 사적 영역에선 연고를 정情과 행복과 경쟁력의 근원으로 삼고 있기 때문이다. 또 한국의 복지 수준이 낮다곤 하지만, 어려울 때 친인척·동문·동향인들이 도와주는 한국 특유의 '연고 복지'를 생각하면, 연고주의는 일방적으로 비판할 수만은 없을 정도로 한국인의 정체성을 구성하고 있다고 보는 게 옳을 것이다.

좋은 의미에서건 나쁜 의미에서건 많은 사람들이 지적하는 전북인의 '양반 기질'은 화이부동和而不同과 비빔밥 정신을 전북의 대표적 특성으로 만들긴 했지만, 여기엔 묘한 이중 구조가 존재한다. 연고주의의 속성은 공적 영역과 사적 영역의 현격한 괴리를 낳기 때문이다. 연고주의가 발달할수록 그 괴리가 크다고 볼 수 있다. 아무리 연고 의식이 강한 사람이라도 공적 영역에선 연고를 드러내지 않는 게 상식으로 통용되고 있기에 그렇다.

이런 이중구조는 유감스럽게도 전북발전을 저해하는 주범이 되고 있다. 공적 영역이 사적 영역과 균형을 이루는 게 아니라 사적 영역에 종속되는 정도가 강해지면, 사적 영역의 발전이 공적 영역의 발전으로 둔갑해버리는 사태가 발생하기 때문이다. 따라서 특정 연고에 속한 사람들은 번영을 누려도 전북 전체는 쇠락하는 일이 벌어지며, 이에 대한 문제제기조차 제대로 이루어지지 않을 수도 있다.

나는 이런 문제에 대해 '공공적 연고주의'라는 대안을 제시한 바 있다. '연고주의 타파'라는 그 누구도 지킬 수 없는 허황된 주장을 해댈 게 아니라 실천 가능한 이야기를 해보자는 뜻에서다. 연고주의의 전면 부정은 비현실적이기에 일종의 타협책으로 '공공적 연고주의'를 역설하는 것이다. '공공적 연고주의'란 연고주의에 어느 정도의 공적 성격을 가미하는 걸 의미한다. 즉, 연고단체가 조직의 긍지를 고향발전에 기여하는 걸 통해서 만끽하는 방식으로 전환해보자는 것이다.

그런 '공공적 연고주의'를 실천하는 동시에 '섞임'을 유인하는 단체를 지원하면 좋겠다. 전반적으로 언론 기능이 열악한 지역에선 섞임을 통한 소통이 절대적으로 중요하다. 연고 조직은 아무리 공공성을 표방해도 원초적으로 섞임을 차단하는 폐쇄 조직이기 때문이다. 따라서 의도적으로 섞임을 전제로 하는 조직과 단체에 공적 지원을 할 필요가 있다.

예컨대, 관변단체에 돌아가는 막대한 재정적 지원을 차라리 각종 취미 동아리나 교양 강연회·토론회를 활성화하는 데 돌리는 게 어떨까? 관변단체도 섞임을 유인하는 기능이 있기는 하지만 관(官)과의 유착 때문에 소기의 성과를 기대하기는 어렵다. 이를 위해선 시민사회에 돌아가는 각종 관의 지원이 연고 인맥에 따라 낭비되는 현실에 대한 문제의식과 문제제기가 강하게 일어나야 한다.

하나 더 추가하자면, 도내에서 수여되고 있는 각종 '전북인 상'에서 '전북인'의 기준을 재검토하면 좋겠다. 지금도 그러는지는 모르겠으나, 언젠가 전북인을 대상으로 주는 무슨 상의 수상 자격조건으로 "본적이 전북일 것"을 내세워 깜짝 놀란 적이 있다. 이 기준에 따르면, 서울에서 태어나 서울에서 살더라도 아버지 고향이 전북이면 '전북인'으로 통용되는 반면, 전북에서 거의 평생을 살았어도 고향이 전북이 아니면 '전북인'이 아닌 게 된다.

그건 한마디로 말해서, 화이부동과 '비빔밥 정신'을 모독하는 미친 짓이다. 그런데 전북에선 의외로 이런 미친 짓이 아주 자연스럽게 자행되고 있다. 앞으론 그러지 말자. 전북이 정말 잘 되려면 그런 시대착오적인 발상부터 집어 던져야 한다. '공공적 연고주의'야말로 전북이 발전할 수 있는 지극히 현실적인 해법이다.

지방 명문고 총동창회는 개천에서 난 용들의 경연대회

나는 전국의 각종 연고 조직이 봉사·기부 문화 조성에도 앞장서는 걸 보고 싶다. 예컨대, 각 지역의 가장 강력한 엘리트 연고 조직이라 할 명문고 동문회가 지역 내 최고의 봉사·기부 단체도 겸해 달라는 것이다. 그렇게 되면 그 동문회는 도민들의 존경을 받게 될 것이고, 다른 동문회에도 긍정적인 영향을 미치게 될 것이다.

그런데 어찌된 게 이 나라 엘리트 학연 단체들은 자기 동문들이 얼마나 많이 출세를 했는가를 뻐기는 데만 혈안이 돼 있는 것 같은 느낌을 준다. 지방 명문고등학교들의 총동창회 모임에선 새로 탄생했거나 승급된 용들의 이름을 열거하면서 과시하는 게 행사의 하이라이트가 되고 있다. 개천에서 난 용들의 경연대회라고 해도 과언이 아니다.

그런 용들은 대부분 서울 명문대를 나온 이들이다. 대학에서 배운 걸까? 어느 명문대는 미국 스탠퍼드대와 자매결연을 시도하면서 자기 대학을 소개하는 프레젠테이션을 했는데, 그 주요 내용이 "유서 깊은 ○○대는 한국에서 수능 상위 1%의 최우등 학생들이 들어온다. 역대 국무총리 ○명 배출, 장관은 ○○명, 국회의원도 ○○○명이나 나왔다. 지난해 사법고시 ○○명 합격, 행정고시 ○○명 합격, 회계사 ○○명 합격…." 운운이다.[74]

이런 레퍼토리에 중독된 용들은 한국 대학이 입지조건에 목을 매는 부동산 산업으로 전락하는 데 일조할 뿐, 입지조건이 좋지 않은 개천의 대학들을 키우는 일엔 별 관심이 없거나 아무런 관심이 없다. 심지어 성공한 용으로 개천에 살고 있으면서도 큰돈을 기부할 때는 자신이 나온 서울의 모교에만 기부하는 이들도 있다. 이거 좀 뭔가 이상하지 않은가?

동창회, 동문회, 또는 교우회로도 불리는 학연 문화는 한국의 모든 연고 문화 가운데 참여율과 영향력이 으뜸이다. 2006년 한국개발연구원KDI의 「사회적 자본 실태 종합조사」보고서에 따르면, 우리나라 국민들의 사회적 관계망 가입비율은 동창회가 50.4%로 가장 높고, 종교단체 24.7%, 종친회 22.0%, 향우회 16.8% 등이 뒤를 이었다. 반면 공익성이 짙은 단체들의 가입률은 2%대에 머물렀

다.[75]

언론은 사회적 관계망 가운데 시민단체의 활동에 가장 많은 지면과 시간을 할애하지만, 한국사회의 실세는 동창회지 시민단체가 아니다. 그럼에도 동창회는 '음지의 문화'로 취급받는다. 아니 '이중성의 문화'라고 하는 게 더 정확하겠다. 사적으론 동창회를 가장 사랑하고 가장 많은 신경을 쓰지만, 공적으론 감추려 든다. 물론 그럴 만한 이유가 있다.

사회적으로 큰 물의를 빚은 사건의 내막을 들여다보면 주범들이 대부분 학연으로 똘똘 뭉쳐 있다. 어느 조직에서건 인사 문제로 잡음이 일어나는 걸 보면 대부분 '학연 마피아'의 독식과 관련이 있다. 대학의 총학장 선거에서부터 학회 회장 선거에 이르기까지, 비정치적인 엘리트 집단의 선거에서도 가장 큰 힘을 쓰는 변수는 바로 학연이다.

한국의 대학입시 경쟁이 '전쟁'으로 불려도 과장이 아니라는 생각이 들 정도로 치열한 것도 바로 그런 이유 때문이다. 좋은 학연이 평생을 좌우한다는 믿음은 한국인의 신앙이 되었다. 사정이 그러함에도 우리는 여전히 학연을 음지의 문화로만 다루려고 한다. 학연주의에 대한 포괄적 비판은 흘러넘치지만, 이런 비판으로 학연 문화가 달라질 수 없다는 건 이제 분명해졌다. 학연주의 비판에 앞장섰던 사람으로서 갖게 된 확신이다.

학연주의는 일종의 '경로經路 의존' 현상이다. 그 경로는 '동창회 공화국'을 만들었고, 이제 한국인의 유전자가 되었다고 해도 과언이 아니다. 한국의 내로라하는 유명 인사들이 대거 가담했던 학력

위조·위장사건이 그걸 입증해주는 건 아닐까? 이 사건이 터졌을 때 사회적 반응은 크게 보아 두 가지였다. 하나는 한국사회의 학력·학벌 숭배주의가 문제라는 시각, 또 다른 하나는 각 개인의 거짓말이 문제라는 시각이었다. 처음엔 후자의 시각이 설득력 있게 들렸겠지만, 학력·학벌을 속인 유명 인사들의 수가 크게 늘면서 전자의 시각으로 이동한 사람들이 많았을 것 같다.

한국은 세계에서 교육열이 가장 뜨거운 나라다. 긍지를 느끼고 자랑할 만하다. 그러나 그 그림자가 있으니, 그게 바로 학력·학벌 숭배주의다. 자신만 숭배하고 끝나면 무엇이 문제가 되겠는가. 자신의 숭배심을 근거로 다른 사람을 차별한다는 게 문제다.

동창회 회비의 1%라도 떼내어 고향을 위해 쓰자

학력·학벌이란 무엇인가? 그 본질은 '제도·조직의 권위'다. 지금도 맹위를 떨치고 있는 한국의 독특한 입신양명立身揚名 문화는 사실상 제도·조직 숭배주의다. 제도·조직 중에서도 권력 분야를 제일 높게 평가하는 문화다.

어디엔가 무엇을 문의하기 위해 전화를 걸어보라. 당신의 이름은 중요하지 않다. 당신이 몸담고 있는 조직이 말을 한다. 그 조직의 권위가 얼마나 강한가에 따라 답을 해주는 사람의 태도는 하늘과 땅 차이로 달라진다.

학력·학벌 위장사건에 가장 큰 책임감을 느껴야 할 사람들은 당사자들을 제외한다면 '제도·조직의 권위'에 안주해 그걸로 밥을 먹고 사는 사람들이다. 그러나 그 권위의 보호막 속으로 진입하기 위해 나름대로 목숨 걸다시피 하면서 싸워온 그들이 책임감을 느끼긴 어려울 것이고, 또 느낀다 한들 "뭘 어쩌란 말이야?"라고 항변하지 않겠는가.

일상적 삶의 영역에서나마 '제도·조직의 권위'를 내세우는 사람을 면박주는 게 우선 당장 실현 가능한 해법일까? 그러나 그런 사람일수록 주변 사람들에게 전화 한 통 걸어줘 도움을 줄 수 있는 권력이 있는바, 이 또한 기대하기 어렵다. 정치가 국민적 냉소와 혐오의 대상이 되면서도 계속 성장산업으로 클 수 있는 이유가 바로 여기에 있다.

학력·학벌이 높고 강할수록 학연은 더욱 끈끈하고 질기다. 그만큼 학연에서 얻는 게 많기 때문이다. 그러나 학연을 오직 그런 벌거벗은 이해타산의 개념으로만 접근하면 그 실체가 온전히 규명되지 않거니와 문제해결에도 도움이 되지 않는다.

이 문제를 제대로 이해하기 위해, 일단 학연을 선의로 해석해보자. 좋은 점이 많다. 자신이 잘 알거니와 배짱이 잘 맞는 사람과 일하고 싶어 하는 건 인지상정이다. 신속한 결정을 내릴 수 있을 뿐만 아니라 여러 가지 면에서 효율을 기할 수 있다. 의도적으로 무슨 마피아 집단을 형성해 인사와 자원 배분을 독식하겠다는 의도가 있다기보다는 바로 그런 이유 때문에 늘 인사와 주요 의사결정 때마다 학연이 도마 위에 오르는 것이다.

그런데 문제는 그런 현실이 사람들의 일상적 행태에 규정력을 발휘한다는 데에 있다. 오랜 학습효과를 통해 학연을 강화하고 관리하는 게 자신의 삶의 경쟁력을 높이는 최상의 수단이라는 걸 자연스럽게 터득하게 된다는 것이다. 그래서 많은 시간과 에너지가 그 일에 쓰인다. 그런 행태가 자신도 알게 모르게 온몸에 프로그래밍된다. 그래서 명문 학교 출신들의 학연주의 행태를 비판해봐야 씨알이 먹히지 않는 이유도 바로 여기에 있다. 그들은 도무지 수긍·납득할 수 없는 것이다.

게다가 사람 산다는 게 뭔가? 친목과 우정, 이 얼마나 중요한가. 문제는 이게 '불공정 경쟁'과 '공공영역 사유화'의 매개가 된다는 것인데, 그건 사회과학적 분석에서나 가능한 이야기일 뿐 현실에서 누가 그렇게 꼬치꼬치 따져가면서 살겠는가. 자신의 학연이 너무도 아름답고 귀여워 미칠 지경인 사람들한테 사회적 차원에서 그 부작용을 아무리 이야기해봐야 그들의 귀엔 들리지 않는다.

사정이 그러한 만큼 비판보다는, 차라리 그런 현실을 인정하는 수준에서 소위 명문 학연 구성원들에게 '엘리트로서의 책무'를 요청하는 게 합리적인 해법이라는 게 나의 생각이다. 즉, 당신들의 선의를 인정하겠으니, 부디 리더십을 잘 행사해달라고 주문하자는 것이다.

그런데 이런 문제가 있다. '엘리트' 개념의 이중적 속성이다. 우리는 현실적으론 엘리트를 인정하면서도 그걸 공개적으로 인정하지 않으려는 경향이 강하다. 좀 단순화해 말하자면, 누군가가 "나 엘리트요" 했을 때, 사람들이 어떤 반응을 보일지 생각해보면 될 것이다. 그러니 엘리트답게 처신해달라는 말도 하나마나한 말이 되고 만다. 공적으론 겸손해야 하니, 엘리트답게 나서기도 어렵다는 뜻이다.

그래서 한국사회에선 엘리트가 음지의 개념으로 전락하고 만다. 사적 이익을 추구하기 위한 엘리트 집단의 결속이 발달할 수밖에 없는 또 다른 이유가 바로 여기에 있다. 우리가 자랑할 만한 평등주의 문화의 의도하지 않은 부작용이라고나 할까?

이는 비단 동창회에만 해당되는 건 아니다. 나의 문제의식은 개혁이나 '아래로부터의 민주주의'를 위한 모든 시도가 한국사회의 가장 강력한 보루라 할 동창회·종교단체·종친회·향우회 등과 따로 노는 현실에 대한 성찰이다. 동창회·종교단체·종친회·향우회에 공공적 성격을 가미하는 시도를 하지 않고선 사회적 진보의 성과를 거두기 어렵다는 걸 인정하고 기존 '모드'를 한번 바꿔보자는 뜻이다. 사회를 향해선 연고주의를 비판하면서 자신의 사적 영역에선 연고주의의 단물을 빨아먹는, '범국민적 쇼'를 그만두고, 이젠 좀 더 실천 가능한 대안을 모색할 때가 되지 않았느냐는 문제제기이기도 하다.

나는 그런 확신에 근거해 '실천가능한 방안'으로 동창회 활동에 공익적 성격을 가미하자고 주장해왔다. 모임이 있을 때마다 회비의 1%라도 떼내어 고향을 위해, 즉 공익적 목적을 위해 쓰자는 것이다. 한번 버릇만 들이면 되는 일이다. 그 돈 자체가 중요한 게 아니라, 그런 상징적 행위가 동창회의 공공적 품질을 높일 수 있다는 데 주목하자.

이 타협책은 학연주의에 비분강개悲憤慷慨하는 사람들로부터 비판과 조롱을 받기도 했지만, 나는 그들이 비분강개 이외에 어떤 현실적 대안을 내놓고 실천할 수 있는지 알지 못한다. 비분강개는 필요한 덕목이지만, 오직 비분강개 일변도로만 나가면 탈난다. 비분강개 하면서도 현실적인 해법을 수용할 수 있는 포용력도 키우는 게 좋겠다.

보통 성인 1인당 여러 개의 동창회 모임에 참여하므로 매년 한국에서 열리는 크고 작은 동창회 모임은 수억 건에 이른다. 동창회 문화에 1% 변화만 일어나도 그 총합 효과는 엄청나다. 신문 단신 기사로 나오는 동창회 관련 보도부터 당장 뜯어고치자. 동창회의 공익적 활동을 꼭 밝힘으로써 공익적 활동이 없는 동창회를 쑥스럽게 만들자. 명문 경쟁을 졸업생들의 공익적 활동으로 평가하는 분위기를 만들어나가자. 동창회 문화가 1%라도 바뀌면 한국사회에 엄청난 긍정적 변화가 올 수 있다는 걸 믿어보자. '동창회 공화국'의 공존공영共存共榮을 위해서 말이다.

제5장

왜 **지방자치**는
'**지역 토호들의 반상회**'로
전락했는가?

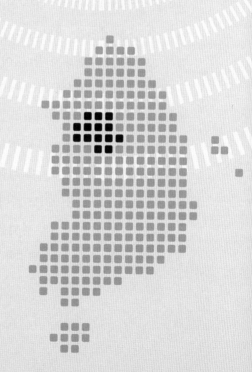

이명박의 '토건 시각주의' 정치

이념의 퇴조는 디지털 영상혁명과 밀접한 관련이 있다. 이념은 영상으로 보여주기 어렵다. '평등'의 가치를 도대체 무슨 그림으로 보여줄 수 있을 것인가. 반면 소비주의는 쾌락적인 영상의 저수지와 같다. 보여줄 게 무한대로 많다. 이른바 '시각주의' 파워다.

이러한 이치는 정치에 어떤 영향을 미칠 것인가. 영상시대의 유권자들은 자꾸 무언가 보여달라고 요구한다. 눈에 확실한 그림을 제공할 수 있는 개발주의가 여전히 높은 인기를 누릴 수밖에 없는 이유인 동시에 추상적 가치에 집착하는 정치인이나 정치세력이 호응을 얻기 어려운 이유이기도 하다.

정치인들 중 이 시각주의 파워를 가장 잘 활용한 인물이 바로 이명박이다. 그는 지난 2005년 "박정희 대통령이 높은 평가를 받는 이유가 있다. 그분은 경부고속도로나 거대 공업단지처럼 눈에 보이는 업적을 남겼다. 사람은 눈으로 보면 가장 확실하게 설득당한다"며 "눈에 확실하게 보이는 성과로 국민들을 설득하는 게 나의 전략"이라고 말한 바 있다. 청계천 복원은 물론 4대강사업으로 귀결된 경부대운하 구상도 바로 그런 시각주의 정치의 산물이다. '토건 시각주의'라고 할 수 있겠다.

지방에서의 일자리를 위해 그간 정부는 무슨 일을 해왔던가? 지방의 젊은이들은 이런 질문을 던지지 않는다. 그럴 시간이 없다. 아니 아예 관심조차 없다. 서울의 비교적 싼 원룸이나 학원을 알아보는 데 정신이 팔려 있다.

우석훈은 "만약에 2008년에 이명박정부가 4대강으로 22조 원을 쓰는 대신에 '청년경제' 혹은 '청년뉴딜'의 이름으로 4대강과는 다른 방식의 재정정책을 했더라면?"이라는 질문을 던진다. "적어도 한국의 청년들이 위기 국면에 몰려 절반 이상이 비정규직을 전전하면서 미래에 대해서 아무 계획도 세우지 못하는 지금의 상황보다는 나아진 현실을 목격할 수 있었을 것이다. (…) 이 상황을 한 문장으로 말하자면, 그때 우리는 이 땅에 사는 청년들의 미래를 강바닥에 처박았다고 할 수 있다."[1]

이 주장에 꼭 동의할 필요는 없지만, 우리에게 매우 중요한 질문을 던져준 건 분명하다. 이명박정부는 '청계천' 덕분에 탄생했기 때문에 계속 '청계천 콤플렉스'에 사로잡힌 나머지 다른 생각을 할 수 없는 원초적 무능력 상태에 처해 있었던 건지도 모른다. 전국의 정치인들이 자신을 흉내 내는 걸 보면서 이명박은 더 큰 힘을 얻었는

지도 모르겠다. 이와 관련, 김대식은 다음과 같이 말했다.

오세훈 시장이 만든 서울시청 건물을 보면서 저는 대통령직에 대한
그의 열망을 읽어요. 랜드마크 건물로 사람들에게 깊은 인상을 남겨
대통령이 되고 싶었던 거겠죠. 그 뻔한 욕망을 숨기는 게 보기 싫습니
다. 랜드마크를 만들겠다는 그의 열망이 짝퉁이기 때문에 더 싫어요.
청계천을 복원해 대통령까지 간 건 이미 이명박으로 끝난 길이에요.[2]

아니다. 적어도 지방에선 '이명박으로 끝난 길'이 아니었다. 이명
박정부가 극단의 경지를 보여주긴 했지만, 모든 선출직 공직자들은
기본적으로 유권자들에게 눈으로 보여줄 수 있는 토건사업에 미쳐
돌아가기 마련이라는 건 그간의 역사가 증명한다. 이를 가리켜 '거
대건축 콤플렉스edifice complex'라고 한다.[3]

왜 지자체들은 인재 대신 콘크리트 덩어리만 껴안는가?

물론 거대건축 콤플렉스는 시각주의와 통한다. 시각주의 정치엔 명
암이 있기에 좋다거나 나쁘다고 잘라 말할 순 없지만, 지방자치단
체의 경우 시각주의의 폐해가 매우 심각하다. 광역·기초를 막론하
고 지방정부는 중앙정부와는 달리 추상적 이슈가 거의 없다. 추상
적 이슈가 있다한들 중앙 언론이 지방까지 지배하는 체제하에서 그
걸로 유권자의 인정을 받기는 매우 어렵다. 지방정부만 그러는 게
아니라 지방민들도 똑같은 환경에 처해 있기 때문에 늘 지역발전을

시각주의의 관점에서 이해하는 경향이 매우 강하다.

거의 모든 지방에서 지역발전전략의 모범답안은 중앙으로부터 개발을 위한 '더 많은 예산'과 기업을 끌어오는 것이다. 시각적이다! 물론 현 체제하에서 '더 많은 예산'과 기업 유치는 지역발전의 성패를 좌우할 수 있는 것이기에 그것이 잘못됐다고 말할 수는 없다. 오히려 당연한 일이다. 문제는 본말의 전도다. 시각적으론 화려한데, 이후의 운용이 부실하다는 것이다. 바로 여기서 시각적 효과를 과시할 수 없기에 외면되고 있는 인재가 문제가 된다.

전국의 지자체들이 경쟁을 벌여온 거대 청사 짓기 운동도 시각주의와 무관치 않다. 중앙 언론은 '호화판'이라고 비판하지만, 지방의 상처 받은 자존심과 관련해 생각하는 게 더 타당한 분석일 것이다. 무언가 시각적으로 그럴듯해야 발전도 한 것 같고 자존심도 세워진다고 보는 지방의 심리상태를 이해해야 한다는 뜻이다.•

그러나 그 결과는 비극적이다. 가장 강력한 투자는 콘크리트 구조물이 아니라 '사람'이었건만, 사람은 '인재육성전략'이라는 미명하에 서울로 내쫓고 콘크리트 덩어리만 껴안는 일이 전국적으로 벌어진 것이다. 2014년 6·4 지방선거에서 새누리당과 새정치민주연

• 　　예컨대, 서울 대학을 졸업한 뒤 2011년 대전 공기업에 취업한 박모씨(28)는 "서울에선 남들처럼 좋은 가방, 비싼 차를 사야 한다는 식의 강박적인 욕망이 컸다. 상대적 박탈감도 컸다. 여기서는 그런 분위기가 없어서 편하다"면서도 이렇게 말했다. "지역에 백화점 등 문화공간이 있어도 서울에서 최상급의 서비스를 경험해본 터라 수준 차이가 느껴진다. 대도시가 내게 주는 게 없는 줄 알았는데 코엑스 같은 대형 건물만 해도 그런 공간에 있다는 자체가 심리적 만족감을 줬던 것 같다."(김여란, 「빛으로 시작한 서울살이, 이제 빛 보러 떠나련다」, 『경향신문』, 2014년 3월 8일.)

용인시는 2006년에 1600억여 원을 들여 당시 전국에서 가장 큰 지자체 청사를 지었다. 많은 지자체가 외형적으로 화려한 토건 사업에만 치중하는 '거대건축 콤플렉스'에 사로잡혀 있다.

합 두 정당이 발표한 핵심 공약 180건 가운데 지역 개발 공약이 무려 137건이었다. 이와 관련, 전상인은 "기초자치단체장의 경우 300억 원짜리 관급 공사만 유치하면 재선再選은 따놓은 당상이라는 것이 세간의 풍문이다. 그래서일까, 최근에는 지자체 건물 자체가 날로 거창하고 화려해지고 있다"고 말한다.[4]

아니다. 거대 호화 건물 붐은 이미 10여 년 전부터 시작된 일이다. 2004년 12월 『주간조선』은 지자체들의 호화 청사 짓기 붐을 보도하면서 대표적인 지자체로 용인시를 들었다. 용인시 청사는 지하 2층 지상 16층 높이로 사업부지가 7만9420평, 건축 연면적 2만4000평 규모로 서울 세종로 정부중앙청사 본관(연면적 2만3000평)보다 크며, 지하에는 900여대의 차량을 주차할 수 있는 주차장이 들어서고, 건립비만 1620억 원이 들어간다고 했다.[5]

2005년 1월 감사원장 전윤철은 지방화시대 10년을 맞아 광역자치단체 부단체장들을 감사원으로 초청해 가진 '자치행정 감사결과 설명회'에서 지방자치단체를 질타했다. 그는 지자체 행정과 관련해 "상당부분 허례허식이 수반되는 것들이 포함돼 있으며, 지역특성을 감안하지 않은 중복개발이 이뤄지고 있다"며 "자치의식은 함양됐지만, 우리 지방자치단체에서는 과거 권위주의시대의 이벤트성 행사가 다발적으로 일어나고 있다"고 지적했다. 그는 "선거직인 지방자치단체장의 경우 항상 국민의 편에 서 있으므로 어떻게 보면 포퓰리즘(대중영합주의)에 빠질 수 있다"며 포퓰리즘에 기댄 지방행정을 지양해줄 것을 요청했다.[6]

『한겨레』 2005년 5월 9일자 1면 머리기사 「빚더미 지자체 호화청사 '삽질'」에 따르면, 전국의 지자체 청사 건축비용 상위 10곳은 ① 부산시청 2640억 원 ②경기 용인시 1800억 원 ③전북도청 1728억 원 ④광주시청 1516억 원 ⑤대전시청 1414억 원 ⑥전남도청 1200억 원 ⑦서울 관악구 980억 원 ⑧경북 포항시 945억 원 ⑨강원 원주시 940억 원 ⑩서울 성동구 876억 원 등이었다.

지자체들이 콘크리트 구조물 건설에 심혈을 기울이는 데는 그 나름의 이론은 있다. 그건 바로 토목·건설 공사를 일으키는 것이 가장 확실한 경기 부양책이라는 이론이다. 이 이론의 신봉자들은 오히려 '사람'에 대한 투자를 '돈 낭비'나 '퍼주기'로 치부한다. 이런 현실에 대해 박종훈은 다음과 같이 말한다.

이미 선진국들은 공교육 시스템과 실업부조뿐만 아니라, 아동수당과 공공보육, 공공주거 등 일일이 열거하기도 어려울 정도로 미래세대에 대한 각종 투자를 아끼지 않고 있다. 이처럼 선진국들이 21세기 가장 소중한 자원인 '사람'에 대한 투자에 경쟁적으로 나서고 있는 상황에서 정작 '사람'이 가장 중요한 자원인 우리나라만 뒤처지고 있다.

우리나라의 일부 경제 관료들은 청년에 대한 투자가 포퓰리즘적인 '퍼주기'라며 우려하지만, 사실 훨씬 더 위험한 것은 건설사 사주에게 퍼주는 천문학적인 건설경기 부양 예산이다. 콘크리트에 투자되는 돈이야말로 그 유착관계 때문에 좀처럼 감시를 하기가 어렵고, 전방위적인 도덕적 해이가 발생하고 있기 때문이다. (…) 우리 경제를 되살릴 수 있는 가장 소중한 투자는 교량이나 댐 같은 콘크리트 구조물이 아니라, 바로 '사람'이고 '미래세대'라는 것을 늦기 전에 깨달아야 한다. 사람이 최고의 자원인 우리나라에서 사람에 대한 투자를 꺼린다면 도대체 어디서 우리나라의 희망을 찾을 수 있겠는가?[7]

지방을 지배하는 토호 권력

그런 변화를 위해 지방의 현실을 좀더 깊이 들여다볼 필요가 있다. '만년 여당'이라는 말이 있다. 태어나서 죽을 때까지 여당만 지지하는 사람들을 가리키는 말이다. 지방에서 주로 돈과 힘깨나 있는 사람들이 그런다. 이른바 '토호'다. 정부여당은 줄 게 많을 뿐만 아니라 막강한 보복력을 갖고 있기 때문이다. 아니면 그만큼 정부를 존중하는 애국심이 강해서 그렇다고 보아야 할까? 이들이 '만년 여당'을 하면서 계속 지배엘리트 노릇을 하는 바람에 생기는 부작용이 너무 커 아무래도 그렇게 보긴 어려울 것 같다. 도무지 물갈이가 되질 않기 때문에 변화의 기운이 없고 모든 게 침체돼 있다.

학연과 지연에다 권력 및 금력을 묶어 결성된 이른바 '지역유지 친목단체'는 토호 권력의 거점이기도 하다. 1993년 국회 국정감사에선 전국에 시도 기관장 및 지역유지들을 중심으로 한 143개의 친목단체가 있으며, 이런 조직들은 부정부패의 온상이기 때문에 해체시켜야 한다는 주장이 제기되기도 했지만, 국회의원들도 그런 단체들과 무관하지 않은 처지인지라 더 이상 공론화되지는 않았다. 그리고 이후로 한 번도 수면 위로 떠오르지도 않았다. 왜 그럴까? 지역 밖에선 몰라서 못 건드리고, 그걸 잘 아는 지역 내 언론은 그걸 건드렸다간 살아남기 어려워서 못 건드린다.

최장집은 "한국은 늦은 근대화와 더불어 밑으로부터의 시민혁명적 계기를 갖지 못함으로 인하여 중앙은 보다 근대적, 개방적, 보편적 세계에 열려 있었던 반면 지방은 향리적, 폐쇄적, 특수주의적, 권위주의적, 보수적인 상태에 그대로 놓여 있었다고 할 수 있다"며 다음과 같이 말한다.

"이러한 정황은 분권화개혁의 필요성을 더욱 요구하는 것이다. 하지만 지방에 보다 많은 자기결정권과 권한, 자치가 부여될 때 이는 지방토호의 권력을 강화함으로써 기존의 지방사회의 지배적 권력관계를 강화하는 결과를 가져올 가능성이 크다. 그것은 풀뿌리 민주주의의 발전과는 거리가 멀다. 이것은 90년대 초 민주화와 더불어 제한적으로나마 도입되었던 지방자치제도가 배태한 부정적 현상이기도 하다. 80년대 지방분권화개혁을 시행했던 프랑스에서 정치학자 메니는 '지방자치정부는 지방유지의, 지방유지에 의한, 지방유지를 위한 정부'가 될 수 있다고 비판한 바 있다. 오랜 시민혁명의 역사, 민주주의의 경험에도 불구하고 시민사회의 밑으로부터의 참여에 의한 민주주의는 그만큼 실현하기 어려운 것이다."[8]

즉, 지방분권은 지방토호 지배체제라고 하는 함정을 뛰어 넘어야 한다는 뜻이다. 지난 1993년 서울대 행정대학원 교수 이달곤은 "지방사회의 부패란 문화가 되다시피 뿌리 깊게 자리 잡고 있으며, 일종의 관행이 되다시피 하여 이를 부패라고 인지하지 못할 정도로 변한 부분도 적지 않다"며 다음과 같이 주장했다.

"지방단위에서 중점적으로 추진되어야 할 것은 무엇보다 이러한 부패구조를 척결하고 동시에 공직자의 의식을 개혁하는 일이다. 지방의 부패구조란 지방정치와도 관련이 깊은 것으로 지방유지와 지방공무원의 관경유착에서 파생되고 있으며 그들의 의식상에 인이 박혀 있는 양상이다. (…) 지방의 유지들은 보통 유산자이고 이들은 벌써 그 지역출신들이거나 이미 부임한 지 오래되는 공직자들과는 친숙한 관계를 유지하고 있다. 공직자들 중에 이들과 관계가 나쁘면 그 지역에서 업무를 추진하기가 상당히 어렵고 또 외롭게 된다. 새로 부임하는 사람도 기존 유지 사회에 발을 들여 놓지 않을 수 없는 경우가 대부분이다."[9]

물론 지방 토호에 대한 일련의 비판에서 전적으로 동의하기 어려운 부분도 있다. 중앙과 지방을 평가할 때에 쓰는 각기 다른 잣대 때문이다. 사이비언론을 비판할 때에도 중앙언론의 사이비 언론행위가 훨씬 더 심각하고 해로운 것임에도 우리는 눈에 잘 보이는 가시성 때문에 사이비언론이라고 하면 곧장 지방언론을 연상하는 경향이 있다. 마찬가지로 똑같은 부정부패라도 중앙의 부정부패는 국가를 거덜 낼 수 있는 수준임에도 지방의 부정부패를 더 심각하고 추악하게 보는 경향이 있다는 것을 부인하기 어렵다.

우리는 '스톡홀름 신드롬'에 갇혀 있는가?

그럼에도 그런 차별이 지방의 문제에 대한 면죄부가 될 수 없음은 물론이다. 2008년 7월 『국민일보』는 「'돈봉투'를 한나라당 간판 삼을 셈인가」라는 제목의 사설에서 다음과 같이 말했다.

이미 지자체장과 지방의회 의장은 여간한 재력 없이는 넘보기 어렵게 됐다. '민주주의의 학교'라는 지방자치제가 어느새 토호土豪들의 반상회로 전락한 것이다. 이들이 민주주의 풀뿌리를 돈으로 뽑아내고 있다. 일례로 경북 청도군은 돈선거 때문에 4년간 매해 군수선거를 치렀고 지난해에는 금품을 받은 주민 1000여명이 경찰 조사를 받았다. 지방자치가 아니라 금권자치라고 불러야 할 상황이다. (…) 금권자치의 근본 원인은 시민들의 낮은 자치의식이다. 후보들이 고만고만하다 보니 자질을 따지기보다 정당을 보고 투표하는 것이다. 그러니 공천받기위해 지역 국회의원과 정당 실력자에게 줄서고 금품을 바친다. 정당공천제의 역기능을 막을 장치가 필요하다. 또 지방의원들의 부패나 의정활동비 대폭 인상 같은 집단이기주의를 견제할 제도도 만들어야 한다. 지방의원에게 주민소환제를 적용하는 것도 방법이다.[10]

지방자치가 '토호들의 반상회'로 전락한 '금권자치'라는 평가가 가슴 아프게 다가온다. 도대체 왜 그렇게까지 된 걸까? 과연 '시민들의 낮은 자치의식'이 근본 원인일까? 시민들도 어찌할 수 없는, 이른바 '스톡홀름 신드롬'에 갇힌 건 아닐까?

1973년 스웨덴의 스톡홀름에서 은행 인질강도 사건이 발생했다. 인질들이 얼마나 큰 고생을 했겠는가. 강도들을 증오하는 게 당연했다. 그런데 시간이 흐를수록 인질들은 그 상황에서의 강자인 강도들의 논리에 동화되어 그들의 편을 들거나 심지어 사랑에 빠지는 행태마저 보였다. 이를 가리켜 '스톡홀름 신드롬'이라 한다. 한국 정당과 유권자의 관계를 '스톡홀름 신드롬'의 관점에서 보는 건 어떨까?[11]

1960년 이후 2005년까지 생겨난 정당은 모두 109개로 정당 1개당 평균 수명이 2년 9개월에 불과한 이유도 바로 여기에 있다. 유권자들은 정당을 지지한다기보다는 불공정과 편파를 자행할 힘이 있는 집단에 표를 주는 것이다. 그래서 대통령이나 힘 있는 몇몇 정치인만 움직이면 하루아침에 뚝딱 만들 수 있는 게 바로 정당이다.

2006년 5·31 지방선거를 앞두고 각 당은 선거 승리를 위해 '묻지마 영입' 경쟁을 벌였다. 이길 수만 있다면 어떤 후보도 좋다는 태도였다. 각 당의 영입경쟁이 과열되면서 후보들은 당적 바꾸기를 대수롭지 않은 일처럼 여겼다. 심지어 '후보 스와핑'이라는 말까지 나올 정도였다.[12]

언론은 각 정당이 '승리 지상주의'에 집착한다고 비판했다. 다 구구절절 옳은 비판이다. 그런데 한 가지 의문이 든다. 정당은 바보가 아니다. 언론의 비판을 받을수록 표를 얻는 데엔 더 유리하다는 뜻이 아닌가. 그렇다면 유권자는 뭔가. 정당의 인질이나 포로라는 뜻이 아닌가.

유권자들은 거대 정당들의 파워를 잘 알고 있기에 거대 정당 이외의 정당 후보들에겐 웬만해선 표를 주지 않는다. 민주주의 원칙과 지역 이기주의 사이에서 '인지 부조화cognitive dissonance'가 발생한다. 이를 해소하기 위해 교과서적 명분이 동원된다. 다당제는 정국 혼란을 가져온다거나 무소속의 난립은 책임 정치를 어렵게 한다는 등의 이론으로 자신의 선택을 정당화한다.

일리 있는 이론이긴 하지만, 문제는 유권자들이 스스로 거대 정당의 과오를 교정하거나 응징할 수 있는 힘을 포기한다는 데 있다. 겨우 '덜 께름한' 양대 정당 중의 하나를 선택하는 것만으론 변화를 기대하기 어렵다. 그러나 선거가 끝나고 나면 승리를 거뒀다고 평가받는 정당은 "위대한 민심에 감사드린다"고 노래한다. 그게 바로 '스톡홀름 신드롬'의 주제가다.

중앙정치의 인질로 잡힌 지방민은 '비동시성의 동시성' 원리에 충실하다. 독일 철학자 에른스트 블로흐Ernst Bloch는 1930년대 독일 사회를 규정하면서 다른 시대에 존재하는 사회적 요소들이 같은 시대에 공존하는 현상을 가리켜 '비동시성의 동시성the contemporaneity of the uncontemporary'이라고 했는데,[13] 이 개념은 독일보다는 한국 사회에 더 잘 어울린다. 전근대·근대·탈근대의 특징이 왕성하게 공존하고 있기 때문이다.[14]

지방민은 중앙과 지방에 대해 각기 다른 기준을 적용한다. 중앙

정치의 인질로 잡혀 있을망정 중앙정치는 제법 근대를 넘어선 탈근대적 선진성으로 대하는 반면, 지방의 정치와 삶에 대해선 전근대성을 고수한다. 전자는 남의 일인 반면 후자는 내 일이라고 생각하기 때문일까? 지방이 지역에서 튀는 사람을 매우 부정적으로 보는 자학의 문화에 중독돼 있는 게 그걸 잘 말해준다.

왜 지방은 튀는 사람을 죽이는 자학 문화에 중독돼 있는가?

지난 2005년 여성의원들에 의해 '가장 여성친화적이지 않은 남성의원' 1위에 뽑힌 어느 의원은 "호주제 폐지 반대에 앞장서서 그런 모양인데 내 스스로 질 짐이라고 생각한다. 지난번 본회의에서 남성의원들에게 '불편한 것 떼버리자'고 한 건 시선을 끌려고 그랬던 거다. 안 그러면 백날 반대해봤자 기사 한줄 안 써주니까"라고 말했다.

꽤 유명한 국회의원인데도 언론의 시선을 끌기 위해 일부러 과격한 발언을 했다는 게 눈물겹다. 속된 말로, 튀어야 산다. 그건 상상을 초월하는 수준의 정보 폭발을 몰고 온 인터넷 시대의 생존 법칙이다. 아무리 옳은 말이라도 점잖게 이야기해서는 그 누구의 주목도 받지 못한다. 인터넷에 '언어 테러'가 난무하는 것도 남들의 주목을 받기 위한 필사적인 투쟁의 결과다. 사회적 물의를 빚은 저명인사들의 과격 발언이 인터넷 시대에 이르러 더욱 잦아진 것도 '주목 경제'가 알게 모르게 조성하는 그런 사회적 분위기와 무관치 않다.

그러나 그런 '주목 경제'의 무풍지대로 머무르는 양반 동네가 있으니 그게 바로 지방이다. 튀어도 전국적으로 튀어야 살지 지방에서 튀면 죽는다. 왜 지역사회에서 튀는 건 어려울까? 한번 튀어보면 그 이유를 알게 될 것이다. 혈연·지연·학연 등 모든 연고가 총동원되는 압력이 가해질 것이다. 얼굴 마주 보고 살면서 인간적으로 그럴 수 있느냐는 인간 품성론도 제기될 것이다.

한마디로 너무 좁기 때문이다. 물리적으로 좁은 게 아니다. 연고 중심의 문화가 넓은 지역조차 좁게 만든다. 전주의 경우 인구가 65만 명임에도 불구하고 지역에서 힘깨나 쓰고 말깨나 하는 사람들의 세계는 딱 650명이 사는 마을 수준의 문화를 갖고 있다. 이와 관련, 『전북일보』 주필 백성일은 다음과 같이 말한다.

유동인구가 많지 않은 전주서 사회활동하며 오래 산 사람이면 모두가 호적계장들이다. (…) 점심은 누구하고 먹고 저녁에는 누구를 만나 술 마신 것까지 훤히 안다. 골프장에 왜 그 사람들 하고 어울렸는지도 금세 알 정도다. 좁은 지역 사회라서 움직이는 동선이 그냥 통째로 드러난다. 살다보면 남의 눈에 안 띄었으면 할 때가 많다. 굳이 자신의 사생활을 노출시키지 않고 싶기 때문이다. 그러나 익명성이 보장되지 않아 부자들이 불편한 점을 많이 느끼고 산다. 그래서 시시콜콜한 얘기 들어가면서 살기 싫어 홀홀 서울로 떠난다.[15]

좋다. 그런저런 이유로 지역사회에서 누군가를 대놓고 비판하는 게 어렵다는 건 이해하자. 문제는 '도미노 효과'에 있다. 튀면 안 된다는 법칙은 비판에만 적용되는 게 아니라 상상력과 실험정신까지도 규제하는 효과를 낳는다는 것이다. 원래 과감한 실험정신이란 위험부담 때문에 작은 규모의 시장에서부터 일어나는 법이다. 아니 그래야만 한다. 달리 말해, 지방에서 왕성한 실험정신이 발휘돼 성공을 거두게 되면 그것이 중앙을 거쳐 전국으로 확산되는 것이 정상적인 코스이며 그래야만 한다는 것이다.

그러나 우리의 현실은 정반대다. 모든 게 '중앙에서 지방으로' 전파되는 일방 코스다. 예컨대, 미디어를 보자. 방송의 토론 프로그램 같은 것도 토론자들끼리 격렬하게 싸워 시청자들로부터 욕먹으면서도 시청률은 높은 구성방식을 지방에서 먼저 선보일 법도 한데, 지방의 토론 프로그램은 시종일관 화기애애하다. 신문도 중앙지들과의 경쟁에서 살아남기 위해 파격적인 실험을 해볼 법한데도, 행태상 중앙지에 비해 훨씬 더 보수적이다.

물론 다 그럴 만한 이유는 있다. 토론프로그램에선 서로 다 알고 지내는 사이라 싸우기가 어려울 것이며, 신문이 무슨 실험을 해도 중앙지의 형식에 중독된 독자들이 정당한 평가를 해주지 않을 가능성이 높다. 언론 보도의 경우 지방 특유의 연고주의가 발목을 잡는다. 김주완은 「연고와 인맥이라는 괴물」이라는 글에서 다음과 같이 말한다.

자본과 권력으로부터 상대적으로 자유로운 『경남도민일보』 구성원들이 가장 곤혹스러워하는 건 바로 안면과 연고라는 괴물이다. 지역사회라는 게 워낙 촘촘한 인맥으로 구성돼 있는 데다 지역언론인들 또한 직장에서 벗어나면 이 같은 인맥의 그물에서 자유로울 수 없는 지역 사회의 구성원이기 때문이다. 특히 지역 토박이로 중년의 나이에 접어든 간부들의 경우 이 같은 곤혹스러움은 상상을 초월한다. 심지어 자신도 모르는 사이에 보도된 비판기사로 인해 친구나 친지들로부터 터무니없는 오해를 받는다든지 '왕따'를 당하는 경우도 있다.[16]

지역언론인들이라면 누구나 다 공감할 것이다. 누구나 말로는, 그것도 시큰둥한 자세로, "지역신문이 잘 되면 좋지요"라고 하지만, 실제로 지역신문이 잘 되기를 바라는 사람은 많지 않다. 신문이란 게 무언가? 그 정체성의 제1구성요소는 비판이다. 그런데 지역에서 힘깨나 쓰는 사람들은 비판의 활성화를 원치 않는다. 비판할 일이 있으면 자기들끼리 모여서 뒷담화로 쑥덕거리다가 역시 비공개적인 방식으로 해결하려고 들지, 공론화되는 건 한사코 피한다. 그럼에도 우리는 지역신문의 낙후 책임을 '서울공화국' 체제에만 돌리려고 할 뿐 그런 문제에 대해선 입을 꼭 다문다. 그러니 답이 나올리 없다.

그러나 그렇다고 포기할 수는 없는 일 아닌가. 지방 미디어가 지방민들의 주목을 쟁취하지 못한다면 중앙 미디어와의 경쟁에서 살아남기도 어렵지만 지방자치 자체가 빈껍데기로 전락할 수밖에 없기 때문이다. 지방민들의 주목을 받는 건 중앙 미디어에겐 시장 확대 이상의 의미는 없지만 지방 미디어에겐 근본적인 존재 이유의 문제라는 것이다.

요컨대, 미디어 종사자들이 알게 모르게 중독돼 있는 "튀면 안

돼!"라는 정서를 넘어서야 한다는 것이다. 물론 아무리 애를 써도 구조상의 문제 때문에 지역민들로부터 외면받거나 정당한 인정을 받을 수 없는 현실이 미디어 종사자들의 냉소주의를 낳게 했겠지만, 나름대로 '처절한 사투'를 벌였다고까지 주장할 수 있는 사람이 얼마나 될지는 의문이다.

구조 탓은 서울을 향해서만 하고 지방 내부에선 우리 탓을 해야 한다. 뜻 있는 지방 원로·엘리트들부터 에헴 하고 점잔 빼지만 말고 앞장서서 튀는 걸 허용하는 분위기를 이끌어야 한다. 중앙에서 내려오는 돈 따먹는 게 혁신이 아니라 그게 바로 혁신이다. 튀지 않으면 지방은 죽는다.

자존심을 살려주기 위해 개혁을 입 밖에도 내면 안 되는가?

튀는 사람을 죽이는 자학의 문화와 관련, 박주현의 저서 『기사를 엿으로 바꿔 먹다뇨?』를 읽다가 '머리말'에서 멈추고 말았다. "나는 어쩌다 '지역언론 별곡'을 부르게 되었는가?"라는 제목의 신상 발언에 접하면서 새삼 '자존심의 정치학'을 떠올렸기 때문이다. 한두 시간 이상 그 문제로 골똘히 생각했던 것 같다.

널리 알려져 있다시피, 박주현은 지난 2005년부터 오마이뉴스 등을 통해 '지역언론 살리기'의 전도사 노릇을 해왔다. 전국의 모든 지역 언론인들이 그에게 감사해야 마땅하다. 이게 상식이다. 그러나 그 상식은 통하지 않는다. 그는 오히려 정반대로 전북지역에서 엄청난 시련을 당했다. 나는 그간 반발이 좀 있겠거니 하고 생각은 했지만, 후배 기자들이 극렬한 비난 편지를 보낼 정도로 심한 줄은 몰랐다. '머리말'의 한 대목을 소개한다.

'내가 그들의 자존심을 너무 긁었나 보다' 하는 생각이 들었다. 그 순간부터 글이 무뎌지기 시작했다. 제왕적인 사주와 이에 빌붙어 아부하기 바쁜 몇몇 간부들의 편집독재 때문에 펜이 무뎌진 적은 있었지만 후배들에 의해 용기가 무너지고 글발이 둔해진 것은 처음 있는 일이었다. 도무지 믿기질 않았다. 내 깐엔 용기를 내어 무지막지한 상황하에서 온갖 고초를 감내해야만 하는 그들을 위해 내 나름대로 개선의 빌미를 던진다고 노력했건만 그들에겐 오히려 그게 더 불편했던 모양이다.[17]

그렇다. 바로 '자존심'의 문제다. 같은 글쟁이로서 나도 그런 경험을 많이 해봤기 때문에 그게 무엇인지 안다. 지역언론 잘되게 해보자고 글을 쓰면 꼭 반발이 지방에서 나온다. 잘되게 하기 위해 기존 문제들을 건드리지 않을 수 없는데, 그게 기분 나쁘다는 것이다. 보수신문들을 비판할 때도 마찬가지다. 보수신문들은 잠자코 있는데, 반발은 꼭 다른 신문의 기자들에게서 나온다. 기자직 전체를 모독했다나 어쨌다나.

비아냥거리는 게 아니다. 그 심정을 이해할 수 있다. 나는 이 문제가 딜레마라고 생각한다. 사람은 빵이나 개혁만으로 사는 건 아니기 때문이다. 자존심으로도 산다. 자신이 아무리 비참한 처지에 있더라도 그 실상이 남들에게 다 까발려지는 걸 원할 사람은 많지 않을 것이다. 또 까발리는 사람의 자격도 문제가 될 것이다.

따지고 보면 우리 사회가, 특히 선량한 사람들조차 '내부고발'을 탄압하거나 마땅치 않게 여기는 것도 그런 이유와 무관치 않다. 즉, 내부고발에 대한 반발이 꼭 '조직 마피아' 근성 때문만은 아닐 수도 있다는 뜻이다. 자신이 몸담고 있는 조직의 내부고발로 졸지에 자신은 비겁한 사람으로 전락해버렸다고 여겨질 때, 그 상처받은 자존심을 스스로 위로하고 싶지 않겠는가.

그런데 문제는 자존심만 앞세우다 보면 사실상 개혁이란 걸 기대하기 어렵다는 데 있다. 개혁이란 기존의 잘못된 것을 바꾸자는 게 아닌가. 그렇다면 무엇이 잘못된 것인지 알아야 할 게 아닌가. 그런데 그 잘못된 것을 상세히 거론하는 순간 그 잘못된 것과 포옹하면서 살아온 사람들의 자존심이 상할 수 있다는 이유로 입을 닫으라고 말한다면?

이런 문제는 사회 전 분야에 걸쳐 일어나고 있다. 심지어 역사학에서도 국민적 자존심을 세우기 위해 비참했던 과거를 분식粉飾하거나 미화하려는 시도가 이루어지고 있다. 어쩔 것인가? 예컨대, 우리는 전주시민의 자존심을 위해 '전주 개혁'은 영영 입에 담지 말아야 할 것 인가? 아니면 우리의 문제점을 과감하게 파헤치고 고쳐나감으로써 전주를 세계에서 가장 선진적인 도시로 만들어볼 것인가?

신문에서 '자존심'에 관한 재미있으면서도 가슴 아픈 이야기를 읽었다. 나이 지긋한 모 대학 총장이 이런 말을 했다고 한다. "예전에 교육부에서 공무원을 만나려고 한 시간을 기다린 적이 있다. 아들뻘 되는 사람이 딱 5분 만나줬다. 잘못한 학생처럼 서서 설명을 했다. 죄인 취급하더라. 지금 그 사람 중요한 직책에 있다. 교육을 망치는 공무원들이 출세하니 교육이 잘될 리 있겠느냐. 자존심이 상해 이를 악물고 일한다."[18]

지방지 기자들도 목숨 걸고 신문 살리는 게 자존심을 살리는 길이 아닐까? 과연 무엇이 진정한 자존심인가? 하루아침에 못 바꾸겠다면, 타협책이라도 찾자. 우리의 장점을 부각시키면서 '긍정과 낙관의 바이러스'를 퍼뜨리는 일을 하는 동시에 우리의 문제도 지적하면 되지 않을까? 박주현의 책이 우리에게 던진 질문이다.

왜 지방에서 사는 축복을 모르고 살아가는가?

"그는 시골을 무척 좋아한다. 그런데 실은 그가 시골이 가장 좋아지는 것은 도시에서 시골에 관해 배우고 있을 때이다."[19]

영국 시인 윌리엄 쿠퍼William Cowper의 말이다. 서울 방송이 지방과 시골을 다루는 전형적인 이데올로기이기도 하다. 휴식과 여가를 위해 지방과 시골을 찾는 건 해볼 만한 일이지만, 직접 살기는 싫다는 것이다. 서울에 살면서 지방을 찾는 사람들이 꼭 하는 말이 있다. "이렇게 공기 좋은 곳에서 사시니 얼마나 좋습니까." 그러면 지방 사람은 웃으면서 맞장구를 쳐주긴 하지만, 내심 "그럼 니가 내려와서 살아라!"라고 말해주고 싶어진다. 물론 그렇게 말해봤자, 돌아오는 답은 뻔하다. "애들 교육 때문에."

이른바 '후진성의 이점advantage of backwardness'에 대해 말하고 싶어 꺼낸 이야기다. 성경륭은 "역설적으로 말하면 지방사회가 수도권보다 경제적으로 낙후되었다는 것은 '후진성의 이점'이라고도 할 수 있다"며 다음과 같이 주장한다.

"그 이유는 수도권과 대도시권을 제외한 여타 지방, 특히 그간 가장 많이 소외당했던 중부권과 호남권은 경제적 측면에서는 상대적 박탈이 엄청나게 많았지만, 그 대신 깨끗한 자연환경과 공동체적 사회환경을 상당 부분 보존할 수 있었기 때문이다. 따라서 앞으로 물질위주, 개발위주의 가치보다 정신적 가치와 문화적 가치가 더 중시되고 삶의 질이 더욱 중요한 생활의 기준으로 등장하게 되면 그동안 도외시되었던 지방사회야말로 질 높은 삶을 위한 새로운 메카로 재인식될 것이다."[20]

2007년『조선일보』와 6개 지역신문이 한국갤럽과 공동으로 16개 시·도의 거주지 만족도를 조사한 결과도 '후진성의 이점'에 대해 다시 생각해볼 수 있는 기회를 제공하고 있다. '지금 살고 있는 시·도가 다른 지역에 비해 얼마나 살기 좋다고 생각하는가'란 질문에 대해 100점 만점으로 평가한 결과, 광주(50.4점)와 전북(51.8점)의 만족도가 대구(39.4점)와 부산(43.6점)에 비해 높게 나왔다는 게 흥미롭다.[21]

『경향신문』의 기획으로 부산·대구·광주·대전에 사는, 자칭 '3등 시민' 4명이 2007년 대전역사 회의실에서 모여 서울 밖에서 살아간다는 것이 무엇인지 털어놓은 내용이 흥미롭다. 이들은 지방에서의 삶이 갖는 이점에 대해 다음과 같이 말했다.

"이젠 일감마저 서울에 빼앗겨 시·도통합 생존 모색해야 할판"

류현제 서울 첫 대 정책일만 경영에도 잠 못이뤄

이영은 서울과 국가 동일시 보수기득권이 '뼌애'

이정무 진보 지방배려 기대 '조직利己' 그들 한계

손상호 때 덜운은 삶은 행복 자식 농사 걱정이요

'낙후된' 지방에 사는 것에도 나름의 이점은 존재한다. 이를 '후진성의 이점'이라 부른다. 이를 지방에 대한 차별을 정당화하는 논리로 내세워서는 안 되겠지만, 지방으로선 이런 이점을 최대한 활용할 지혜를 짜내야 할 것이다.(경향신문, 2007년 9월 3일)

류현제: 아침마다 1000만 명이 한꺼번에 몰려다니는 서울 모습, 생각만 해도 아찔합니다. 결코 행복해 보이지 않습니다. 거래처가 서울 쪽에 몰려있는데, 그쪽 분들은 고향에 일터만 있었다면 서울로 올라오지 않았을 거라고 하더군요. 다람쥐 쳇바퀴 돌듯, 그렇게 정신없이 살아야 버틸 수 있는 삶보다야 조금은 적게 먹으면서도 여유를 가질 수 있는 부산이 좋습니다.

손상호: 모자라는 것이 많은 듯하지만, 서울에서 구할 수 없는 너무 많은 보물이 있어요. 물 문제, 대기오염, 교통 체증이 없으니까 서울 사람들보다는 표정이 밝을 것입니다. 또 자연이 가깝습니다. 개인적으로

가까운 고향에 부모님이 계십니다. 보고 싶을 때 언제라도 한시간 이 내에 달려가 대문을 두드리고, 아버지 어머니를 부를 수 있습니다. 서 울에선 감히 맛볼 수 없는 행복 아닐까요.

이정우: 서울 사람들은 일등 시민 아닙니다. 짠한 사람들이죠. 좀더 자 세히 들여다보면 '1등 서울'은 허상일 뿐입니다. 지방대도시에 살면 그 래도 삶의 본질적인 것에 집중할 수 있습니다. 아직 때가 덜 묻은 인간 들과 어울릴 수 있고, 남을 배려하면서 살아야 한다는 따뜻함도 느낄 수 있습니다. 광주는 아직도 공동체적 정신이 그대로 남아 있어 늘 포 근합니다.

이성은: 서울 사람들은 새벽부터 전쟁터로 가는지, 일터로 가는지 정 말 딱합니다. 마치 영화 속의 병영을 보는 듯하지 않나요. 대전에 내려 온 지 6년째입니다. 서울에선 작은 아파트에 전세를 살았습니다. 하층 민이었지요. 그런데 대전에 오니 그 전세자금으로 35평 아파트를 내 집으로 마련할 수 있었습니다. 주부로선 큰 꿈 하나를 대전에서 이룬 셈이죠. 졸지에 중산층이 된 것 같아 기분 좋았습니다. 그렇지만 다시 서울로 갈 기회가 있다면 가고 싶습니다. 아이들 교육문제 때문이지 요.[22]

왜 모든 지방 시군이 앞다투어 '예향'이라고 주장하는가?

'후진성의 이점'은 언제, 누가 말하느냐에 따라 전혀 다른 효과를 내기 마련이다. 중앙이 지방을 차별하면서 '후진성의 이점'을 내세 우는 건 수긍하기 어렵다. 그러나 지방 스스로 자구책을 찾기 위해 강요된 것이긴 하지만 '후진성의 이점'을 활용하는 건 별개의 문제다. 이젠 지방 스스로 '후진성의 이점'을 적극 활용할 때다.

그러나 아직도 개인이 아닌 지역 차원에선 '후진성의 이점'을 이용하려 하기보다는 자위의 도피처로 활용하는 경향이 농후하다. 특히 경제적 잠재력이 무궁무진한 문화를 그런 용도로 쓰고 있다. 이와 관련, 강형기는 이렇게 말했다.

우리가 문화를 외치며 문화를 문제 삼는 경우는 대체로 정책적으로 궁지에 몰리거나 아니면 우리 사회에 큰 위기감이 드리워졌을 때이다. 우리가 IMF로부터 구제금융을 빌려 쓰기 시작하면서 전에 없이 문화를 강조했던 것도 바로 그 사례의 하나이다. 그런데 이러한 분위기가 그대로 지방에서도 나타나고 있다. 지역에 공장이 들어오고 경기가 좋아지면 문화 같은 것은 아랑곳하지 않는다. 그러다가 경기가 나빠지고 무언가 힘에 부치는 일이 생기면 그때 가서야 비로소 문화를 운운하기 시작하는 경우가 많다. 그러나 문화를 이처럼 아무것도 기대할 것이 없을 때 마지막으로 기댈 수 있는 도피처로 이해해서는 안 된다.[23]

전국의 모든 지방 시·군이 앞 다투어 외치는 '예향藝鄉'도 따지고 보면 바로 그런 '도피 심리'와 무관치 않다. 이는 '예향 이데올로기'라고 불러도 좋을 정도로 이념·정치적 색깔이 농후한 지역관행이다. 지방 젊은이들은 문화 향수욕 때문에라도 서울로 가야 한다고 외쳐대는데, 지방의 자치단체들이 앞다투어 자기 지역이 '예향'이라고 부르짖는 건 어떻게 이해해야 할까?

그런데 기업들은 정말로 그 말을 믿는 걸까? 그래서 문화예술 기부금을 수도권에만 집중적으로 주는 걸까? 기업과 개인의 문화예술 기부금의 수도권 집중도는 84.7%나 되며, 기업의 기부금은 93.6%, 30대 대기업은 97.1%에 이른다. 문화예술위원회는 기부금의 수도권 집중을 해소하기 위해 2013년부터 '문화예술을 통한 지역 살리기 기획모금사업'을 추진했는데, 그 실적은 웃음을 자아내게 만든다. 2013년 173만 원, 이듬해는 223만 원을 모금하는 데 그쳤다.[24]

이런 현실과 관련, 건축가 김원은 이렇게 말한다.

사실 우리나라는 지역마다 굉장히 특색이 강하고 독특한 문화를 형성하고 있다. 건축과 도시계획 때문에 전국을 돌아다니다 보면 작은 나라임에도 불구하고 지역별로 각기 다른 생태적 특성을 갖고 있음을 느끼게 된다. 곳곳마다 삶이 다르고 문화도 조금씩 차이가 있다.

그럼에도 불구하고 지금까지는 모든 게 한 군데, 즉 중앙으로 집중돼 왔다. 또 사람들은 그것을 당연한 것으로 받아들이며 살아왔다. 그 결과 서울로 대변되는 수도권에 모든 게 쏠렸다. 이렇다 보니 본의 아니게 소외나 대립 등 부작용들도 나타났던 게 사실이다. 참 우스운 일이다. 말로는 문화의 다양성이니, 창조적 융합이니, 특색 있는 문화생태계 조성이니 떠들어왔다. 하지만 정작 정치·경제·교육·문화의 모든 인프라를 서울이 독점하고 있다. 이런 구조에서 어떻게 다양성과 창의성이 발현될 수 있고 지속 가능한 성장이 있을 수 있겠는가.[25]

왜 서울에 사는 지방 촌사람들은 고향을 외면하나?

「일본, 지자체 '고향기부 마케팅' 뜨겁다」. 2008년 5월 『한국일보』를 보다가 위와 같은 기사 제목에 눈이 번쩍 뜨였다. 내용인즉슨, 일본 정부가 대도시와 지방의 세수 격차를 줄이기 위해 도입한 '고향 납세 제도'를 이용해 재정을 늘리려는 지방자치단체 경쟁이 치열하다는 것이다. 마케팅 방법도 다양하다. 인터넷 홈페이지에 지역 출신 전 프로 야구선수를 앞세운 기부금 요청 광고, 지역대학 졸업식장에서 고향을 떠나 직장생활을 할 졸업생을 대상으로 고향에 기부금을 보내달라는 홍보 전단 배부, '고향을 사랑하는 분들께 올립니다'라고 쓴 팸플릿을 수도권 등에 뿌리기, 무조건 애원하는 게 아니라 미끼상품을 보낸 뒤 기부금 부탁하기, 지역 명물 소개 내용을 담은 화장실 휴지나 명소 입장권을 보낸 뒤 기부금 유도하기, 지역 특산품을 선물로 보내기, 어린이책 구입 등에 쓴다는 용도를 명확히 한 뒤 '미래를 짊어질 인재에 투자해달라'며 기부 유도하기 등등.[26]

2014년 현재 일본의 1742개 기초자치단체 중 980곳에서 답례품을 활용한 고향 납세 유치 경쟁을 벌이고 있다고 한다. 홋카이도 산골인 가미시호로上士幌 마을은 2014년 들어 4억4000만 엔(43억 원)의 '고향 납세'를 받았는데, 이는 1년 주민세 세수의 2배에 달하는 액수이며, '고향 납세자'는 2만6292명으로, 마을 인구(4906명)의 5배가 넘는다. 고향 납세 제도가 유행이다보니, 재테크 차원에서 접근한 『100% 이익이 되는 고향 납세 생활』이라는 책까지 나왔다. 이

책은 "절세와 답례품을 감안하면 고향 납세 공제한도액을 꽉 채우는 것이 무조건 이익"이라고 조언한다.[27]

2015년 3월 현재 도쿄 책방에선 『고향 납세 완전 가이드』『득이 되는 고향 납세』『고향 납세 입문』같은 책이 수십 종씩 팔린다고 한다. 『니혼게이자이』등 일본 언론은 "지역간 세수 균형을 위한 제도인데, 과열된 면이 있다"고 했다. 닌자로 유명한 이가伊賀시가 최근 500만 엔 이상 납세자에게 50만 엔 상당의 슈리켄手裏劍(닌자들이 던지던 검)을 주겠다고 했다가, 다카이치 사나에高市早苗 총무상이 "이 정도로 환금성이 높은 것은 문제가 있다"고 지적해, 없던 일이 되기도 했다나.[28]

2015년 7월 경북도지사 김관용이 "수도권과 비수도권 사이 재정 불균형을 해소하기 위해 지방소득세 30%까지를 본인 출생지 등에 납부할 수 있는 고향발전세를 도입하자"고 나섰다. 예를 들면 경북 출신으로 서울에 사는 사람은 본인 희망에 따라 지방소득세 일정 부분을 경북 도세로 낼 수 있도록 제도로 허용하자는 것이다.[29]

아주 좋은 제안이다. 일본의 고향 납세 제도에 눈이 번쩍 뜨인 이유는, 평소 고향 떠난 사람들이 고향을 조금만 챙겨도 우리나라의 '지방 낙후' 문제는 상당 부분 해결될 수 있다고 믿어왔기 때문이다. 설과 추석에만 고향 찾느라 전 국토를 교통대란의 지옥으로 만들지 말고 평소에 눈꼽만큼이라도 신경 써주면 안 될까? 집안 산소만 챙기면 다인가? 수도권에서 향우회니 동문회니 하면서 자기들 끼리만 음식과 술 축내지 말고, "이게 다 고향 덕분이니 우리 돈을 조금이라도 모아 고향을 위해 의미 있는 일에 쓰자"라고 제안하는 사람이 하나도 없단 말인가?

전북을 예로 보자면, 인구 대비 전출 인구가 전국 최고 지역이 전북이므로 '고향 생각하기'야말로 전북 경제를 살릴 수 있는 최상의 방법이 아닌가. 수도권 등 타 지역에 사는 전북 출신 인구는 200~ 300만 명에 이른다. 왜 이들을 모른 척 하나? 꼭 돈을 보내달라는 것도 아니고, 보내준 돈으로 무슨 큰일을 할 수 있다고 보는 것도 아니다. 그런 마인드와 자세가 불러일으킬 파급 효과가 중요하다.

지금 우리의 현실은 어떤가? 서울 가서 출세하면 고향 살던 가족 데려가 오히려 '고향 죽이기'나 하지, 고향에 뭘 기부하겠다는 사람이 많지 않다. '사적 네트워크' 차원에선 고향에 대한 애정이 지극한 것 같은데, 공적 차원에선 "너희들끼리 알아서 잘 해봐"라는 식이다.

그러나, 다시 한번 생각해보자. 고향 떠나 성공한 사람들이 고향을 챙기지 않는다고 탓할 수 있을까? 탓해보라. 돌아오는 답은, 십중팔구 "고향이 내게 해준 게 뭐 있어?"일 게다. 내 탓, 우리 탓부터 해야 한다. 관민官民을 막론하고 그들에게 고향의 따뜻한 이야기나마 정기적으로 전해주겠다는 수준의 관심이나마 한번이라도 보여준 적이 있는가? 썩 내키진 않는 용어이지만, 그들을 대상으로 '홍보'나 '마케팅'을 해본 적이 있느냐 하는 것이다.

물론 전혀 없진 않았다. 그러나 모자랐거니와 열과 성을 다 했던 것 같진 않다. 지금이라도 다시 한번 생각해보자. 가는 게 있어야 오는 게 있고, 오는 게 있어야 가는 게 있는 법이다. "니 고향 다 죽어간다. 이래도 좋으냐?"는 메시지를 세련되게 전함으로써 감성을 자극할 수도 있다. "노후는 고향에서!"라는 캐치프레이즈를 내걸고 향후 엄청난 성장 가능성을 안고 있는 실버산업의 육성에 뛰어들 수도 있다.

궁리를 하면, 꼭 일본식의 '고향 납세 제도'가 아니더라도 할 수 있는 일은 많다. 성공할 수 있는 가능성도 높다. 단, 신뢰도가 높은 구심점이 있어야 한다. 그런데 전북엔 그게 없다. 바로 이게 문제다. 이 일은 언론사가 하기에 딱 좋거니와 적합한 일임에도, 언론은 다 죽어가고 있으니 이 일을 어찌할 것인가. 남 탓만 하지 말고 우리 모두 스스로 반성해보자.

제6장

왜 지방민들의
생각과 **의식**마저
서울 미디어가 **결정**하는가?

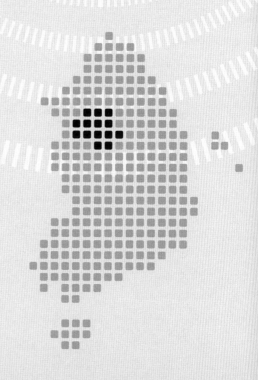

왜 지방 주민들이 서울의 문제들을 걱정하는가?

우리는 초·중·고교 시절 '의제설정agenda-setting'의 중요성을 경험한
바 있다. 학급회의의 의제는 학교 당국 또는 담임교사가 결정하거
나 통제한다. 그래서 학급회의의 의제들은 주로 좋은 학습 분위기
조성이나 교실의 청결 등과 같은 '건전한' 것들이다. 만약 학급회의
가 교육의 목적이나 학우들 간의 우정 등과 같은 의제를 다룬다면
어떤 일이 벌어지겠는가? 기존 입시 위주의 교육에 대한 비판이 쏟
아져 나올 가능성이 높다. 따라서 그런 의제는 원천봉쇄당하기 마
련이다.

　회담이나 회의에만 의제가 있는 게 아니다. 언론 보도에도 의제
가 있다. 신문의 1면 머리기사나 텔레비전의 저녁 뉴스 첫머리에
어떤 기사를 내보낼 것인가? 언론이 마음먹기에 따라서 어떤 기사

는 크게 보도할 수도 있고 작게 보도할 수도 있다. 즉, 기사의 중요성을 언론이 결정하는 것인데, 이게 바로 의제설정이다.

의제설정 권한은 언론의 존재 근거라고 해도 좋을 정도로 언론에겐 가장 중요한 것이다. 의제설정을 얼마나, 어떻게 하느냐에 따라 언론의 영향력이 결정되기 때문이다. 미국의 대통령선거 캠페인을 분석한 책을 여러 권 저술한 바 있는 정치 전문 저널리스트인 시어도어 화이트Theodore H. White는 언론의 의제설정에 대해 다음과 같이 말한다.

"미국에서 언론의 위력은 대단한 것이다. 그것은 공중 토론의 의제를 제공하며, 이 대단한 정치적 힘은 어떤 법률에 의해서도 방해받지 않는다. 언론은 사람들이 무엇을 이야기하고 생각할 것인가를 결정한다. 그것은 다른 나라에서는 독재자, 성직자, 정당, 정당 총재에게나 부여될 수 있는 권한이다."[1]

언론이 특정 이슈들을 강조, 부각시킴으로써 수용자들로 하여금 그러한 이슈들을 중요하게 인식하도록 만드는 효과 또는 기능을 가리켜 '의제설정 기능'이라고 한다. 즉, 언론이 수용자들에게 '어떻게 생각하도록what to think' 하기보다는 '어떤 것에 대해 생각하도록what to think about' 이끈다는 것이다.[2]

언론의 의제설정은 사회적 약자에게 부정적인 결과를 초래할 수 있다. 이와 관련, 미국의 미디어 전문가 토니 슈와르츠Tony Schwartz는 자신들 스스로의 미디어를 갖지 못한 지역에 사는 사람들은 TV에서 삶의 정체성 결핍을 발견한다며 다음과 같이 말한다.

시골에 사는 사람들이 네트워크 방송국이 있는 대도시 사람들의 문제를 그들의 문제로 인식한다는 것이다. 전국의 대도시에서 폭동이 일어났을 때, 도시 사람들이 대처하고 있는 문제들이 지방과 전국방송에 보도되자 대도시에 살지 않는 사람들도 똑같은 문제에 대해 걱정한다는 것이 조사에 의해 밝혀졌다. 유타 같은 주에서도 사람들은 실제 그들과 상관없는 대도시의 문제를 놓고 씨름한다. 그들은 그들 삶의 실제보다 미디어를 통해 부딪친 문제들을 해결하려 노력했다. 더욱이 그 문제들에 대한 그들의 고민의 깊이는 미디어 보도의 양과 동일한 비율이었고 도시 거주자들의 고민과 비슷했다.[3]

한국의 지방문제도 바로 이런 의제설정의 함정에 빠져 있다. 지방을 포함한 전 국민의 눈과 귀를 서울 미디어들이 장악한 상황에서 지방의 독자적인 의제설정을 해나가는 게 매우 어렵다. 수도권 도시 주민들마저 서울에 치여 자신이 사는 지역에 대해 잘 알 길이 없는 게 우리의 현실이다.

인천에 사는 문화평론가 정지은은 다음과 같이 말한다.

서울보다 인천에서 보내는 시간이 훨씬 많은 나 역시 연남동, 경리단길 같은 서울의 뜨는 동네 소식을 더 많이 알고 있다. '인천의 어느 지역이 뜬다더라'는 구전으로 통용될 뿐 뉴스로 생산되지 않지만, 서울의 '힙한' 지역 이야기는 지겨울 정도로 많은 매체에서 다루기 때문이다.

'역사는 기록하는 자의 것'이란 말이 있다. 서울에서 일어난 일은 기록되고 평가받으며 사람들의 입에 오르내리지만, 상대적으로 이외의 지역에서 일어나는 일은 기록되지도 않으며 의미를 부여받지도 않고, 몰라도 그만이다. 2012년 수인선이 부분 개통했을 때의 일이다. "개통은 했는데 노선이 너무 짧다, 배차 간격이 15분에 한 대꼴이다" 등의 이야기를 한참 늘어놓고 있는데 듣고 있던 친구는 수인선이 개통한 사실 자체를 모르고 있었다. 어이없어 하는 내게 친구가 대답했다.

"서울로 출퇴근하는데 내가 어떻게 알아? 방송에 나오지도 않던데…. 그거 서울로 가는 것도 아니잖아, 어차피 서울 가는 것도 아닌데 알아서 뭐해?"[4]

어찌 지방문제뿐이랴. 한국이 늘 격렬한 시위로 몸살을 앓는 건 바로 사회적 약자들이 의제설정에서 밀려나고 있기 때문 아닌가. 시위는 몸으로 하는 의제설정 시도이지만, 웬만해선 뉴스가 되지 않기 때문에 날이 갈수록 시위가 격렬해지고 심지어 폭력적인 양상까지 보이는 것이다.[5] 많은 노동자들이 택하고 있는 '고공 농성'은 그런 현실을 슬프게 웅변해준다. 『한겨레21』 기자 이문영이 잘 지적했듯이, '고공 농성의 만개'엔 또 언론의 책임이 크다.

"뉴스 가치를 '사건의 크기'로 재단하는 언론에 절망하며 노동자들은 하늘에 올라 스스로 '사건'이 된다. 고공농성이 장기화될수록 하늘 노동자들은 '사건의 시야'에서도 멀어진다. 땅에서 사건이 될 수 없어 고공에 몸을 실은 노동자들이 하늘에서까지 잊힐 때 그들이 새로운 사건이 되는 길은 죽음밖에 없다. (…) 연쇄적이고 동시다발적이며 장기적인 고공농성은 '지극히 한국적 현상'이다. 경제 규모가 비슷한 국가 중 한국만큼 고공농성이 빈번한 나라는 없다."[6]

왜 '지방 죽이기'를 중단시킬 '통계 전쟁'이 필요한가?

"1970년대 말 이래로 미국 싱크탱크(두뇌집단) 분야는 거의 전적으로 기업의 돈과 보수적인 정치 철학에 의해 지배되어 왔다."[7]

어느 미국 평론가의 말이다. 사실 미국에서 공화당의 장기 집권을 가능케 한 1등 공신은 바로 싱크탱크였다. 막강한 자금력을 바탕으로 최고급 인재들을 거느린 싱크탱크들은 이른바 '소프트 파워'로 언론·지식계 등을 주도하면서 사실상 여론을 지배해왔다.

확고한 당파성을 갖고 있지 않은 기자나 교수의 입장에선 최고급 정보, 탁월한 분석력, 시의적절한 의제 등을 제공하는 보수 싱크탱크들의 각종 보고서와 자료들을 외면하긴 쉽지 않다. 그들은 이념

을 표면에 내세울 만큼 촌스럽지 않다. '사실'과 '과학'으로 이야기
해보자는 학구적 자세가 충만하다. 그러나 그런 학구성이 궁극적으
로 겨냥하는 건 친親 공화당 노선이다.

한국은 정치와 정책에서 싱크탱크를 필요로 하지 않는 행복한 나
라다. '바람' 하나면 족하기 때문이다. 선거와 정책의 주요 메뉴는
혐오·증오·분노·공포 등과 같은 원색적인 감정이다. 개혁파는 묵
은 역사의 더러운 때를 공격하는 것만으로 재미를 보려고 보수파
는 개혁파의 무능·편견·독선을 공격하는 것만으로 재미를 보려고
한다.

싱크탱크? 그런 것 모른다. 그건 재벌기업들의 전유물로 간주된
다. 지난 2005년부터 시중은행들이 본격적인 '싱크탱크 키우기'에
나선 것처럼, 싱크탱크는 돈 많은 재계의 게임일 뿐이다.[8] 그렇다고
해서 정치권에 싱크탱크가 전혀 없느냐 하면 그건 아니다. 너무도
초라해서 '싱크탱크'라고 이름붙일 수가 없어서 그렇지 그 비슷한
게 있긴 있다.

정치권에선 그걸 가리켜 '사조직'이라 부른다. 각계의 무명 엘리
트들로 구성된 일종의 도박 모임이다. 자신이 가담한 사조직의 우
두머리가 대권을 잡거나 그에 근접하는 권력을 갖게 될 경우 순식
간에 '코리언 드림'을 이룰 수 있기 때문이다. 사조직은 선거에서의
승리와 그에 따른 논공행상을 목표로 삼는다는 점에서도 '싱크탱크'
라고 보기 어렵다. 다음의 세 기사는 믿기지 않지만, 싱크탱크의 부
재로 인한 정치권의 문제에 대해 많은 것을 시사해준다.

노무현정부 출범 직전인 2003년 2월 대통령직 인수위원회에 삼성경제연구소의 「국정과제와 국가운영에 관한 어젠다」라는 400여 쪽 분량의 방대한 보고서가 제출돼 참여정부의 국정 방향에 적지 않은 영향을 끼쳤다는 사실은 웬만큼 알려져 있다. 삼성과 참여정부가 밀월 관계를 맺고 있다는 차원을 넘어 '삼성이 가리키는 방향으로 국정이 굴러간다'는 분석을 낳은 한 실마리였다. 노 대통령이 취임 6개월 만인 2003년 8·15 광복 경축사에서 제기한 '2만 달러론'이나 참여정부 산업정책의 주요 줄기로 제시된 산업 클러스터(집적단지) 조성 방안 역시 삼성그룹에서 선도적으로 제기한 구호였다.(『한겨레21』, 2007년 11월 29일자)

아파트 원가공개 반대, 한미FTA 등 경제분야 정책은 우연처럼 삼성경제연구소의 충고와 일치했다. (…) 한미FTA의 논리적 기반도 삼성이 제공했다는 평가다.(『경향신문』, 2007년 11월 21일자)

언론의 삼성경제연구소 베껴쓰기가 지나치다는 지적이 계속되고 있다. 삼성경제연구소가 의제를 설정하고 언론이 이를 인용 보도하면 정치권에 반영되는 사례도 늘어나고 있다. (…)
10월 1일부터 30일까지 한 달 동안 18개 주요 일간지(종합지·경제지)의 삼성경제연구소 인용 보도는 무려 251건에 이른다. 한 신문당 14건, 거의 이틀에 한 번 꼴로 이 연구소를 인용 보도했다는 이야기다. 정부부처를 제외한 뉴스 소스로는 단연 1위라고 할 수 있다. 삼성경제연구소가 한국 사회 의제 설정을 주도한다는 우려가 설득력 있게 들릴 정

도다.(『미디어오늘』, 2007년 10월 31일자)

이게 지금 우리의 현실이다. 지방의 목소리가 전국화되지 않는 이유도 이와 무관치 않다. 언론매체에 보도되는 각종 통계의 '의제 설정'에 주목해보시라. 그 생산자가 누구인가? 거의 대부분 재벌연 구소를 비롯한 서울 세력이다. 예컨대, 금융의 서울 집중을 주장하 는 서울시장 박원순에겐 든든한 '빽'이 있다. 서울 등 수도권에서 국책연구기관 역할을 하는 한국금융연구원과 금융 기관이 출자하 는 자본시장연구원, 한국개발연구원KDI의 금융연구부 등 이만저만 든든한 빽이 아니다.

반면 금융중심지로의 도약을 꿈꾸는 부산은 어떤가? 부산경제살 리기시민연대 상임의장 박인호는 "금융 관련 서울 소재 연구기관이 서울 중심의 논리를 펴는데 부산에서는 이런 이슈에 논리적 대응과 자체 발전 전략을 개발할 싱크탱크조차 없어 안타깝다"고 하소연 한다.[9] 어디 그뿐인가. 수도권 규제로 인한 비용이 어마어마하다는 통계는 자주 나오지만, '죽어가는 지방'의 비용은 전혀 거론되지 않 는다. 지방은 이미 그런 '통계전쟁'에서 밀리고 있는 것이다.

지방문제를 외면하는 중앙 언론의 횡포

"서울에 있는 대학 재학생 40여만 명 가운데 지방 출신은 절반가량 인 20만 명이나 되며, 이들의 학부모들이 서울로 보내는 등록금만 연간 9000억 원에 이른다." 추정 통계나마 누가 이런 '통계 의제'를 설정했나? 기특하게도, 수도권 규제 철폐에 앞장서고 있는 『중앙일보』가 2001년 4월 '지방을 살리자'는 단기 캠페인의 일환으로 내놓은 것이다. 인재도 문화도 '서울 독식'이라는 등 아주 아름다운 말을 많이 했다.

나는 신문을 볼 때마다 이런 아름다운 말을 수집하곤 하는데, 2001년 이후 거의 건지질 못했다. 내가 실수로 놓친 것도 있겠지만, 지방의 고통을 통계화해보려는 시도가 서울 매체에서 거의 사라진 건 분명하다. 다만 2008년 5월부터 『중앙일보』가 '18대 국회 어젠다'로 "지방분권 시대를 열자"는 기획기사를 연재한 건 높이 평가할 만하다.

아니 다른 신문들도 가물에 콩 나듯이 그런 일을 하기는 하는데, 문제는 겉 다르고 속 다른 이중성이다. 그런 기획기사의 의도가 신문의 평소 편집정책에 전혀 반영되지 않고 있다. 하다못해 지역 문제를 다룬 책을 내도 거들떠보지도 않는 게 체질화되어 있다. 김주완은 '지역 콘텐츠에 대한 언론의 푸대접'에 대해 다음과 같이 말한다.

최근 부산·경남 여성창업자 열두 명의 이야기를 모은 『나는 취업 대신 꿈을 창업했다』는 단 한 군데의 언론에도 소개되지 못했다. 1983년 뿌리깊은나무에서 펴낸 『한국의 발견』 경남편의 30년 후 버전이라고 자부하는 『경남의 재발견』도 그랬고, 경남 전통시장 20곳을 스토리텔링한 『시장으로 여행가자』도 마찬가지였다. 전국지를 지향하는 매체들이 왜 지역콘텐츠는 외면하는지 참 안타깝다. (…) 전국적으로 보편적인 것만 가치 있는 것이고, 지역 콘텐츠는 촌스럽고 수준 낮은 것이라는 편견이 있는 건 아닌지 씁쓸하다."[10]

2015년 7월 20일 전국지방분권협의회는 대구에서 합동원탁회의를 열고, '지방분권, 국가의 미래다'라는 제목의 선언문에서 "껍데기뿐인 지방자치가 이마저도 누더기가 되고 있는 현실을 직시하고, 우리는 지방분권개헌운동을 위해 협력하고 연대할 것"이라며 "지방분권개헌청원 100만인 서명운동, 광역 시·도, 기초 시·군·구 분권조례제정운동을 추진하겠다"고 밝혔다.[11] 포털에 '지방분권, 국가의 미래다'를 검색해보라. 대부분의 중앙언론이 이 발표를 완전 무시했다는 걸 알 수 있을 게다.

지방을 완전 무시하는 일에 관한 한 중앙정부와 중앙언론은 죽이 아주 잘 맞는다. 2015년 6월 정부가 메르스 관련 신문광고를 내면서 박근혜 대통령에 대한 비판적인 기사와 관련해 청와대와 갈등을 빚었던 『국민일보』만 쏙 빼놓아 '광고를 통한 언론탄압'이라는 비판을 받은 적이 있다. 이게 큰 화제가 되었지만, 원래의 문제제기는 그게 아니었다.

새정치민주연합 배재정 의원은 국민안전처, 보건복지부와 공동으로 두 차례에 걸쳐 진행한 메르스 정부광고 집행 내용을 공개하면서 "메르스 확산은 전국적이었다. 하지만 지역 언론에는 광고 배정이 없었다"는 점을 강조했다. 서울지역 신문엔 광고비로 12억 3000여만 원을 쓰면서도 지방신문엔 단 한 푼도 쓰지 않았다는 것이다. 언론들은 정부가 광고를 통해 언론 길들이기를 한다며 비판

기사를 쏟아냈지만, 지방 언론은 이런 '길들이기'의 대상조차 되지 못한다는 것은 완전히 무시한 것이다.[12]

물론 이게 처음은 아니다. 정부광고 집행은 늘 서울 중심이다. 중앙정부건 중앙언론이건 이들은 서울이 곧 대한민국이라는 발상에 찌들어 있는 것이다. 사정이 이와 같은바, 지방의 모든 자치단체장들에게 권하고 싶다. 우선 '통계 전쟁'에 임하시라. 말로만 고통받는다고 하지 마시고, 지방의 낙후로 인해 각 분야에서 발생하는 국가적 차원의 손실을 통계화해서 정기적으로 발표하시고, 서울 매체에 크게 보도되게끔 언론플레이를 열심히 하시라. 지방을 살리자는 취지에 전적으로 동의하는 서울 매체들일지라도 그들이 무엇이 아쉬워 지방을 위한 '통계 의제설정'에 앞장서겠는가?

지방에도 수많은 대학과 연구소와 언론과 인력이 있지만, 제대로 활용되지 못하고 있다. 지방자치단체들이여, 관변단체에 쓸 돈 좀 아껴 '통계 의제설정'에 좀 쓰시라. 아니 관변단체에 돈을 써도 좋으니 제발 지방의 고통을 통계로 포착하는 관변단체를 육성하시라. 때론 돈 많이 들어가는 관변 시위도 필요하겠지만, 피켓과 어깨띠 말고 두뇌로 싸우는 시위도 필요하지 않겠는가?

몸만 지방에 있지 마음은 서울에 가 있는 사람들

자신을 팔기 위해 남들의 주목을 받아야만 살 수 있다는 점에서 우리가 질적으로 전혀 새로운 '주목 경제attention economy'로 진입했기에 '의제설정'의 문제는 더욱 중요한 의미를 갖는다. '내부식민지'의 가장 처참한 장면 중의 하나가 바로 주목을 쟁취하기 위한 지방의 '주목 투쟁'이기 때문이다. 왜? 물론 모든 미디어가 철저히 서울중심적이기 때문이다. 이와 관련, 평소 '작은 언론이 희망이다'고 외치면서 그 제목으로 책까지 낸 바 있는 순천향대 교수 장호순은 2001년 미국과 비교하여 한국의 여론 독과점 체제가 얼마나 심각한지 그점에 대해 다음과 같이 말한다.

『뉴욕타임즈』와 『워싱턴포스트』가 사실상 족벌 소유체제이면서도 여론독점이라는 비난을 받지 않는 이유도 두 신문의 실제 신문시장 점유율이 극히 미미하기 때문입니다. 전체 미국 일간지 발행부수 5500만 부 중 두 신문이 차지하는 부수는 200만 부에도 미치지 못합니다. 한국에서 『조선일보』와 『중앙일보』가 전체 신문시장에서 차지하는 비율이 50%에 이르는 데 비해, 미국 최고 유력지의 시장 점유율은 3.5% 정도에 불과합니다. 미국에서 대부분의 신문은 발행부수가 10만 부 미만인 지역 일간지입니다. 미국 신문의 평균 발행부수는 3만5000부입니다. 작은 신문이 많다는 얘기는, 그만큼 미국 언론인들에게 고용기회가 많다는 것을 의미합니다. 편집권이 독립되려면, 법적인 보장보다는 건강한 군소신문사들이 늘어나 언론인의 고용기회가 많아져야 합니다. 그러기 위해서는 서울에 몰려 있는 종합일간지들이 지방으로 분산되어야 한다고 생각해요.[13]

지금과 같은 인터넷과 SNS 시대에 다 죽어가는 신문이 무슨 힘이 있느냐는 반론을 제기할 수도 있겠지만, 그건 꼭 그렇지는 않다.

디지털 시대의 '정보 과부하information overload' 때문에 전통언론이 의제설정을 통해 자신들의 영향력을 지속시켜 나갈 가능성은 여전하며, 아직 우리는 신문과 방송의 막강한 의제설정 권력하에 살고 있다고 보는 게 옳을 것이다.

지방 일간지가 2012년 신문시장 전체 매출액에서 차지하는 점유율은 10%가 채 되지 않았다. 이는 서울 지역 신문들이 전국을 장악하고 있다는 이야긴데, 문제는 이들이 서울의 이익 챙기기에만 투철하다는 점이다. 전국지들은 하루 평균 40~60면을 발행하지만 지방면은 단 1~2개 면에 불과하다. 그것도 중부권, 호남권, 영남권 등 권역별로 나눠 광역자치단체 2~3개 지역을 한꺼번에 처리하는 식이다.

지역신문발전위원 문경민이 2001년과 2002년 사이에 『동아일보』『조선일보』『중앙일보』『한겨레』 4개 전국지의 사설 6523개를 분석한 결과, 비수도권을 공간의 소재로 다룬 사설은 전체의 3%에 불과했다. 조중동 3사의 비수도권 독자 비율이 발송부수 기준 점유율의 40%대임에도 불구하고 말이다. 그나마 사설에서 다룬 지방 의제들은 일회적이거나 사건사고 또는 흥미와 관련된 것들이었다. '삽화적 지방' '변고적 지방' '흥미적 지방'이라는 서울중심적 시각과 틀을 더욱 각인시키고 있다는 것이다.[14]

김주완은 "지금 『경남도민일보』에서는 '중앙지'라는 말 대신 '서울지'라는 표현이 정착돼 있다. 나는 전국의 모든 지역일간지에서 '중앙지'라는 말부터 없애버리자고 제안하고 싶다. 그렇게 불러도 무리가 없을만한 이유가 있다"며 다음과 같이 말했다.

"서울지는 하루에 지면을 40페이지에서 무려 60페이지까지 제작한다. 그러나 그중 지역소식을 전하는 지면은 고작 1페이지에 불과하다. 그것도 부산·울산·경남을 묶어서 낸다. 어떤 신문은 대구·경북까지 한데 묶어 '영남판'을 내기도 한다. 그럼에도 '서울지'들이 지역의 신문시장을 거의 장악할 수 있는 것은 그들이 만들어내고, 그들이 고착화시킨 우리사회의 뿌리 깊은 중앙집권 문화 때문이다."[15]

우리사회의 뿌리 깊은 중앙집권 문화의 핵은 교육이다. 지방의 모든 학부모들이 자녀를 서울에 유학시키는 걸 제1의 목표로 삼고 있고, 상당수는 그걸 실현하기 때문에 지방민들이 몸만 지방에 있지 마음의 상당 부분은 서울에 가 있다. 서울지들이 지방시장까지 장악할 수 있는 주요 이유 중 하나다.

방송의 '서울집중성'은 더 말할 것도 없다. 방송은 서울의 '광고·홍보 독과점' 체제하에서 주목을 받아보려고 애쓰는 지방자치단체들을 이용해 드라마 촬영장 세트 비용까지 그들에게 떠넘기고 있다. 2006년 8월 기획예산처와 시민단체들이 개최한 '예산낭비 대응 포럼'에서는, 방방곡곡에 유행처럼 들어선 드라마 촬영장이 지자체 예산낭비의 대표적 사례로 꼽혔다. 지자체들이 경쟁적으로 유치·건립한 드라마 촬영장 대부분이 지역홍보에 도움이 되기는커녕 관광객이 갈수록 줄어들고 투입 예산의 회수는 난망한 '애물단지'로 전락했다는 것이다. 63억 원짜리 드라마 촬영장을 찾는 하루 관광객이 750명이라니 더 말해 무엇하랴.[16]

지방엔 오직 '먹거리, 고기잡이, 축제, 사고'밖에 없는가?

서울의 '광고·홍보 독과점' 체제하에서 가장 고통받는 건 중소기업들이다. 중소기업이 당면한 고통 가운데 하나가 바로 광고·홍보 파워의 부재이기 때문이다. 아무리 좋은 제품을 만들어도 지명도가 떨어진다는 이유 하나로 싸구려 취급을 받는 경우가 비일비재하다. 그간 정부의 중소기업정책은 다른 건 다 건드렸어도 이 광고·홍보 문제만큼은 외면했다.

참으로 이상하지 않은가? "99%의 중소기업이 전체 근로자의 88%를 고용한다"는 뜻에서 '9988'이라는 말이 나올 정도로 중소기업이 중요하다는 데엔 만인이 동의하면서,[17] 왜 우리는 대기업에만 한국경제의 목숨을 거는 걸까? 지방 식민지 체제의 정신적 토대라 할 수 있는 서열주의 때문일 것이다.

2005년 12월 경북 구미시의 211개 기관·단체로 구성된 '수도권 공장규제 완화 반대 범시민대책위원회'가 구미시청 인터넷 홈페이지에 "삭발하실 분 공개 모집합니다"라는 글을 올리자 20일 만에 486명이 삭발 신청을 했다고 한다.[18]

눈물겨운 이야기다. 삭발은 소통을 위한 최후 수단 중의 하나다. 이 사건은 현재 한국사회가 거의 소통 불능의 상태에 처해 있다는 걸 웅변해준다. 특히 수도권-지방의 소통이 그렇다. 지금 지방 사람들은 서울 중심의 소통 구조에 길들여져 있다. 중앙언론은 서울지방 언론임에도 불구하고 사실상 전국을 지배하고 있기 때문이다. 중앙언론은 지방을 어떻게 다루는가?

중앙 텔레비전엔 '지방'이 없다. 지방은 오직 먹거리, 고기잡이, 축제, 사고 등을 보여주기 위한 용도로만 다뤄질 뿐이다. 삶이 없는 것이다. 2005년 10월 『진주신문』의 편집국장으로 일하던 최보은은 지역언론의 중요성을 역설하면서 "지역 문제가 전국 언론을 타는 경우는 정해져 있더라구요. 규모가 큰 사건이나 사고가 날 때, 자연재해를 겪을 때, 미담이나 훈훈한 인정을 보여주는 기사가 있을 때 외에는 없어요. '도시민들의 위로용'이랄까"라고 말했다.[19] 날카로운 지적이다. 바로 그게 현실이다.

이젠 예능 프로그램까지 그런 대열에 가세했다. 문화평론가 문강형준은 "'농어촌'이라는 공간은 언제나 힘들고 지치거나 혹은 실패한 이들을 따뜻하게 보듬어주고 이들에게 감정적 안정을 제공함으로써 그들이 다시 일어서서 도시라는 전쟁터로 나갈 수 있게 만든다. 도시의 편리함 대신 모든 것을 스스로 해결해야 하는 농어촌에서의 생활은 신체의 활력을 회복시킴으로써, 도시에서 우리를 기다리는 무한경쟁에서 '성공'할 수 있는 기초체력을 만들어주는 역할도 한다"며 다음과 같이 말한다.

〈삼시세끼〉에서 그려지는 농어촌은 정확히 이런 모습이다. 텃밭에서 야채를 뜯고 바다에서 고기를 잡아 손수 밥을 해 먹고, 작은 방에서 도란도란 이야기하다 같이 누워 자는 경험을 통해 출연자들은 도시 생활에서의 정서적 피폐함과 신체적 피로를 회복한다. (…) '힐링 예능'은 밀린 일을 위해 밤샘 야근을 준비하는 이들이 마시는 '핫식스'가 하는 것과 같은 역할을 한다고 할 수 있으니, 즉 다가올 '진짜' 고통을 어

농사왕이 될거야~!

삼시세끼

대중매체는 지방을 주로 휴식과 낭만, 흥미의 공간으로 비춘다. 멀리는 〈여섯 시 내 고향〉부터, 최근에 방영중인 〈삼시세끼〉까지 프로그램 성격은 다르지만 기능은 매일반이다.

떻게든 견뎌내게 만드는 인공적 자양강장의 역할이 그것이다. 인공적 자양강장제가 필요한 이유는 대중문화가 필요한 이유와 같다. 노동과 경쟁으로 가득한 대중의 진짜 삶의 조건, 그 초라하고 치열한 삶의 모습을 짧지만 여운은 긴 상상적인 쾌락으로 채우고, 이를 통해 진짜 삶을 견뎌내도록 하기 위해서다.[20]

지방이 서울 사람들의 위로용으로 존재하는 것도 좋은 일이긴 하겠지만, 그로 인해 치러야 할 희생이 너무 크다. 왜 486명이 삭발 신청을 하지 않으면 안 되었는가? 텔레비전만 봐선 그걸 알 길이 없다. 신문도 다를 게 없다. 그 점에선 심지어 인터넷 매체마저 기성 언론의 길을 걷고 있다. 한마디로 소통 불능이다. 그러니 갈등은 극단으로 치달을 수밖에 없다.

지방 광역 자치단체장들도 교대로 국무회의에 참석시켜라

소통은 의식에서 비롯된다. 지방 사람들의 의식마저 서울 중심적으로 형성될 때에, 소통은 사실상 존재하지 않는 거나 마찬가지다. 지방은 서울의 식민지로 전락할 뿐이다. 발등에 불이 떨어졌을 때에 들고 일어나는 정도의 의식은 남아있을망정, 매번 사후 대응을 하는 한계를 드러낼 수밖에 없다.

집단의식이 바뀌면 정책이 바뀐다. 서울중심적 집단의식은 그대로 둔 채 개별 정책에 대해서만 싸우는 건 성공하기도 어렵지만 이건 영원히 끝나지 않는 싸움이다. 서울중심적 소통구조부터 문제 삼아야 한다. 이 일엔 직접적인 이해당사자가 없기 때문에, 지방자치단체를 비롯한 지방 엘리트들이 평소에 지속적인 문제제기를 해야 한다.

그런 점에서 2008년 4~5월 두 차례에 걸쳐 전주MBC가 방영한 창사기념 특집 TV프로그램 〈서울공화국!〉(유영민 PD)은 높이 평가할 만하다. 이 프로그램에 대한 인터넷 홈페이지 의견들이다.

상당한 자극과 다시 한 번 동기부여를 하게 만들었다. 서울에서도 방영했으면 좋겠다. 하지만 누구보다도 우리 지역민들이 본 프로그램을 많이 보고 현실을 냉철히 인식하는 시간으로, 동시에 지역발전에 대한 의욕을 북돋는 기회로 가졌으면 좋겠다.(박우찬)

조그만 마트를 운영하는 전주시민으로서 패배감을 느꼈다. 그나마 위안이라면 골리앗에 대항하는 전주mbc와 제작진의 노고에 감사한다. 더불어 내 자신을 반성한다.(김창열)

우리나라의 불균형적인 모습을 보여준 좋은 프로그램이다. 마음 같아서는 중앙방송에서 특집편성하여 전국민이 시청했으면 한다. 이 방송분을 DVD로 소장하고 싶다. 지인들에게도 좀 보여주고 싶다.(유보형)[21]

자, 보라. 아무리 감동적인 프로그램을 만들어도 지역에서만 유통되어야 하는 현실을 시청자들은 안타깝게 생각하고 있지 않은가. 어디 한번 물어보자. 공영방송인 KBS의 두 채널 모두 서울중심적으로 운영되어야 할 이유가 도대체 무엇인가?

지방을 향해서도 던질 질문이 있다. 지방민의 처지와 지방신문의 처지가 무엇이 그렇게 다르다고 지방신문 욕하는 것만으로 할 일 다 했다고 손을 터는가? 서울 지방지들이 전국을 장악하고 있는 현실을 수용한다 하더라도 그들에게 '지방의 삶'을 제대로 다뤄달라고 요구하지 못할 이유가 뭐란 말인가?

지방 사람들이 체념의 지혜를 발휘하는 것도 정도 문제다. 지금과 같은 서울 중심적 소통구조는 지방을 넘어 국가적 재앙이다. 서울 중심의 정책으로 인한 사회적 갈등 비용이 너무 높기 때문이다. 정책결정자들의 의식이 귀향을 하는 설과 추석 때뿐만 아니라 1년 365일 내내 서울이 아닌 전국을 생각할 수 있게끔 소통구조부터 개혁하려는 운동이 대대적으로 일어나야 한다.

대통령부터 생각을 바꿔야 한다. 정녕 100% 대한민국을 만들겠다고 한다면 우선 당장 소통부터 강화해야 한다. 2015년 7월 전국 17개 광역자치단체장들의 모임인 전국시도지사협의회 회장을 맡고 있는 충북지사 이시종은 "시도지사들이 대통령·중앙정부와 대화할 수 있는 공식 채널이 없다. 지난해 가을께 간담회를 한 게 전부다. 청와대에서 날짜를 잡아 불러주면 가는 게 아니라 정례적으로 만나야 나라가 잘된다"며 "박근혜 대통령은 지방자치 단체장들과 대화를 해야 한다. 중앙정부가 지방정부를 모르면 정치도, 경제도 제대로 안 된다. 수시로 만나 이야기하는 채널을 가동해야 한다"고 했다.[22]

그런 채널 가동과 더불어 서울시장만 국무회의에 참석하게 할 것이 아니라, 지방 광역 자치단체장들도 돌아가면서 국무회의에 참석케 해야 한다. 지방 사람들이 믿게끔 하라는 것이다. 늘 '서울 찬가'만 불러대면서 심신이 지칠 때만 휴식과 여가 장소로 지방을 찾는 체질을 원초적으로 바꿔야만 지방이 눈에 들어올 것이다. 지방엔 물고기와 음식만 있는 게 아니라, 사람들도 살고 있다. 지방 사람들도 수도권 사람들 이상으로 치열한 생존경쟁에 몸부림치면서 국가의 장래를 염려한다는 걸 정녕 모르는 건가?

'수도권 규제 철폐'를 위한 여론조작

「'수도권 규제 정책은 잘못' 61.3%」

2006년 10월 어느 중앙지에 실린 기사 제목이다. 경기개발연구원이 전국 국가균형발전 전문가 500명을 대상으로 '수도권 규제'와 관련해 실시한 전화 설문조사 결과라고 한다. 이 기사는 경기개발연구원 관계자의 말을 인용하는 것으로 끝을 맺었다. "이번 설문조사는 수도권 규제에 대해 지식·정보가 풍부한 전문가 집단을 상대로 했다는 점에서 그 의미가 크다"나.

그런데 흥미로운 건 이 기사 어디를 찾아봐도 독자들이 가장 궁금하게 생각할 점에 대해선 한마디도 없다는 사실이다. 전문가 500명의 거주지역 비율이 바로 그것이다. 전문가는 자신의 거주지역이 어디이건 관계없이 '수도권 규제' 문제에 대해 공정한 판단을 내릴 수 있다고 본 걸까?

전문가일수록 서울에 살려는 집착이 강한 법이다. 서울에 살지 않으면 전문가 대접을 받기 어렵기 때문이다. 전문가 500명의 거주지는 거의 대부분 수도권일 것이다. 그렇지 않다면 문제의 신문이 그걸 밝히지 않을 리 없다.

기사 하나에 시비를 걸려고 꺼낸 이야기가 아니다. '수도권 규제 철폐'를 바라는 사람들의 언론플레이가 집요하다는 걸 말하고 싶어서다. 그들은 수시로 각종 세미나·여론조사·기자회견 등을 통해 수도권 규제 철폐를 주장하고 있다. 이에 맞서 전국 13개 비수도권 광역단체장들이 가끔 수도권 규제 유지·강화를 주장하는 성명을 발표하긴 하지만, 수도권 기득권을 누리고 있는 중앙 언론은 철저히 '수도권 규제 철폐'를 편애하는 모습을 보여주고 있다. '여론조작'이라고 해도 좋을 정도이다.

수도권 규제를 유지·강화하는 것이 무조건 옳다는 주장을 하려는 게 아니다. 어떤 사안에 대해 찬반 논쟁이 있을 경우 양쪽 주장이 공정하게 개진·유통되어야 함에도 불구하고 그런 기본 원칙이 지켜지지 않고 있다는 걸 말하려는 것이다. 그런 공정한 공론장이 보장될 때에 비로소 지금과 같은 '제로섬 게임'을 넘어서 양쪽 모두에게 이익이 되는 '제3의 길'도 모색할 수 있을 것이다.

바로 여기서 언로言路의 균형발전 문제가 대두된다. 지금과 같은 언로의 서울 1극체제하에선 공정한 논의·논쟁을 기대하기 어렵다. 전국 13개 비수도권 광역단체장들은 성명서 발표한 걸로 할 일 다 했다고 손 털고 일어날 게 아니라 우선적으로 언로의 문제에 주목할 필요가 있다.

KBS 18개 지역(지방) 방송국의 제작비 예산 총액은 서울 본사 예산의 5%에도 미치지 못한다. '대한민국=서울'이라는 발상이 얼마나 강고한가를 잘 말해주는 수치로 볼 수 있겠다. 한 가지 제안을 하고자 한다. 지상파 방송의 기본 편성정책에 지방의 KBS지역국·MBC계열사·SBS가맹사들이 적극 개입할 수 있는 권리를 확보하자. 신문이야 사기업인 만큼 어쩔 수 없다 하더라도 공영방송은 국가 균형발전의 대의를 위해 기여해야 할 책무가 있기 때문에 결코 무리한 요구가 아니다. SBS도 사기업이라곤 하지만 전국 네트워크 체제를 유지하고 있는 만큼 사회적 책임을 외면할 처지는 아니다.

어떻게 개입할 것인가? 프로그램의 방향과 내용에 개입하자. 뉴스, 시사 다큐멘터리, 생활정보 프로그램 등은 지방문제를 일정 부분 다루도록 의무화할 필요가 있다. 먹거리나 볼거리 위주가 아니라 민생을 다루라는 것이다. 왜 지방민들이 지방분권과 지역균형발전을 외치는지 그걸 수도권 주민들이 이해할 수 있게끔 알려달라는 것이다. 다수 수도권 주민들도 과거엔 지방에 살았었다는 걸 상기시켜 달라는 것이기도 하다.

지상파 방송 본사에만 맡겨 놓으면 아예 그런 생각조차 하지 못할 테니 지방이 개입해 지금의 '여의도 방송'을 명실상부한 '전국방송'으로 변화시켜야 한다. 비수도권 광역단체장들을 비롯하여 모든 지방민이 나서야 한다. 이는 대한민국 전체를 위해 꼭 필요한 일이다.

서울 1극 방송체제의 대미를 장식한 종편

말해놓고 보니 허망하다. 지금 거국적인 차원에서 중앙의 '지방방송 죽이기'가 극심하게 자행되고 있는데도 속수무책으로만 당하고만 있으니 말이다.[23] 이런 현실에 대해 언론노조 정책국장 이영만은 "지역방송은 고질적인 중앙 중심의 폐해를 줄이고 풀뿌리 지역자치를 실현하는 데 필수불가결한 수단"이라며 정부가 종합편성채널(종편)에 제공한 특혜의 절반이라도 지역방송에 지역방송에 쏟았다면 이렇게 되었겠느냐고 개탄한다.[24]

사실 이명박정권이 탄생시킨 종편이야말로 서울 1극 방송체제를 극명하게 보여줄 뿐만 아니라 지방 식민지를 영속시키려는 이 나라 지도층의 파렴치를 드라마틱하게 보여준 사례이다. 종편의 인허가권 자체가 엄청난 특혜이므로 정부는 그걸 기존 여의도 방송 체제를 교정하거나 보완하는 대안 방송체제로 활용할 수 있었건만, 이명박정권은 그렇게 하지 않았을 뿐만 아니라 보수 일색의 종편을 이념전쟁과 더불어 정치적 당파싸움의 도구로 활용하는 데만 집착했다.

종편은 2011년 출범한 이래 전국 의무재송신, 10번대 황금 채널 배정, 1사 1미디어렙 통한 광고 직접영업, 중간광고 허용, 편성 특혜, 방송심의 특혜, 방송통신발전기금 면제와 지원 등 각종 특혜를 받으면서 지상파가 적자에 허덕이고 홈쇼핑이 1%대에 머무르는 상황에서도 2014년 방송매출액이 전년대비 31.5% 늘었을 정도로 호황을 누리고 있다. 언론노조는 "방통위는 종편에 온갖 특혜부여로 '종편위원회'라는 오명까지 뒤집어쓰고 있는 게 현실"이라고 지적했다.[25]

그런 특혜는 OBS 경인TV에 대한 부당한 차별과는 극히 대조적이다. 2015년 7월 13일 민주언론시민연합·언론개혁시민연대 등 100여 개 언론시민단체로 구성된 'OBS 생존과 시청자 주권 사수를 위한 공동대책위원회'(OBS 공대위)는 정부 과천청사 앞에서 '종편 특혜 규탄 및 OBS 대책 마련 촉구 기자회견'을 열었다.

OBS 공대위는 "방통위는 이번 종편 방송통신발전기금 면제 이유로 여전히 종편 '육아론'과 종편 신생매체론, 종편 적자론을 내세우며 각종 특혜를 끊임없이 주고 있다"며 "이런 논리라면 방통위는 개국 후 8년 연속 적자를 기록하면서도 100% 자체편성과 40% 자체제작으로 지역방송의 모범적인 모델을 선도해 온 OBS를 반드시 살려내야 한다"고 밝혔다. 또 OBS 공대위는 "종편 4사의 지난해 매출액은 4000억 원을 돌파하면서 전년 대비 무려 31%나 급증했고, 채널 점유율은 11.81%로 SBS를 포함한 민방 전체의 점유율(11.297%) 보다 높다"면서 "종편의 대주주는 한국여론을 좌지우지하며 막강한 영향력을 행사하는 보수언론들인데 과연 종편이 걸음마도 못 떼고 있는 약자냐"며 비판했다.[26]

정말이지 정부가 종편에 제공한 특혜의 절반이 아니라 절반의 절반이라도 지방방송에 썼더라면, 지방방송이 지금처럼 생존의 벼랑 끝으로 내몰렸을까? 기가 막힌 일이지만, 그렇다고 마냥 중앙만 탓하고 있을 일은 아니다. 지방방송은 그간 열악한 조건 하에서도 최선을 다했는지 성찰해볼 필요가 있다.

지역방송인들의 자세와 관련, 문종대·이강형은 「내부식민지로서의 지역방송 재생산에 관한 연구」라는 논문에서 "그들은 아직도 중앙권력이 지역문제를 해결할 수 있을 것이라는 안이한 인식과 중앙권력과의 기생관계의 재생산을 통한 현재의 지위를 고수하고자 하는 계급적 한계에 빠져 있다"며 "지역방송은 이제 지역모순의 담지자들 간의 커뮤니케이션 네트워크구조를 창출하고 지역여론을 활성화하여 중앙권력구조의 분권을 통한 지역의 자치결정권 운동의 주체가 되어야 한다"고 말한다. 지역사회의 모순을 인식하고 있는 자생적인 시민단체들과 연대하고, 새로운 시민단체의 결성을 지원하고 후원함으로써 지역여론의 자기재생산 구조를 갖추어야 한다

는 것이다.[27]

쉽지 않은 일이지만, 지레 포기할 일은 아니다. 지역방송이 그렇게 해야 하는 이유는 적어도 지방에선 방송이 신문에 비해 훨씬 더 막강한 영향력을 행사할 수 있기 때문이다. 그 영향력은 중앙을 상대할 때엔 미약한 것이지만, 지방여론을 결집하는 데엔 큰힘을 발휘할 수 있다. 그렇게 결집된 힘을 확보할 때에 지역방송이 원하는 방송구조개혁도 그 실행이 앞당겨 질 수 있는 게 아닐까?

전북지역의 민영방송인 전주방송JTV 노조원들이 2007년 10월 파업에 들어간 사건은 시사점을 던져둔다. 노조의 파업 성명서는 "방송국 직원들이 왜 파업을 하지? 이상하실 것입니다. '고놈들 월급 더 받으려고, 수당 더 받으려고 하겠지' 하실 수도 있습니다"라고 말하면서, 이런 호소로 끝을 맺었다.

"반성합니다. 죄송합니다. 이제 저희가 나서서 시청자와 도민들에게 봉사하고 사랑받는 방송국으로 바꾸겠습니다. 그래서 파업을 하게 됐습니다. 시청자와 도민 여러분 널리 이해해주시고 응원해주십시오."

그렇다. 일단 무조건 반성하고 죄송하게 생각해야 한다. 지방에서 방송인들은 봉급생활자들 중에선 고소득층에 속하는 동시에 영향력에 있어서도 최고 엘리트층이다. 그간 방송인들은 지역발전과 관련해 그런 위상에 걸맞는 행동을 보여주지 못했다. 지방의 낙후에 대해서 '서울 탓'만 할 게 아니라, 가장 반성하고 죄송하게 생각해야 할 사람들이 바로 지방대 교수들과 더불어 방송인들이다.

지역방송이 지역운동의 주체가 되게 하자는 제안은 그런 현실에 대한 성찰을 전제로 한 것이지만, 무슨 운동권이 되라는 뜻으로 하는 말은 아니다. 여기서 말하는 지역운동은 지역방송의 경제적 사정을 개선시킬 수 있게끔 영향력을 증대시키자는 운동이기 때문에 무슨 이타성을 필요로 하는 것도 아니다. 파업을 했을 때에 느끼게 되는 지역사회의 무관심을 평소 활동의 의제로 삼아 그걸 극복할 수 있는 운동을 지속적으로 전개해보자는 뜻이다. 평소 외쳐온 '지방방송 고사'라고 하는 절체절명의 위기에 대응하기 위해서라도 말이다.

왜 지방신문을 '공무원 신문'이라고 하는가?

2003년 10월 『새전북신문』이 실시한 설문조사에 따르면 전북도민들의 지역신문 구독률은 전체 가구의 4.8%에 지나지 않는 것으로 나타났다. 10여 년 전에 그랬는데, 신문은 갈수록 죽어가니 지금은 더 떨어졌을 것이다. 그럼에도 경제적으로 다 죽어가는 전북 시장엔 10개가 넘는 신문이 난립하고 있다. 아니 겨우 5% 지역민만 상대한다면서 그게 어떻게 가능하지? 여러 이유가 있지만, 한 가지만 지적하자면 '주재기자제'의 마술을 지적할 수 있을 것이다. 한 증언을 들어보자.

"전라북도 어느 군 같은 경우는 기자가 10여 명 되는데 두어 명을 제외하고는 모두 건설업에 관계하고 있습니다. 그런데 해당 시군에서 연간 수의계약 할 수 있는 액수가 30억 원 정도라고 합니다. 그래서 주재기자들이 돌아가면서 한 건씩 해먹는 거예요. 자기가 할 수 있는 것은 자기가 하고, 자기가 할 수 없으면 다른 업자에게 넘겨주는데 20%를 리베이트로 받는다는 얘기가 있습니다. (…) 지방신문들이 적자에 허덕이면서도 살 수 있는 이유는 주재기자들 때문이지요. 보통 20명 이상의 주재기자들은 발령을 받기 위해 적게는 500만 원에서 최고 2000만 원까지 회사에 보증금을 내는데, 이렇게 모인 수억 원의 기본자금이면 작은 신문사 하나는 만들 수 있지 않겠어요?"[28]

지방지들의 광고 유치는 어떤가? 『전남매일』 편집국장 배병화의 말을 들어보자.

지방지들이 비록 돈이 얼마 되지 않더라도 하나 더 광고를 유치하기 위해 온갖 노력을 기울이는 모습을 보노라면 차마 눈뜨고는 볼 수 없는 '한 편의 드라마' 같다. 광고주의 구미에 맞추려 비판 기사는 아예 생각지도 못한 경우도 허다하다. 광고주가 원하는 기사를 경쟁사보다 하루라도 먼저 싣기 위해 편집국에 지원을 요청하는 일이 다반사로 벌어진다. 광고주가 원하는 쪽으로 기사를 만들어 제공해주며 광고를 유치하는 경우도 더러 있고, 아예 광고주가 조건을 내걸며 스스로 기사를 작성해 내미는 경우도 있다.[29]

전북의 지역신문 구독률은 20가구에 1가구 꼴로 지역에서 발행되는 신문을 구독한다고 보면 되지만, 실제로는 그 비율보다 훨씬 낮다. 지역신문의 대표 독자는 공무원들이기 때문이다. 그래서 전북 신문을 가리켜 '공무원 신문'이라고 부른다. 그 밖의 주요 독자는 공기업, 대학, 기업 등 언론보도에 민감한 조직들이다.

얼른 생각하면 구독률이 매우 낮아 신문의 영향력이 없을 것 같지만, 그게 꼭 그렇지만은 않다. 관공서, 대학, 기업 등은 신문에 벌벌 떤다. 무슨 사시나무 떨 듯이 떠는 건 아니지만, 보도의 파급효과를 염려해 부정적인 기사를 막으려고 애를 쓴다. 독자 없는 지방신문이 관공서를 상대로 힘을 쓸 수 있는 이유도 바로 여기에 있다.

2007년 10월 25일 언론운동단체인 전북 민언련이 매우 흥미로운 내용의 성명서를 발표했다. 현재 전북지역에는 10여 개의 지역신문이 난립하면서 인구 대비 전국 최고를 기록하고 있는데, 아무런 기준 없이 집행되고 있는 지방자치단체 홍보예산이 그런 난립을 부추기는 주범이 되고 있다는 내용이다. 이 단체가 정보공개청구를 해서 밝혀낸 바에 따르면, 단체장의 업무추진비와 민간단체 경상보조 비용을 빼고도 한 신문사당 1년에 대략 2억 원 정도가 집행된 것으로 나타났다.

각 신문 독자가 얼마가 되건 따지지 않고 일률적으로 홍보예산을 집행하는 희귀한 방식이다. 그러니 신문사 입장에선 독자를 늘리려고 애를 쓸 필요도 없다. 지방신문을 돕는 게 아니라 죽이는 것이다. 그래서 전북 민언련은 다음과 같은 대안을 요구하고 나섰다.

"지자체는 신문사에 발행부수 및 유가부수 공개를 요구하고 홍보예산을 그에 따라 차등 지급하라. 발행부수 및 유가부수와 관련된 사항은 광고주협회에 협조를 구하고, 지역신문발전위원회와 신문발전위원회의 자료를 활용하라. 나아가 정확한 부수 공개를 하지 않는 신문사에게는 홍보예산 집행시 불이익을 주겠다는 의지를 천명하라.”

  이런 기본적인 상식이 시민단체의 요구사항이 되어야 하는 현실이 참담하다. 중앙은 경쟁 과잉이라지만, 일부 지방은 경쟁이 없어서 죽어간다. 지자체 입장에선 홍보예산의 차등 지급에 따른 갈등과 그에 따른 ‘보복’을 염려해 지금과 같은 방식을 택했겠지만, 이건 정말 지역을 망치는 일이라는 문제의식을 심각하게 가져야 한다.

“광고 홍보비에 빨대 대고 기생하는 신문”

급기야 ‘빨대 신문’이라는 말까지 나왔다. 전북대 신문방송학과 교수 권혁남은 2008년 「“광고 홍보비에 빨대 대고 기생하는 신문 몰아내야”」라는 제목의 칼럼에서 “몇 년 전의 일이다. 당시만 해도 이 지역에서 비교적 잘 나가던 한 기업인과 식사하면서 들은 이야기는 매우 충격적이었다. 이 기업인은 매우 심각하게 본사를 경기도로 옮겨야겠다고 하였다. 깜짝 놀라 그 이유를 물었다. 그랬더니 ‘도대체 지역의 사이비 신문들 때문에 기업을 못해먹겠다. 툭하면 광고 달라, 협찬해달라고 하는 통에 죽겠다’는 것이다. 발행부수가 가장 많은 신문에 광고 하나 내면 나머지 10여 개 신문들이 우르르 달려들어 조르고, 협박하는 통에 광고 내기가 겁난다는 것이다”며 이야기를 전한다.

  “가난한 이 지역에서는 눈에 띄는 기업일지 모르지만 경기도에서는 자기 회사 규모의 기업은 신문사나 관공서 눈에 띄지도 않아 마음 편히 살 수 있지 않겠냐는 것이다. (…) 해결책은 두 가지다. 첫째는 도지사, 시장, 군수들의 확고한 결단이 필요하다. 지금처럼 사이비 신문들의 눈치를 살펴 관청의 광고 홍보비를 모든 신문에 나눠주지 말고, 적어도 신문발전위원회나 지역신문발전위원회 지원신문으로 선정된 신문, 또는 사원들에게 적정 임금을 주는 신문에게만 줘야 한다. 그래야 오직 관청의 광고 홍보비에만 빨대대고 기생하는 사이비 신문들을 정리할 수 있다. 둘째, 우리 주민들이 앞에서 말한 자격을 갖춘 신문만을 구독하는 선택과 집중이 필요하다."[30]

권혁남은 그로부터 7년이 지난 2015년에도 여전히 변하지 않은 지역언론의 참담한 현실에 대해 개탄하고 있다.

우리 전북지역 언론이 제 역할을 못하는 가장 큰 원인은 무려 13개나 되는 일간신문의 난립으로 인해 지역신문들이 재정적으로 열악하기 때문이다. 독자 구독료에는 아예 신경을 쓰지 않은 채 오직 관공서와 기업들로부터 광고비, 협찬비 등을 뜯어내지 않으면 존립 자체가 어려운 일부 영세 신문사들에 감시와 비판을 기대할 수 있겠는가? (…) 우리 지역신문시장이 이 지경까지 이른 데에는 자치단체장들의 책임이 크다. 일부 지역신문들에 대한 주민들의 분노가 천장을 찌르고 있는 이 시점에서 각 자치단체들은 지역신문의 선택과 집중 정책을 실행해야 한다. 일정 자격조건을 갖춘 건전한 신문만을 적극적으로 도와주고 나머지 신문에 대해서는 지원은 물론이고 신문구독마저 끊어 시장에서 도태시켜야 한다.
그런데도 자치단체장들이 말을 듣지 않고 있다. 그렇다면 이제는 전

| 권혁남 ─ㅁ─ 큼 |

전북대 신문방송학과 교수

❝❝
트위터·페이스북 통해
독자와 꾸준히 소통하며
지역 생활정보 제공❞

지역신문이 사는 길

신문과 방송이 뉴스를 독점적으로 생산하는 시대는 끝났다. 이제는 페이스북, 트위터, 유튜브 등 소셜미디어를 통해 독자와 시청자들이 뉴스를 직접 생산하는 시대가 되었다. 속보성 측면에서 이미 신문과 방송은 소셜미디어를 따라갈 수 없다. 지난 2011년 오사마 빈 라덴이 사망했을 때도 사람들은 바로 트위터와 연결됐고, 공격 현장 주변에서 일반인들이 트위터로 상황을 중계하기도 하였다. 이러다 보니 신문과 방송은 못본 세상이 되고 말았다. 그래서 지난 2012년 9월 우크라이나에서 개최된 제 64회 세계신문협회 총회(World Newspaper Congress)에서 '뉴스란 15초 전에 알지 못했던 그 어떤 것'으로 새롭게 정의되기도 했다.

그러면 신문은 이대로 죽는 건가? 신문에게는 다행스럽게도 소셜미디어 역시 한계가 있다. 트위터 등은 지금 어떤 일이 벌어지고 있는지를 전달할 수는 있지만, 왜 그런 일이 벌어지지이 대해서는 말해주지 않는다. 트위터 등이 뉴스를 먼저 알려지만, 더 깊이 들어가는 건 여전히 신문 몫으로 남는다. 결국 신문은 어떻게 하면 뉴스를 꺼깊새 있게 정리하여 독자들에게 전달할지를 생각해야한다. 다시 말해 사건의 원인과 배경, 의미, 전망 등을 분석하여 전달해 주는 뉴스의 문맥(context)에 더 주목해야 한다.

그게 신문이 살 길이다.

모바일 미디어시대에서 종앙보다 더 어려운 환경을 맞이하고 있는 지역신문은 독자감소→광고수익 감소→경영 악화→신문의 질 하락→독자감소로 이어지는 악순환을 겪고 있다. 지역신문도 살길이 있는가? 물론 있다.

지역신문이 살기 위해서는 먼저 트위터, 페이스북 등을 통해 독자와 꾸준히 소통하면서 뉴스 품을 재편해야 한다. 예를 들어 스웨덴의 '스벤스카 다그블라데트' 신문은 편집국을 빠른 뉴스(fast news)팀과 느린 뉴스(slow news)팀으로 재조직하였다. 빠른 뉴스는 온·오프라인에서의 속보를, 느린 뉴스는 신문 발간에 앞서 미리 많은 양의 기획 콘텐츠를 생산해내는 것을 의미한다.

무엇보다 지역신문이 독자를 구독하지 않는 이유를 보면 '돈을 내면서 까지 읽을 만한 정보가 없어서'가 가장 많았고, 이어서 '지역민의 이목을 끄는 핵심 콘텐츠 부족'이었다. 지금처럼 거의 모든 지면이 도지사나 시장, 군수 동정으로 도배되는 관공서 중심 기사로는 일반 독자들부터 떠날 수밖에 없다. 언제가 같은 날 같은 신문에 전주시장사진이 무려 여섯 번이나 실린 적도 있다며 이 말 다행은. 지역민들이 돈을 내면서까지 지역신문을 구독하는 이유는 단체장이나 관청정보 보다는 지역생활정보를 알고 싶어서

이다.

예를 들어 보자. 독일의 '진멜핑어/뵈틀링어 차이퉁'은 직장인들의 가장 큰 지역생활정보가 점심식사 장소와 메뉴라는 점을 알고서 매일 3~4개의 식당이 제공하는 점심식사 메뉴 정보를 지면과 사이트를 통해 게재하고 있다. 식당 위치, 전화번호, 오늘의 점심메뉴, 가격, 좌석수, 흡연석 유무, 애완동물 동반가능여부, 주차가능여부, 엘리베이터 설치여부 등 다양한 정보를 한눈에 볼 수 있게 하고, 해당 식당을 클릭하면 지도가 나 나온다. 아울러 홈이신문에 실린 무픈을 지참하는 독자에게는 가격을 할인해주도록 하였다. 지역신문독자들은 바로 이런 피부에와 닿아 되고 되는 정보를 원한다.

지역신문이 살 길은 관청기사를 확 줄여버리고, 소셜미디어를 연결고리 삼아 독자와 끌임없이 소통하고 융화하는 소셜 미디어(social media together)와 함께 전략을 유지하면서 교육, 쇼핑, 먹거리 등 지역밀착형 생활정보의 발굴이 최선이라는 점을 명심해야 한다.

△권혁남 교수는 한국언론학회장, 전북대 사회과학대학장, 전북민언련 공동대표 등을 역임했다.

지역신문이 살아남기 위해서는 지역의 현장에 더 밀착해야 한다. 광고·홍보비에 기생하면서 관청 소식 중심으로 보도하는 관행에서 벗어나, 지역민에게 필요한 생활 정보로 관심을 돌려야 한다.(『전북일보』, 2015년 7월 29일)

북 민언련과 같은 시민단체와 주민들이 나서서 자치단체장들에게 선택과 집중 정책을 끊임없이 요구하고, 이의 실천을 감시하여 선거에서 표로 심판할 수밖에 없다. 일찍이 플라톤은 국민이 정치를 외면하면 가장 저질스런 정치인들에게 지배당하게 되는 벌을 받는다고 하였다. 그렇다면 지금 같이 우리 도민들이 질 낮은 언론으로부터 피해 보고 있는 것은 그동안 지역 언론을 외면한 벌이 아닐까?[31]

지방신문이 '공무원 신문'으로 기능하다보니, 콘텐츠 역시 공무원 중심으로 갈 수밖에 없고, 이는 다시 일반 독자를 내쫓는 결과를 초래할 수밖에 없다. 악순환이다. 이와 관련, 권혁남은 "우리나라 지역민들이 지역신문을 구독하지 않는 이유를 보면 '돈을 내면서 까지 읽을 만한 정보가 없어서'가 가장 많았고, 이어서 '지역민의 이목

을 끄는 핵심 콘텐츠 부족'이었다. 지금처럼 거의 모든 지면이 도지사나 시장, 군수 동정으로 도배되는 관공서 중심 기사로는 일반 독자들이 떠날 수밖에 없다"며 다음과 같이 말한다.

"언젠가 같은 날 같은 신문에 전주시장 사진이 무려 여섯 번이나 실린 적도 있다고 하니 말 다했다. 지역민들이 돈을 내면서까지 지역신문을 구독하는 이유는 단체장이나 관청정보 보다는 지역생활정보를 알고 싶어서이다. (…) 지역신문이 살 길은 관청기사를 확 줄여버리고, 소셜미디어를 연결고리 삼아 독자와 끊임없이 소통하고 호흡하는 소셜 미디어social media together와 함께 전략을 유지하면서 교육, 쇼핑, 먹거리 등 지역밀착형 생활정보의 발굴이 최선이라는 점을 명심해야 한다."[32]

새로운 변화의 시도는 정녕 불가능한 것인가? 2015년 6월 한국기자협회가 『전남일보』 사장 이재욱을 인터뷰한 기사가 눈에 들어온다. 워낙 참신하고 개혁적인 이야기인지라 선뜻 믿기지 않지만, 그래도 기대를 걸어봐야 하지 않겠는가?

언론사들이 연명하며 문을 닫지 않는 이유는 약간의 협박이 아직도 먹히고 있기 때문이다. 그 사슬을 끊고 싶다. 언론은 '아니면 아니고 맞으면 맞다'라고 해야 한다. 공과 사를 분명히 해야 한다.
기존에는 지자체에 할당돼 있는 돈을 누가 어떻게 연줄로 끌어 오는가 싸움이었다. 이제는 '크리에이티브 시대'다. 판을 짜고 명분을 만들어주고 똑같은 돈을 벌더라도 멋진 판을 만들어주는 능력이 필요하다. (…) 단 1000부를 발행해도 돈 주고 찾아보는 신문을 만들고 싶다. 그게 ABC협회 부수 10만 부, 50만 부 이상의 가치와 의미, 파급력이 있다고 생각한다. 『전남일보』라는 이름을 대면 무얼 하든 세련되고 명분 있는 일을 한다는 이미지를 만들고 싶다. 나아가 지역에 도움이 될 수 있는 등불 같은 신문이 됐으면 한다. 그리고 젊은 세대의 목소리도 포용하고 싶다.[33]

'공무원 신문'을 하려면 확실하게 제대로 하자

신문사 입장에선 아무리 애를 써도 지역신문을 거들떠보지 않는 지역민들의 중앙지향성에 굴복해 지금과 같은 변칙적인 생존술을 택하게 되었겠지만, 정말 최선을 다했다고 자신할 수 있는지 자문자답해보기 바란다. 사실 모든 신문사들이 현 방식을 원하는 것도 아니다. 전북의 어느 신문은 다음과 같이 주장한 바 있다.

"부끄럽습니다. 그리고 참담합니다. 경제력이 10배가 넘는 부산과 대구 지역에는 지역신문이 2~3개뿐인데, 왜 유독 전북에만 10개가 넘는 신문이 필요합니까? 신문이 10개가 넘기 때문에 이 지역이 방향을 제대로 못 잡고 공무원들이 소신껏 일하지 못하며 기업이 오기를 주저합니다. 지역신문이 지역발전을 가로 막고 있습니다. 지역민들이 지역신문을 하찮게 취급하고 전 주민의 5%도 지역신문을 읽지 않는 지역은 영원히 서울의 변방과 식민지를 면할 수 없습니다."

신문사들도 내심 선의의 경쟁을 해서 2~3개의 신문만 시장 기능에 따라 살아남고, 나머지는 문을 닫아야 한다는 데 흔쾌히 동의할 것이다. 지금처럼 이상한 방식으로 연명해가는 건 모두를 죽이는 일이다. 신문들이 스스로 나서서 현 관행에 종지부를 찍어줄 걸 간곡히 호소한다. 이 호소가 먹힐 리는 없겠지만, 그래도 지금으로선 그것 이외에 답이 없는 게 기가 막힐 따름이다.

신문들이 '공무원 신문'을 하려면 확실하게 제대로 해야 한다. 김주완은 "우리 신문이 확실하게 자리를 잡으려면 '적을 만드는 일'을 두려워하지 말아야 한다"면서도 "물론 시장·군수들을 모두 적으로 삼을 필요는 없다. 홍보해줄 때는 확실히 홍보해주자"고 했다.

"단체장이나 도의원, 시의원들의 입을 중요시하자. 그가 어떤 자리에서 무슨 말을 했는지를 중요하게 보도해야 한다. 지역현안이 발생하면 반드시 해당 단체장이나 관련 도의원, 시의원의 코멘트를 받아야 하고, 그의 말을 비중 있게 처리하자. 이를 통해 지역의 유명인을 키우자. 신문에 이름이 자주 나오고, 그의 말이 비중 있게 보도되고, 그로 인해 설화를 겪기도 하고, 논란을 불러일으키는 일이 반복되면 자연스럽게 유명해진다. 이를 위해 잘하는 사람은 확실하게 소신 있게 홍보해주자. 촌지 안 받았는데 뭐가 걱정인가? 영웅을 만들어도 좋다. 스타를 만들어내자. 그러면서 사람들의 경쟁심과 질투심을 이벤트로 활용하자. 정기적으로 '올해의 인물' '올해의 기업' '올해의 시민운동가' '올해의 학자' '올해의 시의원' '올해의 도의원' '올해의 단체장' 등을 선정해 발표하자. 선정과정은 학자들과 함께 객관적인 평가기준과 선정방법을 마련하면 아무런 문제가 없다."[34]

그렇다. 지방의 가장 큰 문제 중 하나가 지방민들이 연고 관계를 제외하곤 자기 지역 공인公人들을 잘 모른다는 데 있다. 서울 매체에 중독된 나머지 지역 인물을 폄하하는 경향마저 없지 않다. 그런데 김주완의 제안을 실천하려면 기자들이 부지런해져야 한다. 서울보다는 지방의 기자들에게 더 큰 정열이 요구되는 이유가 바로 여기에 있기도 하다. 그런데 실상은 정반대이니 지금으로선 김주완과 같은 언론인들이 늘기를 기대할 수밖에 없다.

차라리 '민원해결 저널리즘'은 안 되나?

"전남 목포시는 21일 목포 전역에서 펼쳐진 행정 구조물들이 공무원의 편향적인 시각을 벗어나 시민의 눈높이, 행정 서비스를 제공하기 위해 '이건 아니잖아요~'라는 사진고발 콘테스트를 하기로 했다고 밝혔다. 일반 시민이 참여하는 이 콘테스트는 행정기관이 설치한 시설물 가운데 시민 편의와 안전을 고려하지 않은 잘못된 사례 또는 본래의 목적에 맞지 않은 사례로 불법 주·정차 등 교통법규 위반, 청소·위생 등 환경문제, 노상 적치물 등으로 인한 시민 불편사례 등이 주된 고발 대상이다."[35]

언론이 해야 할 일을 관官이 스스로 나서서 하는 셈이다. 지방신문의 입장에선 뭔가 뜨끔하게 생각해야 하지 않겠는가. 한 가지 사례를 더 살펴보자. 일본 이즈모시 시장 이와쿠니 데쓴도는『지방의 논리』에서 "무엇보다 중요한 것은 '행정이란 구석구석까지 편의를 도모하고 사람이 모이는 곳이면 어디든지 찾아가서 서비스를 제공한다'는 자세이다. 이것이 토·일요일 서비스로서 직원들에게 최대의 의식개혁이 되었다고 할 수 있다. '여기 오십시오' 하는 것은 서비스가 아니다. 서비스라는 것은 이쪽에서 그쪽으로 찾아가는 것이다"며 다음과 같이 말한다.

"게다가 토요일, 일요일에 사람이 모이는 시장·쇼핑센터 등에 나가보면 민간인의 서비스방법, 마음씀을 자연히 알게 되고 직원교육도 된다. 따라서 월요일부터 금요일까지 써보지 못한 얼굴 근육의 사용법도 조금씩 배우게 된다. 재미있는 것은 내가 시장과 쇼핑센터에 서비스 코너를 개설할 방침을 밝히자 이곳저곳에서 유치운동이 일어난 것이다. 그때까지는 행정이란 잔소리나 간섭을 하는 곳이지 인기가 있으리라고는 생각할 수 없었다. '꼭 이쪽 쇼핑센터로'라는 권유를 받으면서 나도 모르게 '관청이 하는 짓' 등등 지금까지 욕한 사람이 누구였더라… 하는 농담을 하고 싶을 정도였다."

그래서 어떤 효과를 보았는가?

"토·일요일의 서비스 코너를 개설한 뒤로 시청직원이 그곳에 나가서 웃는 얼굴로 서비스 하고 있어서 '시청은 냉정하다'든가 '거만하다'는 이미지는 사라진 것 같다. 최근에 청년회의소 주최로 열린 시민 심포지엄에서는 그 자리에서 행한 앙케이트 조사결과 90% 이상이 최근 1년간 이즈모시청의 서비스가 크게 향상되었다고 대답했다. 이렇게 되면 행정이 시민에게 어떤 협력을 부탁할 때 반응은 전혀 달라진다. 지금까지 거만하게 군 관청에 누가 협력하겠느냐고 하던 시민도 '저렇게까지 행정이 애쓰고 있다. 이즈모 시내에서 7일간 일하고 있는 곳은 오로지 시청뿐이 아니냐'고 '그 시청이 부탁하는 것이니까 협력해주자'로 바뀌는 것이다."[36]

이렇듯 우선 주민들의 마음을 얻어야 하지 않겠는가. 지방언론도 밤낮 죽는 소리만 하지 말고 아주 작은 일이라도 우선 당장 시민의 피부에 와 닿는 변화를 이뤄내는 방향으로 애를 써야 한다. 모든 지방지들이 다 똑같아야 할 필요는 없다. 일부 신문은 '포지티브 전략'을 고려해볼 필요가 있다. 포지티브 전략은 '비판'보다는 '긍정' 중심의 지면 제작에 임하자는 것이다. 지방지의 비판 기능 쇠퇴 또는 몰락을 우려하는 목소리가 높은 마당에 그게 무슨 소리냐고 반발할 사람들이 있겠지만, 현 상황에서 더 나빠질 건 없으며 이건 어디까지나 힘을 키울 때까지의 과도기적 전략이다. 두 가지 이유 때문이다.

첫째, 신뢰의 문제다. 지방지의 비판을 순수하게 보는 사람이 드물 정도로 지방지는 신뢰를 잃었다. 대부분 무슨 비판이 나오면 '바터barter제 비판'이라고 본다. 비판이 좀 나오다 슬그머니 사라져 알아보면 광고 받고 그만 두었다는 이야기가 떠도는 게 한두 번이 아니었다. 사정이 그와 같으니, 우선 신뢰 회복을 위해 당분간 '긍정' 중심으로 가자. 취재원 홍보에 앞장서라는 뜻이 아니다. 지방에 팽배한 냉소주의와 패배주의를 극복할 수 있는 성격의 기사 발굴과 더불어 생산적인 제안에 치중하자는 것이다.

둘째, 비용의 문제다. 비판은 비용이 많이 든다. 취재인력과 그들의 시간 사용, 위험부담 등 여러 면에서 그렇다. 일반 시민들은 알지도 못하고 알아주지도 않는 갈등에 역량을 소모할 가능성이 높다.

포지티브 전략의 대표적 실천 방안으론 '민원해결 저널리즘'을 들 수 있다. '민원해결 저널리즘'? 미국의 '공공저널리즘'을 흉내 낸 발상 아니냐는 생각을 할 수도 있겠으나, 그건 아니다. 미국의 공공 저널리즘은 공동체 문제에 대한 보도에 소홀한 기존의 시장논리 위 주의 저널리즘에 대해 반기를 들고 소지역 차원에서 언론이 지역 현안에 대해 '관찰자'가 아닌 '해결사' 노릇을 해야 한다는 취지에서 생겨난 것이다. 물론 이에 대해 찬반 양론이 분분하지만, 기존 저널 리즘에 많은 문제가 있다는 데 동의하지 않는 사람은 없다.

일부 지방언론의 경우엔 시장논리 위주의 저널리즘이 문제는 아 니다. 시장논리조차 작동되지 않을 정도로 지역민들이 지역언론에 대해 무관심하다는 것이 가장 큰 문제다. 이 문제를 어떻게 극복할 것인가? 그간 많은 학자들이 그 답으로 '비판 기능 강화'를 외쳐 왔 지만, 이 대안의 한계는 앞서 지적한 바와 같다.

구조타령만 하지 말고 지방자치 제대로 한번 해보자

『경남도민일보』는 '민원해결 저널리즘'에서도 선진적인 모습을 보 여주고 있다. 김주완은 "한번은 이런 민원을 받은 적도 있다. 작년 에 돌아가신 자신의 장인이 생전에 다니던 직장에서 아직 퇴직금 을 받지 못했다는 것이다. (…) 사실 이런 내용 정도라면 기자가 알 아보는 건 간단하다. 해당 노동부 지청에 전화 한 통화만 해봐도 알 수 있는 내용이다. 그냥 단순히 알아봐주는 것이므로 기자윤리에 저촉될 일도 아니다(윤리에 어긋나는 일이라면 당연히 거절해야 한다.) 또한 독자의 민원을 알아보는 과정에서 의외의 기삿거리가 나올 수도 있다."며 다음과 같이 말한다.

"신문사가 어차피 이렇게 민원해결 기능을 해왔고 앞으로도 해야 한다면 아예 우리도 유럽의 신문들처럼 '민원실' 간판을 달고 운영해보면 어떨까 하는 생각도 든다. 접수 가능한 민원의 유형을 미리 정해 공지하고 방문 또는 전화나 인터넷으로 받으면 될 것이다. 인력도 많이 필요없다. 접수를 담당할 편집국 직원이나 기자 한 명과 담당 간부(부장 또는 부국장급) 한 명이면 된다. 민원을 접수한 담당자는 그 내용을 정리해 담당 간부에게 전달하고, 간부는 그 민원을 누가 잘 해결할 수 있는지를 판단해 기자에게 지시하고 챙기기만 하면 된다. 민원 해결 과정에서 그게 기삿거리가 되면 기사도 한 건 건지게 되고 사례로 독자도 확보할 수 있다면 일거양득 아닌가."[37]

그런 시도 끝에 『경남도민일보』는 지역밀착형 기사에 탁월하다는 평가를 얻었다. 2014년 7월 김주완은 지역밀착형 보도에 대한 지역민들의 반응에 대해 이렇게 말한다.

지역밀착형 보도는 그 효과가 바로 드러난다. 마산에 육교나 지하도는 있는데, 횡단보도는 없는 5거리가 있었다. 장애인이나 노약자 등은 보행이 어려웠고, 무단횡단도 빈번했다. 기자가 줄기차게 문제제기를 했고 결국 횡단보도가 설치됐다. 접근성이 좋아지니 보행자들은 물론 인근 상인들도 좋아했다. 경남도 행정의 문제점을 비판하는 것도 중요하지만 즉각 효과가 나타나진 않는다. 반면 동네에 있는 구체적인 문제점은 보도하면 즉각 해결된다. 이런 일이 반복되면 시민들이 지역언론의 필요성을 느낀다. 시민들이 당장 생활 속에서 불편하게 여기는 문제를 해결해주는 것, 그것이 지역신문이 해야 할 일이다.[38]

같은 맥락에서 김주완은 "SNS는 지역신문의 기회"라고 역설한다. 페이스북을 비롯한 SNS가 일상 소통수단이 되면서 기자와 독자, 신문사와 독자가 서로 알고 지낼 수 있는 판이 생김으로써 지역 주민들과의 밀착성을 확보할 수 있다는 것이다.

독자의 입장에서도 신문이나 기자가 저 멀리 있는 게 아니라 바로 내 곁에, 그것도 아주 친밀한 관계로 있으며, 언제든지 내가 손을 내밀면 잡아줄 존재라고 생각하게 되면 그 신문을 구독하지 않을 이유가 없다.

모든 기자가 페이스북을 활용하고 있는 『경남도민일보』의 경우 이미 브랜드 저널리스트로서 자신의 독자층을 형성해가고 있는 인기 기자들이 제법 눈에 띈다. 나도 지난 연말 페이스북에 '우리 신문 좀 구독해주십시오'라는 글을 올렸더니 30여 명의 페친이 구독신청을 해주셨다. 기자와 독자의 친밀감이야말로 지역신문만이 할 수 있는 강점이자 활로다. 소위 '전국지'라는 서울지역신문들이 해마다 독자가 뚝뚝 떨어지고 있는 상황에서도 『경남도민일보』 독자는 매년 완만하게나마 늘고 있는 이유도 여기에 있지 않나 싶다.[39]

그렇다. 특히 신문의 신뢰가 땅바닥에 떨어진 지역에선 그런 서비스 기능과 지역 밀착성이 꼭 필요하다. 민원 서비스는 지역민의 생활과 동떨어진 콘텐츠로 지면을 도배질하는 신문들의 편집방향을 교정하는 데도 크게 기여할 것이다. 신문들은 적극적인 자세로 기업이건 개인이건 모든 지역민들이 갖고 있는 민원을 공공적 차원에서 그것을 스스로 발굴해내고 공개적으로 해결해주는 해결사 역할을 적극 맡는 것이 필요하다. 네 가지 이유에서다.

첫째, 지역발전에 실질적으로 기여할 수 있다. 공공적 차원에서 민원의 공론화는 기존의 불합리한 법과 조례와 관행을 바꿀 수 있다. 공론화 없이 개인적 차원에서 해결하는 것은 그러한 문제들을 반복 생산해낼 수 있다는 점에 주목해야 할 것이다.

둘째, 지역민의 지역언론에 대한 관심과 신뢰를 제고할 수 있다. 지역언론의 가장 큰 문제는 지역민의 무관심이다. 물론 그건 지역의 서울 종속이라는 근본적인 이유 때문이지만 심리적으로 더 악화되는 것만큼은 막아야 한다.

셋째, 지역언론의 지역밀착성 보도를 강화할 수 있다. 그간의 지역밀착성은 생활과는 동떨어진 '거대 이슈'(예컨대, 자기 지역이 홀대받고 있다는 등의 보도)에 치중해 겉도는 점이 있었다. '작은 것이 더 중요하다'와 '한번 보도한 건 끝까지 책임진다'는 구호를 실천해보는 게 어떨까?

넷째, '민원해결 저널리즘'은 큰 갈등 없이 거의 모든 사람들로부터 박수를 받을 수 있다. 무슨 비리를 캐내는 '폭로 저널리즘'과는 달리 신문사에서 마음만 먹으면 비교적 쉽게 실천에 옮길 수 있다는 것이다.

그간 지역신문들이 '민원해결'을 위해 애쓰지 않은 건 아니다. 실제로 지역신문들엔 그런 기사들이 매일 적잖이 실려 있다. 그걸 '특화'하고 '전문화'하여 지역신문이 지역발전과 지역민 권익 옹호의 견인차 역할을 하겠다는 걸 널리 알림으로써 지역민들의 무관심에 자극을 주자는 것이다. 즉, 밤낮 구조타령만 하지 말고 지방자치 제대로 한번 해보자는 것이다.

지방자치 선거가 무서워지는 이유

"지방의원 범죄 심각" "존재의 이유 상실한 지방의회" "지역사회를 죽이고 있는 기형적인 지방자치" "호화·낭비 경쟁하는 지방청사들" "'제왕적 단체장' 도덕적 해이 도 넘었다"

지방자치의 한심한 수준을 고발하는 신문 기사의 제목들이다. 예외적인 기사들인가? 그렇지 않다. 하루가 멀다 하고 쏟아져 나오는 평범한 기사들이다. 언론의 속성상 아무래도 지방자치의 밝은 면보다는 어두운 면을 부각시키기 쉽다는 것을 감안하더라도, 지방자치가 골병이 들었다는 건 분명하다. 정보공개센터 사무국장 전진한은 16개 지방자치단체에 대한 정보공개청구 분석 결과를 토대로 다음과 같은 결론을 내린 바 있다.

요즘 지방자치단체들을 보면 희망이 보이지 않는다. 각종 비리, 예산 낭비, 지자체장들의 전횡이 할 말을 잃게 만든다. 풀뿌리 민주주의를 위해서 만들어진 지방자치제도가 오히려 지역을 망치고 있다는 느낌까지 든다. (…) 이런 현실이 계속된다면 민주주의 결과로 생겨난 지방자치제도가 국민들을 고통 속에 빠지게 할 것이다. 벌써부터 내년 지방자치선거가 무서워진다.

이런 현실도 놀랍지만, 더욱 놀라운 건 우리의 무감각과 무대응이다. 어떤 이들은 각 지역의 일당 독점과 그것을 가능케 한 망국적인 지역구도를 지방자치의 원흉으로 지목하면서 지역구도 타파를 대안으로 제시한다. 그럴 듯한 말씀이지만, 대기업의 공정거래 위반에 대해 자본주의를 원흉으로 지목하는 것처럼 차원이 맞지 않는 해법이다. 우리는 지방자치의 문제마저도 '위에서 아래로' 일시에 해결하려는 '1극 집중 중독증'에 빠져 있다. 이 병을 고치지 않으면 답이 없다.

서울에 권력을 감시하고 견제하는 언론이 사실상 없다고 가정해 보자. 민주적 국정운영이 가능하다고 믿는 이는 아무도 없을 것이다. 그런데 우리는 중앙권력에 대해서만 그렇게 생각할 뿐이다. 지방자치단체는 감시와 견제의 무풍지대로 남겨놓고서도 별 문제의식이 없다. 이마저 중앙권력이 알아서 할 것이라고 생각하는 걸까?

각 지방자치단체를 감시하고 견제해야 할 지역언론의 현실을 보자. 각 지역마다 사정이 다르기 때문에 한꺼번에 싸잡아 이야기하기는 어렵지만, 지역언론이 사실상 죽었다고 말할 수 있는 지역이 그렇지 않은 지역보다 더 많다. 지역신문 구독률이 5%가 안 되는 지역들이 많은 상황에서 지역신문의 문제나 비리를 말하는 것조차 사치스럽게 여겨질 정도다. 지역민들의 관심과 의식을 지배하는 건 중앙 의제들이다. 이걸 그대로 두고서 도대체 무슨 수로 지방자치의 정상화가 가능하다는 말인가?

쉽게 생각해보자. 지역에서 수십 년간 헌신한 유능하고 깨끗한 시민운동가가 지방의원이 될 수 있는가? 현 체제에선 거의 불가능하다. 지역신문을 거의 구독하지 않는 상황에서 지역 시민운동가의 이름을 한 사람이라도 아는 시민이 얼마나 되겠는가. 지금과 같은 무관심·불신 체제하에선 성실하게 열심히 일하는 단체장과 의원들도 피해자가 될 수밖에 없다. 우리의 고질적인 '1극 집중 중독증'을 치유하지 않으면 우리는 중앙의 인사와 예산을 둘러싸고 지역간 갈등을 벌이는 당쟁에 국력을 탕진하고 말 것이다.

왜 지방은 대한민국을
책임지는 자세를 갖지 않는가?

"'서울TK'들이 대구경북을 망쳤다"

서울에서 대구에 내려온 한 인사가 밴드에 장문의 글을 올렸다. 구구절절 지역과 국가에 대한 극진한 애정과 헌신의 뜻을 밝히면서 "지역과 국가를 위해 뜻있는 일을 하고 싶다"고 했다. 즉, 내년 총선에 출마할 테니 모임 멤버들이 도와달라는 취지였다. 그러자 한 멤버가 이런 댓글을 올렸다. "A고등학교에서 한자 능력시험을 치렀다. 정답자는 공짜로 중국 유학을 갈 수 있는 특전까지 주어졌다. 문제를 제대로 푼 학생은 한 명 뿐이었다."

〈문제〉 다음에 열거되어 있는 사자성어들을 하나로 통합해 하나의 사자성어로 만드시오. 마이동풍馬耳東風 우이독경牛耳讀經 유야무야有耶無耶 이전투구泥田鬪狗 용두사미龍頭蛇尾 일구이언一口二言 조령모개朝令暮改 당

동벌이 黨同伐異 안면박대 顔面薄待 뇌물수수 賂物收受 우왕좌왕 右往左往 갈택이
어 竭澤而漁….

정답은 무엇일까? '국회의원' 國會議員이라고 한다. 이 이야기를 「국
회의원이 되고 싶다면…」이라는 제목의 칼럼에서 소개한 대구『매
일신문』동부지역본부장 박병선은 이 댓글을 올린 사람에게 "큰 꿈
을 가진 정치 지망생에게 너무 직설적인 공격을 한 것이 아니냐"고
묻자, 그 사람은 다음과 같이 잘라 말했다고 한다.

"서울에 살다가 고향에 자주 내려와 모임에 참석하는 것은 좋은
일이다. 아는 분이 국회의원이 되면 더욱 좋을 것이다. 그렇지만 가
족은 서울에 놔두고 혼자 주소 달랑 옮겨놓고는 지역민의 심판을
받겠다니 말이 되나. 기본이 안 돼 있다."

박병선은 이어서 다음과 같이 말한다.

공감할 만한 말이다. 수도권에 살면서 그곳에 세금을 내고 그곳 사정
에 훨씬 더 밝은 '서울TK'들이 대구경북을 망쳤다는 것은 어제오늘
의 얘기가 아니다. '서울TK'들이 자행한, 어처구니없는 사례는 너무나
많다.

필자는 선거에 지자마자 바로 주소를 옮기고 그 뒤에는 고향을 돌아
보지도 않은 '서울TK'들을 숱하게 봐왔다. 졌다고 하면 이해할 구석
도 있지만, 이겨놓고도 주소를 옮긴 새누리당 국회의원도 있다. 지난
총선에서 힘겹게 야당 후보를 이겼기 때문인지 선거 뒤 실거주지로
주소를 옮겼다고 한다. (…) 지금도 혼자 달랑 내려와 각종 모임, 동창

회, 노인대학, 경로당을 오가며 표를 달라는 국회의원, 정치지망생이 대다수다. 사실 주소지 이전이 정치인의 중요한 덕목은 아니다. 가족들의 생활공간은 수도권이라고 하더라도, 정치인 자신이 지역민과의 공감대, 지역 현실을 바로 알고 지역 이익을 위해 움직이는 것이 몇 배 더 중요하다.[1]

감동적인 칼럼이기에 길게 소개했다. 이른바 '금의환향錦衣還鄕' 관행을 비판한 명칼럼이 아닌가 싶다. 금의환향은 사전엔 "비단옷을 입고 고향으로 돌아온다는 뜻으로, 출세를 하여 고향에 돌아옴"이라고 풀이돼 있다. 금의환향은 누가 하는가? 개천에서 난 용들이다. 용들의 세계에서 열심히 살다가 한계를 느끼거나 더 큰 뜻을 품으면 고향으로 내려가 개천의 용으로 복귀하는 코스다. 서울에서 권력의 줄을 만든 뒤 지방으로 내려가는 것이기에 선거에서 경쟁력이 제법 높다.

"'서울TK'들이 대구경북을 망쳤다"는 말이 인상적이다. 이게 어찌 TK에만 해당되는 일이랴. 모든 지방에 다 적용될 수 있는 말이다. 그럼에도 지방 유권자들은 그렇게 지역을 망친 사람들에게 표를 주니 그 속내를 알다가도 모를 일이다. 이쯤 되면 '금의환향 이데올로기'라고 불러야 하는 건 아닌지 모르겠다.

왜 "청년들이여 고향을 지향하라"고 말하는 정치인이 없는가?

금의환향을 하건 무슨 환향을 하건 환향을 하더라도 지난 1993년

38년간에 걸친 일본 자민당의 장기집권을 무너뜨리고 반反자민연정의 총리로 선출된 호소카와 모리히로처럼만 한다면야 누가 뭐라고 하겠는가. 오히려 찬사를 보낼 일이다.

"나라가 변하지 않으면 지방에서 변해 보이겠다."

호소카와가 구마모토현 지사 시절인 1991년 이즈모시 시장 이와쿠니 데쓴도와 함께 쓴 『지방의 논리』에서 한 말이다. 그의 말을 더 들어보자.

나는 지난날 참의원 의원으로서 국정에 참여하고 있었는데 (…) 나의 꿈이 부풀면 부풀수록 중앙정계의 정체停滯에 염증을 느낀 나머지, 그렇다면 차라리 지방에서 소신껏 에너지를 발산해 보고 싶었고 '장대한 내 소신'을 실천해 보고 싶었던 것이다. '나라가 변화하지 않으면 지방을 바꾸겠다'고 결의하고 고향인 구마모토의 현지사가 된 것은 1983년의 일이었다. 그후 거기에 살고 있다는 것을 자랑으로 여길 수 있는 구마모토를 목표로, 또한 전국의 모델이 될 수 있는 웅장한 현을 목표로 삼아 노력해왔다.[2]

"청년들이여 고향을 지향하라."

이와쿠니의 말이다. 그는 "최근에 도쿄대학 법학부, 교토대학 법학부의 학생 2명이 찾아왔다. 호경기를 반영해서 최고로 잘 팔리는 처지의 이 두 학생이 중앙관청에도 대기업에도 취직하지 않고 지역발전을 위해 고향에 돌아오고 싶다고 하였다"며 다음과 같이 말했다.

"나의 이야기를 신문 잡지에서 읽고 또 TV에서 보고 한번 직접 만나서 자신의 생각을 확인하고 싶었다고 하는 그 진지한 뜻에 깊은 감명을 받았다. 내 자신을 돌이켜 볼 때 22세 시절에 이런 결심은 없었다. 도쿄의 기업이나 관청에 들어가지 않으면 안심하고 인생을 영위할 수 없을 것 같은 편견과 지방에 돌아가 버리면 시대의 흐름에서 영영 떨어져 나가고 마는 것이 아닌가 하는 불안이 있었다. 물론 당시와 현재와는 지방의 모습과 행정이 많이 잘라졌지만 그때 나는 이 두 학생에게는 아득히 미치지 못하는 결단밖에 할 수 없었던 것이다. 혈기왕성한 젊은 학생이 지역발전 가운데서 인생의 좌표를 찾아 곧장 자기 고향에 돌아가려고 하는 것이다."[3]

호소카와와 이와쿠니는 '지방의 반란'만이 경직되고 편중돼 미래를 어둡게 만드는 일본의 정치·경제를 바로 잡을 수 있다면서 이렇게 외쳐댄다. "지방에서 반란을 일으키자" "정치는 지방에 맡겨라" "중앙에 대한 콤플렉스를 불식하라" "'No'라고 말할 수 있는 지방이 돼라" "행정은 최대의 서비스 산업이다" "지방에야말로 꿈이 있다" "지방이기 때문에 할 수 있다" "'지방의 논리'로 무장하라".

한일관계의 과거사 문제에서만큼은 일본은 '양심'이 마비된 형편없는 저질 국가다. 그러나 일본이 내적으론 매우 진취적인 혁신을 거듭하는 건 바로 이런 인물들이 많기 때문이리라. '지방의 반란'을 외쳐대는 일본의 수도권 집중도는 한국 수도권 집중도의 절반밖엔 안 된다. 이게 참 기가 막힌 이야기다. 일본에선 '반란'을 외쳐대는데, 일본보다 두 배의 집중도를 갖고 있는 한국에선 말이 없다. 한국인, 특히 비수도권 정치인들과 주민들의 '모진' 인내심에 경외감을 표하지 않을 수 없다.

왜 진보파가 SKY의 특권적 지위를 옹호하는가?

『지방의 논리』라는 책에서 가장 반가운 대목은 '대학의 지방 분산론'이다. 한국인 모두의 삶을 피폐하게 만드는 입시지옥 문제를 해결할 수 있는 유일한 길은 대학의 지방 분산이라는 주장을 줄기차게 해온 나로서는 이 주장을 편 이와쿠니의 등을 따뜻하게 두드려주고 싶은 심정이다. 이와쿠니의 말을 들어보자.

대학생 수를 감소시키는 정도 가지고 무슨 효과가 있겠는가 하는 반론이 나올 수도 있겠지만 도쿄에는 세계적으로 보아도 학생이 너무 많다. 일본처럼 학생을 꾸역꾸역 수도에 모으는 나라는 없다. 영국에서도 우수한 대학인 옥스퍼드나 케임브리지는 런던에 없으며 미국의 프린스톤, 예일, 하버드, 스탠포드 등 대학들이 대도시가 아닌 인구 10만 명 정도의 교육환경이 좋은 곳에 위치하고 있다. (…) 도쿄에서 2할 정도 대학을 줄인다면 지방에서 도쿄로 나가는 젊은이들이 현저히 감소할 것이다. 중앙은 용단을 갖고 도쿄의 대학감축을 실시해야 한다고 제안하고 싶다.[4]

한국에선 서울의 대학 감축이 아니라 SKY 정원을 축소하자는 주장만 해도 대뜸 날아오는 반론이 있다. 보수도 아닌 진보가 더 열을 낸다. SKY 경쟁률이 더 치열해지기 때문에 안 된다나. 이미 여러

책에서 밝힌 내용이지만, 이 문제가 이슈가 되기는커녕 아예 언급조차 되지 않고 있기에 또 한 번 다뤄야겠다. 다음과 같은 세 반론을 감상해보자.

(1) "'서울대의 자기 축소'를 요구하는 강(준만) 교수의 주장은 더 피 말리는 입시경쟁을 불러올 것이라는 점에서 볼 때 타당성의 의문을 던져주고 있다."[5]

(2) "서울대학교 같은 일류 대학의 학부생 정원을 대폭 줄인다는 방안에 대해서 생각해보자. 대학 입시 경쟁이 일류 대학의 학부 입학을 둘러싸고 벌어지는 것이라면 그 일류 대학의 학부생 정원을 가령 10분의 1로 대폭 감축했을 경우 우리가 분명하게 예언할 수 있는 것은 경쟁이 더욱 치열해질 것이라는 점밖에 없다."[6]

(3) "소수 정예로 운영돼 입학의 길이 더욱 좁아진 스카이 대학은 더욱 공고한 학벌 권력을 갖게 되고, 그 권력을 잡기 위해 더 많은 사람들이 눈에 불을 켜고 달려들 테니 좁아진 문은 오히려 사교육의 과열을 부추기는 윤활유가 될 테다. 마침내는 더 많은 사교육비를 투자한 사람이 더욱 공고한 권력을 갖게 되는 부와 권력의 대물림 현상이 굳어질 테고 사회는 지금보다 더 계층의 수직 이동이 어려운 사회로 변모해갈 것이다. 근본적인 문제를 인식하지 못한 강준만 교수의 대안은 정답일 수 없다. 아니 오히려 사태를 악화시킬 수 있는 위험한 발언이다."[7]

이들의 주장은 일면 타당하지만, 좀더 깊이 검증해볼 필요가 있다. SKY의 정원을 대폭 줄이면 경쟁이 더욱 치열해질 것이라는 주장은 맞다 하더라도 큰 문제는 아니다. 어차피 기존 체제하에서도 서울대에 갈 실력이 안 되는 학생들은 연고대를 가고 있으며, 연고대를 못 가는 학생들은 다음 순위의 대학을 가고 있다. 즉, 모두 다 오직 SKY에만 목을 걸고 있는 건 아니란 말이다. 진보주의자들이 진보적 가치를 표방하면서도 SKY에 들어가려는 상층부 학생들의 입장만을 대변한다는 게 흥미롭지 않은가?

반대로 물어보자. SKY의 정원을 대폭 늘리면 경쟁이 약화되는가? 그게 꼭 그렇지 않다는 데 이 문제의 묘미가 있다. SKY의 정원이 줄면 정원 축소에 따른 경쟁률 상승과 더불어 "SKY의 특권적 지위가 강화되기 때문에 꼭 SKY에 들어가야 한다"는 이유로 경쟁이 더욱 치열해지라는 가설이 가능하다. 그렇지만 반대로 SKY의 정원이 늘면 "SKY에 저렇게 많이 들어가는데 SKY 못 나오면 더 죽는다"는 이유로 경쟁이 더욱 치열해지리라는 가설도 얼마든지 가능하다.

"죽어도 SKY 아니면 안 된다"는 사람은 어차피 극소수다. 그들의 자율 결정은 존중해주자. SKY에 들어가기 위해 재수, 3수, 아니 4수를 하더라도 장한 일이라고 격려해줘도 좋다. 물론 나는 절대 그렇게 하지 않겠지만 말이다. 중요한 건 절대 다수의 학생들이 취하는 태도다. SKY의 독과점 파워가 약해지면서 대학 서열의 유동화가 일어나면 대학에 들어가서도 다시 한번 경쟁해볼 수 있다는 가능성이 미칠 수 있는 영향에 주목해보는 게 옳지 않을까? 그런데 왜 진보파는 의도야 어떠하건 사실상 SKY의 특권적 지위를 강화시키는 '지금 이대로'에만 매달리는가?

'개천에서 용 나는' 모델의 비극

사회 각계 엘리트의 절대다수가 3개 대학에서 나오는 것과 30개 대학에서 나오는 게 무슨 차이가 있는가? 엄청난 차이가 있다. 엘리트 충원 학교가 수적으로 대등한 수십 개 대학으로 늘어나면 서열 유동성이 생겨나게 되고, 대입전쟁의 열기를 대학에 들어간 이후로 분산시킬 수 있다.

흥미롭고도 놀라운 건 수많은 논객들이 입시전쟁과 사교육 문제에 대해 수많은 주장을 쏟아내면서도 SKY정원 문제에 대해선 단 한마디도 하지 않는다는 점이다. 그간 내가 본 유일한 예외는 고종석이다. 그는 2007년 3월 3불不정책(본고사·고교등급제·기여입학제 금지) 폐지론이 기승을 부릴 때에 "삼불정책을 둘러싼 논쟁은 논점을 잘못 잡은 가짜 논쟁이다"며 학벌學閥, 즉 '벌'의 문제를 직시하자고 했다.

이 계급전쟁의 강도를 낮추는 방법은 무엇인가? 그것은 입시제도를 바꾸는 게 아니라, '벌'의 힘을 줄이는 것이다. 구체적으로 서울대 정원을 큰 폭으로 줄이는 것이다. 서울대가 본고사나 고교등급제에 미련을 못 버리는 것은 가장 뛰어난 학생들을 다른 대학에 빼앗기기 싫기 때문일 게다. 이것을 이기주의라 비난하는 것은 문제 해결방식이 아니다. 해결방식은, 학생선발 방식을 대학에 완전히 맡겨 학교측이 판단한 가장 뛰어난 학생들을 뽑도록 하고, 그 대신 입학정원을 크게 줄여 장기적으로 서울대의 독점력을 약화하는 것이다.

3불정책 비판의 전위에 선 듯한 정운찬 씨도 서울대 총장 시절 지적했듯, 인구 3억인 미국의 상위권 10개 사립대학이 한 해에 배출하는 학생은 1만 명 남짓인 데 비해, 인구 4900만인 한국의 상위권 세 대학 신입생 수는 해마다 1만5000명에 육박한다. 이런 '대중교육'으로는 이 대학들이 되뇌는 '고등교육의 경쟁력'을 확보하기 어렵다. 3불정책 폐지를 요구하는 대학엔 학생선발 방식의 자율권을 완전히 주는 한편, 입학 정원을 지금의 10분의 1 이하로 줄여 엘리트적 성격을 강화하게 하는 것이 좋겠다. 그것이 대학의 '경쟁력'에도 이롭고, 계급전쟁의 토양이 되고 있는 '벌'의 약화에도 이롭다. 3불정책과 입학정원을 맞바꾸는 빅딜을 제안한다.[8]

그렇다. 옳은 말씀이다. 어렵게 생각할 것 없이, 공정거래법의 원리로 이해해보자. 공정거래법상 1개 사업자의 시장점유율이 50%를 넘을 경우, 상위 3사의 점유율이 75% 이상일 경우 시장지배적 사업자(상위3사에 포함돼도 점유율이 10% 미만인 사업자는 제외)로 지정된다. 그렇게 하는 이유가 무엇이겠는가?

공정거래법은 1류 기업의 세력 팽창과 그에 따른 취업 기회를 제약한다. 그러나 그 누구도 공정거래법 적용으로 1류기업 입사경쟁이 치열해진다고 불평하거나 걱정하지 않는다. 그런데 왜 SKY 소수정예화 방안에 대해선 위험하다고 벌벌 떠는 사람들이 많은 걸까? 서울대 총장마저 SKY정원이 너무 많다며 정원 대폭 감축이 필요하다고 주장했는데, 어이하여 진보파가 그런 필요성에 강하게 반대하는 걸까?

'개천에서 용 나는' 모델에 대한 집착과 애정 외에 달리 설명할 길이 없다. 즉, 개천의 미꾸라지들이 SKY에 들어가 용이 되는 걸 진보의 이상으로 여기는 발상의 산물이요 비극이라는 것이다. 이런 풍토에서 "청년들이여 고향을 지향하라"고 말하는 정치인이 나올리 만무하다. 개천에서 탈출해 SKY에 들어가 용 꿈을 꾸는 것이 진보의 비전으로 통하는 세상에서 "청년들이여 고향을 지향하라"는 말이 어찌 나올 수 있겠는가.

그러니 정운찬이 온갖 고생해가며 애쓴 걸 아무도 알아주지 않는다. 정운찬 스스로 이야기할 수밖에 없는데, 이마저 제대로 평가해줄 사람이 얼마나 될까? 그는 2013년 이렇게 말했다. "엄청난 학내·외 반대를 무릅쓰고 서울대 정원을 1000명가량 줄였다. 이는 서울대가 우수한 학생들을 독점하는 구조를 타파하고, 다른 대학과 함께 발전하자는 의도가 있었다. 그래야 사회 모든 분야의 주요 자리를 서울대가 독식한다는 비난에서도 벗어날 수 있다."[9]

내가 생각하는 SKY 정원축소를 반대하는 최상의 논리는 "SKY 출신이 한국 지배층의 절대 다수를 구성하고 있는 상황에서 그게 가능하겠는가?"이다. "SKY 교수들은 어떡하란 말이냐?"는 반론도 설득력이 높다. 이런 반론이 나와야 나도 다음 진도를 나갈 텐데, 고작 나오는 반론이 "피 말리는 입시경쟁"과 "계층의 수직 이동이 어려운 사회" 수준이니 무슨 말을 더 보태랴.

그래도 내 생각을 말해보자면, 한방에 모든 걸 해결하려는 한방주의를 버리자는 것이다. 10년, 20년, 아니 30년의 장기간에 걸쳐 점진적으로 그 방향으로 나아가자는 것이다. 그렇게 하면 중도에

쫓겨나야 하는 SKY 교수들도 없고, SKY 출신들이 결사반대할 항전의지도 약화되지 않겠는가 말이다. 너무 오랜 시간이 걸리지 않느냐고? 아니 지금 이대로 좋다는 사람들이 거의 대부분인데, 그게 왜 문제가 되나?

"서울은 어떤 의미에서 대한민국보다 중요하다"고?

"청년들이여 고향을 지향하라." 아니다. 현실적으로 말하자. 고향을 지향하지 않아도 좋다. 다만 제발 고향 떠나는 것이 지역발전의 길이라고 범지역 차원에서 부추기는, 내부식민지 근성만큼은 깨보자. 그건 얼마든지 할 수 있는 일 아닌가 말이다.

인구 감소를 막으려는 눈물겨운 몸부림이 전국 각지에서 벌어지고 있다. 출산장려금 지원에서부터 전화요금 지원에 이르기까지, '내고장 주민등록 갖기 운동'에서부터 '노총각 장가보내기 운동'에 이르기까지, 각종 지원과 운동이 전개되고 있지만 인구를 빨아들이는 서울·수도권 블랙홀의 괴력을 저지하기엔 역부족이다. 그러다 보니 전국 각 지방자치단체들이 시市 승격과 군세郡勢를 유지하기 위해 온갖 무리수를 두고 있다. 공무원마다 늘려야 할 인원을 할당하거나 포상금을 지급하는 방식을 넘어서 공무원들이 위장전입을 부추기는 탈법까지 일삼고 있다. 어느 군은 시 승격을 위해 1만 명을 위장전입시키는 묘기까지 연출했다.[10]

인구밀도 낮게 사는 게 웰빙 아닌가? 행여 인구가 주는 지방에 가서 그런 소리 했다간 욕 먹기 십상이다. "공기가 참 좋네요"라고 말하는 건 눈살 찌푸리면서도 봐줄 수 있지만, 대한민국 인구가 주는 건 걱정하면서 지방 인구 주는 건 웰빙이라고 한다면 욕먹어 싸다.

2014년 농촌경제연구원에 따르면 전북권의 경우 전체 마을 중 20%가 공동체 기능을 상실했다. 학교와 병·의원이 문 닫고 버스 운행이 중단되고 빈집이 늘고 있다.[11] 2003년부터 10년 동안 호남을 떠난 인구는 31만9000명이나 된다.[12] 서울의 인구밀도는 1km^2당 1만6586명, 수도권 전체 인구밀도는 1km^2당 2068명인 반면, 경북은 136명, 전남은 142명, 충북은 199명, 강원은 87명에 불과하다.[13] 한국사회의 경직된 문화는 높은 인구밀도 탓이라는데,[14] 너나 할 것 없이 입만 열면 '땅 좁은 나라'라고 외치면서 왜 이렇게 서울과 수도권에 몰려 살아야 하나?

지방을 떠나는 사람들이 돈 벌어 서울 강남으로 간다면 지방이야 어찌 되건 말건 축하할 일이다. 그런데 그게 아니다. 대부분 지방에선 먹고살 길이 없거나 희망이 없어서 떠난다. 고향 떠나 뿔뿔이 흩어져 힘겨운 생존투쟁에 나선 이들에겐 인터넷 들어가 하소연할 시간도 없을 게다. 그런 이유 때문인지 이들의 인권은 사회적 의제로 전혀 부각되지 않았다. 눈에 안 보이면 존재하지 않는다고 생각할까? 그래서 이런 희대의 인권유린을 수반하는 국민사기극이 지도자들에 의해 자행되는 걸까?

2008년 4월 이명박정부의 '혁신도시 죽이기'가 처음 나왔을 때, 교수 몇 사람이 모여 분석에 들어갔다. "무슨 시나리오가 있다"와 "그냥 아무 생각 없이 저지른 일이다"라는 두 가지 의견이 대립되었다. 과연 어느 쪽이었을까? 어느 쪽이었건, 이 사건은 한 가지 의제를 던져 주었다. 그건 바로 '지역주의'에서 '지방주의'로 전환해야 할 필요성이다. 물론 '지방地方'이란 말은 좋은 느낌을 주지 않는다.• 그래서 아예 '지방'이란 말을 쓰지 말자고 주장하는 이들도 있다. 예컨대, 강원도지사 최문순은 다음과 같이 말한다.

"제가 여기 와서 누차 강조하는 게 지방이란 말을 쓰지 말라는 거예요. MBC 있을 때부터 한 말인데, 지방이란 말은 중앙의 상대적인 개념으로 차별과 하대의 의미가 있습니다. 또 지방분권이란 말을 쓰지 말라고 그럽니다. 분권이란 말은 권력을 좀 나눠달란 뜻이니까 수동적인 태도잖아요. 저는 지역주권이라 합니다. 지역주권, 이런 철학을 딱 세우고 거기에 맞춰서 정책을 배치하자는 겁니다."15

좋은 말씀이지만, 나는 좀 달리 생각한다. 언어 사용에서부터 지방이 식민지가 아님을 드러내는 당당함을 갖자는 취지는 훌륭하지만, 중앙의 지방 분할지배에 휘둘려 지방민이 지방의 이익에 반하

_____

• 부산대학교 행정대학원장 강재호는 "지금과 거의 같은 의미의 '지방'은 근대 일본이 지어낸 한자 조어로서 1882년 수신사로 일본에 갔다가 이듬해 돌아온 박영효 등의 글에 나타난 후 1894년 갑오경장 이후 법령과 정부 공문서 등에 쓰이다가 1910년부터 조선총독부를 거치면서 우리에게 익숙해진 말이다"며 이렇게 말한다. "그때 없던 지방자치단체가 설치되어 활동하고 있으며 인구와 산업 등의 성쇠로 인해 우리 사회가 크게 변모한 오늘날 지방은 대체로 다음과 같이 서로 다른 두 가지 의미로 사용되고 있다. 첫째는 서울이나 수도권 밖이라는 뜻으로 쓰이는 지방이다. (…) 둘째는 국가 또는 중앙정부의 상대로 일컫는 지방자치단체로서의 지방이다. (…) 여기서 말하는 지방에는 앞의 첫째와는 달리 서울특별시와 경기도 등의 지방자치단체도 당연히 포함된다."(강재호,「박근혜정부에 지방을 기대한다」,『매일신문』, 2013년 7월 8일.)

는 행동을 하는 것이 체질화된 상황에서 있는 그대로의 현실을 드러내는 게 좋다고 보는 쪽이다.

'지방주의'니 '지역주의'니 하는 개념이 명쾌하게 정의돼 있는 것도 아니다. 여러 분야에서 달리 쓰기도 한다. 여기서 말하는 '지역주의'는 '지역감정' 비슷하게 쓰는 말이고, '지방주의'는 지방이 서울의 식민지에서 탈피해야 할 당위성을 역설하는 개념으로 보면 되겠다.

'혁신도시 죽이기'가 오해였다는 게 이명박정부의 주장이었으니, '혁신도시 때리기'로 부르기로 하자. 상식적으로 보자면, '혁신도시 때리기'일지라도 그건 말이 안 되는 넌센스였다. 비수도권에 사는 절반의 인구가 반발할 '혁신도시 때리기'를 한다? 상식적으론 말이 안 되지만, 자주 상식이 배반당하는 곳이 한국임을 어이하랴.

2008년 경기도지사 김문수와 서울시장 오세훈이 그런 경쟁에 뛰어들었던 걸 상기해보자. 2008년 7월 21일 이명박정부가 폭발 직전인 지방 여론을 감안해 수도권 규제 완화를 늦춘 지역발전 정책을 발표하자, 23일 김문수는 "촛불집회라도 열겠다" "부당하고 배은망덕한 행위" "이러려고 정권 교체했나" 등의 원색적 표현을 써가며 정부를 비난했다.[16]

이에 질세라 오세훈은 7월 31일 서울 프라자호텔에서 열린 월간 중앙 정치포럼 초청 특강에서 "동북아가 허브를 놓고 경쟁하는 시대에 서울의 규모를 더욱 키워 서울의 발전이 다른 도시나 지역으로 흘러넘치는 확산효과Spill over effect를 이끌어내야 한다"고 주장했다. 그는 "서울은 어떤 의미에서 대한민국보다 중요하다"며 "(서울시장으로서) 서울의 경쟁력을 만드는 일을 한 것이 20년 뒤에는 역사적으로 평가받게 될 것"이라고 강조했다.[17]

"서울은 어떤 의미에서 대한민국보다 중요하다"고? 그 어떤 의미가 도대체 무슨 의미인가? 기가 막힌 말이지만, 실언으로 알고 애써 선의만 보기로 하자. 경기도의 분노도 이해하고, 서울시의 비전도 이해한다. 특히 경기도 내 저발전 지역의 경우 피해가 이만저만이 아닌 만큼 이건 반드시 바로 잡아야 한다. 그러나 '배은망덕' 운운하거나 아직도 개발독재식 '확산효과' 운운해서야 쓰겠는가? 이 두 사람은 대통령이 될 욕심을 갖고 있을 텐데 도대체 무얼 믿고 저리도 오만했던 건가? 이게 바로 전임자들이 생산해낸 학습효과 때문이다.

지방 식민지 독립투쟁은 나라를 위한 것이다

서울시장이나 경기도지사를 하면서 지방을 화나게 만들어도 그것이 대통령직 도전에 아무런 장애가 되지 않는다는 사실! 전임자들도 그런 자신감이 있었기 때문에 그렇게 했던 것이다. 앞서 지적했다시피, 우리는 그 이유를 잘 알고 있다. 지역주의라는 괴물 말이다. 지방이 서울 식민지로 머무르더라도 "우리 지역 출신이 중앙권력을 잡는 게 우리에게 더 이익이다"고 생각하는 지역주의가 전체 지방의 이익을 생각하는 지방주의를 압도하는 것이다.

2008년 4·9 총선시 한나라당 대표 강재섭은 대구 서문시장 유세에서 "TK(대구·경북)는 YS(김영삼) 정권부터 따지면 10년이 아니라

15년간 엄청난 핍박을 받고 손해를 봤다"면서 "한나라당을 뽑으면 그동안 피해본 것을 다 회복할 수 있다"고 말했다. 강재섭은 대전 유세에서도 "충청이 확실하게 지지해주면 과거 DJP(김대중·김종필) 연합 당시처럼 '곁불'을 쬐는 게 아니라 이 나라의 중심, 주축세력이 될 것"이라고 주장했다.[18] 이런 주장이 그대로 먹혀들 것이라고 볼 수는 없다 하더라도, 강재섭이 손해 볼 이야기를 했다고 보기는 어려운 게 현실이다.

이명박정부가 처음에 '혁신도기 죽이기'를 내세웠다가 "아이쿠 뜨거워라" 하고 서둘러 진화에 나선 건 영남지역도 강력 반발하고 나섰기 때문이다. 2008년 6월 26일 전북도청에서 열린 제10회 '영호남시도지사협력회의'에서 채택된 공동합의문은 다음과 같이 주장했다.

"현재 지방은 역대정부의 수도권 위주 정책에 떠밀린 데 이어 고유가와 FTA 등 악재마저 겹쳐 위기다. 이런 실정에 새 정부마저 비수도권과 아무런 합의 없이 일방적으로 수도권 규제를 완화하는 것은 그간의 균형발전 정책을 후퇴시키는 것이다. 지방경쟁력 강화대책조차 없이 공기업 민영화나 통폐합을 혁신도시와 연계시켜 재검토하겠다는 것은 지역균형발전과 국가의 미래를 염려스럽게 하는 것이다."

이에 『새전북신문』은 '영호남 시도지사의 절규를 들어라'라는 제목의 사설에서 "영호남 시도지사의 공동합의문은 비수도권에 사는 주민들의 절규를 대신한 것이다"며 "정부는 막다른 골목에 내몰린 비수도권의 절박한 입장을 완곡하게 표현한 것임을 알아야 한다"

고 했다.[19]

이 '사건'이 시사하듯이, 이젠 어느 지역을 막론하고 지방은 지방주의를 실현하기 위한 상시 체제로 전환해야 한다. 무슨 사건이 터졌을 때에 반발한다거나 서울로 올라가 시위하는 등의 산발적 비상체제는 별 효과가 없다는 게 충분히 입증되었다. 아예 선거 단계에서부터 '지방 살리기' 프로그램을 강하게 내세우지 않는 후보나 정당에겐 표를 주지 않는 방식으로 가야 한다는 것이다.

언론에 대한 대응도 마찬가지다. 예컨대, 그런 '지방 살리기' 시도를 '지역 이기주의나'나 '집단 이기주의'로 왜곡하는 신문이 있으면, 구독을 끊으면 된다. 그런데 지금 우리 현실은 전혀 그렇지 못하다. 일부 중앙지들은 지역주의 마케팅으로 지방주의를 억누르고 있으며, 이게 먹혀들고 있다. 좀 거칠게 말하자면, 지방은 지금 '당해 싼' 행태를 보이고 있는 것이다.

지방이 지방주의를 내세우는 것만으론 부족하다. 서울이 나라 전체를 생각하는 발상을 포기한 만큼 그 걱정도 지방이 해야 한다. 즉, 수도권의 고민도 헤아려가면서 좀더 정교한 대안을 제시하고 추진해나가는 실력을 키워야 한다는 뜻이다. 대한민국을 지방이 책임져야 한다. 이는 최근 여성단체연합이 표준국어대사전에 있는 페미니즘의 뜻을 기존 '여권 신장 또는 남녀 평등을 주장하는…'에서 '모든 형태의 차별을 없애기 위한 다양한 이론…'으로 바꿀 것을 제안한 것과 맥을 같이 한다.

옳건 그르건, '페미니스트feminist'가 "낯설고, 불편하고, 때로 강렬한 증오를 불러일으키는 단어"가 되었듯이,[20] '지방', 그리고 이와 관련된 '지방분권'이나 '지역균형발전'은 수도권 주민들의 짜증과 염증을 불러일으키는 단어가 되었음을 직시해야 한다. 일종의 '동정 피로증compassion fatigue' 현상으로 볼 수도 있다.

말이라는 게 '아' 다르고 '어' 다른 법이다. 이제부터 지방은 똑같은 메시지를 던지더라도 '지방의 이익'만을 위한 게 아니라 '나라를 살리는 길'이라는 점을 강조해야 한다. 즉, 식민지 독립투쟁은 지방만을 위한 게 아니라 나라를 위한 것이라는 점을 설득력 있게 설파해야 한다는 것이다.

지방으로의 '하방'만이 나라를 살린다

"진보정당은 풀뿌리정치를 해야 하며, 중앙당의 상근자들이 지방에 내려가 지구당을 하나씩 꿰차고 해야 풀뿌리정치가 이뤄진다."[21]

촛불집회 관련 토론회에서 성공회대 겸임교수 정태인이 한 말이다. 촛불집회와 관련해 쏟아져 나온 수많은 주장들 중 가장 높은 점수를 주고 싶다. 지금 우리는 '중앙제국주의'의 함정에 빠져 권력을 가진 쪽이나 저항을 하는 쪽이나 사실상 기존 체제를 유지시키는 '적대적 공존' 관계를 형성하고 있는 게 아닌가 하는 생각이 들기 때문이다.

직접민주주의와 풀뿌리정치는 지방의 작은 지역에서부터 꽃을 피우는 게 정상이다. 그런데 현실은 어떤가? 풀뿌리정치는 '빨대 정치'로 전락했다. 중앙 정당들이 지방을 식민지화한 가운데 빨대를 꽂고 단물만 빨아먹고 있다. 지방의원은 국회의원의 '몸종'으로 전락했다는 비아냥이 터져나오고 있는 가운데, 지방주민들은 각종 연고에 얽혀 그런 식민체제에 갇혀 있다. 진보정당 역시 정태인의 고언을 무시한 채 여전히 중앙에만 중독돼 있다.

지방정치는 어느 지역을 막론하고 '1당 독재' 체제로 전락했고, 감시와 견제를 해야 할 언론은 제 기능을 다하지 못하고 있다. 일부 지역의 경우엔 사실상 사망 상태다. 지역신문 구독률이 5%에도 미치지 못하는 지역들이 많다. 지방의 인터넷 매체조차 전국적 이슈를 다루지 않으면 손님이 오질 않는다. 시민운동도 운동인력의 서울 유출로 아무런 힘을 쓰지 못하고 있다. 뭐든지 지역이 아닌 국가적 차원에서 생각하고 고민하고 행동해야만 직성이 풀리는 한국인들의 이 지극한 애국심을 어찌 할 것인가?

영국의 지역운동가 존 팝워스John Papworth는 "지역문제에 대한 책임을 지역 주민들에게 맡기지 않는다면, 그들을 무책임한 사람으로 만들게 된다"고 했는데,[22] 이게 우리의 현실이다. 대중의 일상적 삶의 영역은 방치돼 있다. 빈껍데기뿐인데다 썩기까지 한 지방자치가 생산해낼 대중의 냉소와 그에 따른 보수성을 생각하노라면, 전국 차원의 거대담론이야말로 그 내용에 불문하고 수구적일 수밖에 없다는 생각마저 갖게 된다.

국내 학자들이 쓴 지방자치 관련 서적은 대부분 한국 민주주의의 성패는 지방자치의 성공 여부에 달려 있다고 말한다. 나는 저자들께 제안하고 싶다. 그건 그냥 해본 말이라고 인정하고 바로잡든가, 아니면 지방자치에 대해 목소리를 내주시라. 한국민주주의가 지방에서부터 썩어가고 있다는 걸 밝히면서, 왜 이 나라는 민주주의마저 꼭 서울 중심으로 생각해야 하느냐고 문제를 제기해 주시라.

"청년들이여 고향을 지향하라"고 말하기 위해서라도 이제 필요한 건 하방이다. 지방 내부에서조차 하방의 필요성이 역설된 지 오래다. 2002년 7월 KBS광주총국 기자 정병준은 "'처음처럼'. 80년대를 살아온 사람들은 그 엄혹한 시절에도 희망을 일군 다짐들을 기억한다. 대중과 함께하기, 헌신을 위한 자기각성, 이런 다짐들을 다시 이끌어내야 한다"며 다음과 같이 주장했다.

> 운동이 철저히 하방下方해야 한다. 운동의 '하방'을 실천하는 단초로 '운동 이력 안 쓰기'를 제안하고자 한다. 운동단체의 활동 경력이 정치인 이력의 구색 맞추기용으로 쓰이는 것이 현실이다. 그런 풍토로는 '보여주기'와 '내 몫 챙기기'의 덫을 벗어나지 못한다. 운동단체의 명함을 없애버리는 것도 하방의 실천을 다짐하는 일일 수 있다. 언제 명함 들고 운동했던가.[23]

우리는 중앙을 향해 절규를 하더라도 이런 현실을 냉정하게 인식하는 기반 위에서 절규를 해야 한다. 지방분권·지역균형발전의 이해관계에 있어서 수도권과 비수도권은 어느 한쪽이 이익을 보면 다른 한쪽이 피해를 보는 '제로섬 게임'을 하는 셈이지만, 비수도권에선 수도권의 입장까지 헤아리는 제3의 대안들을 적극 제시해야 한다. 즉, "우리만 죽는다"고 외치는 걸론 약하거니와 모자란다는 것이다.

지방이 서울을 결정해야 한다

그런 대안 제시를 위해선 비수도권의 연구·홍보 기능이 앞서야 한다. 돈과 인력을 더 많이 투자해야 한다. 중앙정부가 수도권만 챙기더라도 비수도권은 한국 전체를 책임진다는 이미지와 더불어 실체를 가져야 한다는 것이다. 그래야 헤게모니도 가지면서 속된 말로 '말빨'이 먹힌다.

비수도권에 그렇게 할 수 있는 역량이 있는가? 있다. 충분하다. 다만 문제는 비수도권이 13개 광역단체로 쪼개져 있기 때문에 힘을 합하는 게 어렵다는 점이다. '영호남시도지사협력회의'도 있고 비수도권 국회의원과 지자체장 모임인 '지역균형발전협의체'도 있지만, 아직 연구·홍보 기능을 통합하는 수준으로까지 나아가진 못했다. 게다가 각 광역단체별로 우선 자기 살 길 찾기에도 바쁜 나머지 비수도권 전체를 위한 일에 많은 시간과 정력을 쏟기 어렵다. 이런 문제들을 극복해 나가야 한다. 지방이 대한민국 전체를 책임지자.

그렇게 하기 위해서 꼭 지방민들의 참여가 필요하다. 지방은 이제 '서울 탓'보다는 '내 탓'을 더 해야 한다. 그런 의미에서 지방의 문제를 지방이 먼저 지적하고 해결하자는 점을 다시 한번 강조하고 싶다. 그런 내부 교정 노력과 더불어 차분한 설득이 병행되어야 한다. 본문에서 지적했듯이, 중앙집권체제가 가져온 '레드 오션' 체제가 모든 한국인의 삶을 피폐하게 만들고 있는 현실과 더불어 지방이 '블루 오션'이라는 점을 이해하게끔 해야 한다.[24] 지방의 무능과 부패를 말하는 사람들에겐 "권한은 사람을 성장시킨다"는 점을 납득시켜야 한다.[25] 분권 시스템은 동기부여를 강화할 뿐 아니라 더 큰 유연성을 가져다줌으로써 전체의 발전에 더 큰 기여를 할 수 있다는 걸 실천으로 보여줘야 한다. 전면 투쟁을 위해서라도 그런 자세가 꼭 필요하다.

지방의 상층 엘리트들은 서울에도 집을 갖고 있고 자녀를 서울로 유학보내기 때문에 굳이 기존 '서울공화국' 체제에 강력 도전해야 할 필요성을 느끼지 못한다. 보통사람들도 '각개약진'을 선택했다. 바로 그런 '각개약진' 체제 때문에 지방이 지방주의를 내세우는 것만으론 부족하다. 서울이 나라 전체를 생각하는 발상을 포기한 만큼 그 걱정도 지방이 해야 한다. 즉, 수도권의 고민도 헤아려가면서 좀더 정교한 대안을 제시하고 추진해나가는 실력을 키워야 한다는 뜻이다. 거듭 말하지만, 대한민국을 지방이 책임져야 한다.

미국 마케팅 전문가 잭 트라우트Jack Trout와 알 리스Al Ries는 수년간 미국 대기업들에게 전략에 관해 컨설팅을 해준 결과, 전략은 아래로부터 이루어져야지, 위에서부터 개발되어서는 안된다는 결론을 내렸다고 말한다. 즉, '위에서 아래로top-down'가 아닌 '아래에서 위로bottom-up'가 필요하다는 것이다. 그들은 전략은 기업이 실제 활용하는 전술을 이해하는 깊은 지식을 바탕으로 충분히 깊게 검토한 후에 개발되어야 한다며 "전술이 전략을 결정한다"고 단언한다.[26]

"전술이 전략을 결정한다"는 건 비단 마케팅에만 해당되는 게 아니다. 서울이 지방을 결정하는 게 아니라 지방이 서울을 결정해야 한다. 그게 모두에게 이롭다. 개혁과 혁신을 삶의 질을 높이는 수준으로까지 넓게 생각한다면, 서울이 아닌 지방이 개혁과 혁신의 중심지가 되어야 한다는 깨달음과 실천이 올바른 해법일 수 있다.

"'왜' 살아야 하는지를 아는 사람은 그 '어떤' 상황도 견뎌낼 수 있다."[27] 우리가 결코 만족할 수 없는 상황을 견뎌내기 위해서가 아니라 상황을 바꾸는 긍정적인 변화의 바람을 만들기 위해서라면 더욱 좋지 않을까? 좌우左右, 여야與野, 지역, 계층, 세대 등의 분열과 갈등 구도, 그리고 프랙털 원리에 의해 그 구도 안에 자리 잡은 또 다른 분열과 갈등 구도를 넘어서 우리 모두 화합과 평등을 지향하는, 한 단계 발전한 세상의 실현을 위해서 말이다.

| 註 |

머리말

1 김병준, 『김병준 교수의 지방자치 살리기』(한울, 2002), 5쪽.

2 조명래, 「사람중심 돼야 진짜 균형발전」, 『중앙일보』, 2014년 7월 25일.

1장

1 송도영, 「내 아이만큼은 무슨 일이 있더라도!: 교육과 강남 부동산 문제」, 『황해문화』, 제42호(2004년 봄), 61쪽.

2 권재현, 「조선시대 과거 합격자 '서울 편중'」, 『동아일보』, 2004년 12월 20일, A22면.

3 이사벨라 버드 비숍, 이인화 옮김, 『한국과 그 이웃 나라들』(살림, 1994), 511~512쪽.

4 이정우, 『약자를 위한 경제학』(개마고원, 2014), 208쪽.

5 노회찬, 『노회찬과 함께 읽는 조선왕조실록』(일빛, 2004), 41~42쪽.

6 손정목, 『한국현대도시의 발자취』(일지사, 1988), 167쪽.

7 오유석, 「한국의 근대성과 50년대: 전쟁, 토지개혁, 도시화…'한국적 근대' 기틀 형성」, 『교수신문』, 2000년 6월 5일, 15면에서 재인용.

8 최장집, 『민주화 이후의 민주주의: 한국 민주주의의 보수적 기원과 위기』(후마니타스, 2002), 27쪽에서 재인용.

9 전영기·유광종, 「"혁명은 의지다, 숫자가 아니다" 60만 대군 중 3600명 거병 … 박정희 "중심부 서울만 장악하면 나머지는 다 따라온다"」, 『중앙일보』, 2015년 3월 18일.

10 김익기, 「도시문제」, 고영복 편, 『현대사회문제』(사회문화연구소, 1991), 57쪽.

11 김정호, 『서울제국과 지방식민지』(지식산업사, 1991), 105~107쪽.

12 「낙수효과落水效果, trickle down effect」, 네이버 지식백과.

13 이정환, 『한국의 경제학자들』(생각정원, 2014), 101쪽; 이혜진, 「[폴리서평] 왜 우리는 불평등을 감수하는가」, 『폴리뉴스』, 2013년 8월 30일.

14 『한겨레』 2014년 7월 14일 3면 하단 광고.

15 성경륭, 「수도권으로의 '파멸적 집중'」, 『경향신문』, 2014년 6월 24일.

16 우석훈, 『촌놈들의 제국주의: 한·중·일을 위한 평화경제학』(개마고원, 2008), 146

쪽.

17 이성용, 『한국을 버려라!: 한국, 한국인이 살아남을 수 있는 길!』(청림출판, 2004), 180쪽.

18 김종화, 「서울지역일간지」, 『미디어오늘』, 2006년 8월 30일, 14면에서 재인용.

19 권영준, 「'구성의 오류'」, 『주간조선』, 2006년 7월 3일, 104면.

20 이철호, 「KTX와 빨대효과」, 『중앙일보』, 2006년 9월 6일, 30면.

21 허승호, 「KTX 타 보셨습니까」, 『동아일보』, 2007년 4월 26일, A30면.

22 손규성 외, 「'블랙홀 KTX' 돈도 사람도 서울로 서울로」, 『한겨레』, 2007년 6월 26일.

23 김성모, 「光州서 수도권 출퇴근 가능… 浦項서 업무 본 후 저녁은 서울에서」, 『조선일보』, 2015년 3월 31일.

24 구채은, 「한은 "호남선 KTX 빨대효과 크지 않아"」, 『아시아경제』, 2015년 5월 27일.

25 이상구, 「'지방 식민지' 독립투쟁이 필요하다」, 『유코리아뉴스』, 2014년 7월 16일.

26 김양중·박수지, 「의사 찾아 '서울행'…'5분 진료' 위해 기차 타는 지방 환자들」, 『한겨레』, 2014년 12월 15일.

27 권순재, 「지방 환자 '상경 진료' 갈수록 는다」, 『경향신문』, 2014년 10월 15일.

28 백성일, 「전주의 불편한 진실」, 『전북일보』, 2015년 4월 13일.

29 에드워드 글레이저Edward Glaeser, 이진원 옮김, 『도시의 승리』(해냄, 2011), 7쪽.

30 강준만, 「왜 혁신은 대도시에서 일어나는가?: 네트워크 효과」, 『생각의 문법: 세상을 꿰뚫는 50가지 이론』(인물과사상사, 2015), 279~284쪽; 윌리엄 데이비도우 William H. Davidow, 김동규 옮김, 『과잉연결시대: 일상이 된 인터넷, 그 이면에선 어떤 일이 벌어지는가』(수이북스, 2011) 참고.

31 강성원, 「[저널리즘의 미래⑥] 제한된 취재원, 출입처 중심 받아쓰기 취재 관행의 한계…선정적 이슈 찾아 '하이에나 저널리즘' 행태도」, 『미디어오늘』, 2015년 2월 11일.

32 강준만, 「왜 '마녀 사냥'이 일어나곤 하는가?: 도덕적 공황」, 『독선 사회: 세상을 꿰뚫는 50가지 이론 4』(인물과사상사, 2015), 280~285쪽 참고.

33 서은국, 『행복의 기원: 인간의 행복은 어디서 오는가』(21세기북스, 2014), 178~179쪽.

34 박성태·연성주·문주용, 『서울 서울 서울: 서울육백년-어제·오늘·내일』(한국일보, 1993), 21쪽.

35 최장집, 「지역정치와 분권화의 문제」, 한국지역사회학회, 『지역사회연구』, 제9권 제

1호(2001년 6월), 1~2쪽.

36 최장집, 「지역정치와 분권화의 문제」, 한국지역사회학회, 『지역사회연구』, 제9권 제 1호(2001년 6월), 3~4쪽.

37 이민원, 『지방이 블루오션이다』(문화유람, 2006), 123~134쪽; 강준만, 「왜 기업과 정치는 피 튀기는 싸움에만 몰두하는가?: 블루오션」, 『독선 사회: 세상을 꿰뚫는 50 가지 이론 4』(인물과사상사, 2015), 167~172쪽 참고.

38 박권일, 「끔찍하다, 그 솔직함」, 『시사IN』, 제45호(2008년 7월 26일), 89면.

39 한승동, 「부모의 문화자본이 자녀의 학벌을 좌우」, 『한겨레』, 2013년 12월 30일; 김 현주, 『입시가족: 중산층가족의 입시사용법』(새물결, 2013), 112쪽.

40 투명가방끈, 『우리는 대학을 거부한다: 잘못된 교육과 사회에 대한 불복종선언』(오 월의봄, 2015), 80쪽.

41 김강지숙, 「"대한민국은 서울영어공화국"」, 『한겨레』, 2006년 1월 19일, 31면.

42 오윤희·원세일, 「방학마다 자녀 손잡고 서울 학원가街로…지방서 온 '기러기 엄마' 에 임대료도 '들썩'」, 『조선일보』, 2008년 7월 15일자.

43 「지방 돈 '상경上京': "서울·신도시 부동산에 묻어두자」, 『중앙일보』, 2002년 1월 4일, 29면.

44 고대훈, 「김완주 전북지사 '신농업' "맛으로 먹고살겠다"」, 『중앙일보』, 2008년 5월 27일자.

45 크리스 헤지스Chris Hedges, 노정태 옮김, 『진보의 몰락: 누가 진보를 죽였는가』(프런 티어, 2010/2013), 318쪽.

46 강현수, 「지역발전이론의 전개과정과 최근 동향: 재구조화 접근과 유연성 테제를 중심으로」, 한국공간환경학회 엮음, 『새로운 공간환경론의 모색』(한울아카데미, 1995), 126~127쪽.

47 「[사설] 자치 단체장은 중앙 정치 식민지 벗어나라」, 『중앙일보』, 2014년 6월 6일.

48 최장집, 「지역정치와 분권화의 문제」, 한국지역사회학회, 『지역사회연구』, 제9권 제 1호(2001년 6월), 6쪽.

49 김병찬·정정길, 「1장 50년대 지방자치의 평가」, 김병찬·정정길 공편, 『50년대 지방 자치: 지방행정과 의회활동의 실태와 의미』(서울대학교출판부, 1995), 39쪽.

50 권철현, 『지방이여 깨어 일어나라: 부산대개조론』(부산일보사, 1994), 64쪽.

51 「[사설] 청·비박 '나라 어려운데 무슨 권력놀음이냐' 소리 안 들리나」, 『조선일보』, 2015년 6월 30일.

52 「[정치 인사이드] 〈한나라당 공천경쟁〉 MB줄·박근혜줄 못 잡으면 '새끼줄'이라도

잡아라」, 『조선일보』, 2008년 3월 5일.

53   전준호, 「시민 대표? 국회의원 몸종?」, 『한국일보』, 2008년 3월 21일자.

54   김병준, 『김병준 교수의 지방자치 살리기』(한울, 2002), 119~120쪽.

55   전상인, 「지방선거에 地方이 없다」, 『조선일보』, 2014년 2월 26일.

56   「[사설] 자치 단체장은 중앙 정치 식민지 벗어나라」, 『중앙일보』, 2014년 6월 6일.

57   Irving L. Janis, Groupthink: Psychological Studies of Policy Decisions and Fiascoes, 2nd ed.(Boston, Mass.: Houghton Mifflin Co., 1982), p.3.

58   백성일, 「전주의 불편한 진실」, 『전북일보』, 2015년 4월 13일.

59   김창영, 「6·4 지방선거 신규 당선자 재산 공개… 신임 시·도지사 전원 수도권에 부동산 소유」, 『경향신문』, 2014년 10월 1일.

60   김영석, 「"국회의원들의 여전한 강남 사랑?" 3명 중 1명, 강남 3구에 부동산 보유」, 『국민일보』, 2015년 3월 27일; 한윤지, 「지역구엔 전세 살면서…강남3구 집 산 국회의원 31명」, 『JTBC 뉴스룸』, 2015년 3월 27일.

61   류장수, 「지역 인재의 유출 실태 및 결정요인 분석」, 『지역사회연구』, 제23권제1호(2015년 3월), 17쪽.

62   최민섭 외, 『주거 신분사회: 타워팰리스에서 공공임대주택까지』(창비, 2010), 118~122쪽.

63   최장집, 「지역정치와 분권화의 문제」, 한국지역사회학회, 『지역사회연구』, 제9권 제1호(2001년 6월), 5쪽.

64   홍철, 『지방 보통시민이 행복한 나라』(대구경북연구원, 2011), 178쪽.

65   최혜정, 「돈줄은 '중앙' 사업은 '지방'…모순 해결해야」, 『한겨레』, 2014년 12월 16일.

66   김기환·신진, 「교육감들도 '복지 파산' 선언」, 『중앙일보』, 2014년 10월 8일.

67   「[사설] 어린이집 보육료, 중앙정부가 부담하는 게 맞다」, 『경향신문』, 2014년 10월 9일.

68   「[사설] 무상보육은 박 대통령 공약 아니었나」, 『한겨레』, 2014년 10월 9일.

69   「[사설] '습관성 위반'이 된 교육공약」, 『한겨레』, 2015년 7월 8일.

70   박병률, 「정부의 감세 정책에 거덜나는 지방 재정」, 『경향신문』, 2015년 7월 29일.

71   박병률·강현석·이삭, 「국세 14% 깎을 때 지방세는 23%나 감면… 지방 재정 '골병'」, 『경향신문』, 2015년 7월 29일.

72   「[사설] 복지 비용 後孫에 떠넘기는 건 '세대 간 도둑질'」, 『조선일보』, 2015년 2월 5일.

73   김찬호, 「새로운 지연地緣, 열린 고향」, 『경향신문』, 2015년 2월 14일.

74 강준만, 『개천에서 용 나면 안된다: 갑질공화국의 비밀』(인물과사상사, 2015), 293~296쪽.

75 양선희, 「[분수대] 잔혹 스토리가 난무하는 우리네 명절」, 『중앙일보』, 2013년 9월 23일.

76 「[사설] 탈북자 차별 방지法, 고용 인센티브 도입하자」, 『조선일보』, 2015년 3월 12일.

77 「[사설] 구의원 외유 추태, 언제까지 봐야 하나」, 『중앙일보』, 2013년 6월 3일.

78 「[사설] 지방의원 행동강령 조례 제정 강하게 압박해야」, 『경향신문』, 2013년 6월 14일.

79 「[사설] 지방의원들의 '인허가 이권첫' 참여 法으로 막으라」, 『조선일보』, 2014년 7월 8일.

80 최경호·최충일, 「지방의회 문 여니 줄줄이 해외연수」, 『중앙일보』, 2014년 8월 26일.

81 「[사설] 문제 많은 지방의원, 의정비까지 올려줘야 하나」, 『중앙일보』, 2014년 10월 9일.

82 「[사설] 고양이에게 생선 맡긴 지방의회」, 『중앙일보』, 2014년 10월 10일.

83 김경희, 「개발 조례 만들고 인허가까지 … '수퍼갑' 지방의원」, 『중앙일보』, 2014년 10월 10일.

84 최모란, 「[취재일기] 난방비는 깎아놓고 해외 가는 지방의원들」, 『중앙일보』, 2014년 12월 23일.

85 박임근, 「전북 시민단체, '갑질' 도의원 징계 촉구」, 『한겨레』, 2015년 6월 3일.

86 「[사설] 국회의원보다 한술 더 뜨는 지방의원의 甲질」, 『동아일보』, 2015년 6월 3일.

87 강준만, 「왜 전북 인구의 절반은 전주와 익산에 사는가?: 프랙털 이론」, 『우리는 왜 이렇게 사는 걸까?: 세상을 꿰뚫는 50가지 이론』(인물과사상사, 2014), 319~325쪽 참고.

88 김지석, 「인구 프랙털」, 『한겨레』, 2005년 8월 19일, 26면.

89 박범신, 「품 넓은 지도력이 그립다」, 『경향신문』, 2014년 7월 10일.

90 배수경, 『만델보로가 들려주는 프랙탈 이야기』(자음과모음, 2008), 50쪽.

91 최은정, 「될성부른 떡잎들만을 위한 세상: 명품교육도시 K군에서 보낸 비교육적 나날들」, 오늘의교육편집위원회 엮음, 『교육불가능의 시대』(교육공동체벗, 2011), 164~171쪽.

2장

1 손정목, 『서울 도시계획 이야기: 서울 격동의 50년과 나의 증언 ④』(한울, 2003), 180쪽.

2 손정목, 『서울 도시계획 이야기: 서울 격동의 50년과 나의 증언 ④』(한울, 2003), 181쪽.

3 손정목, 『서울 도시계획 이야기: 서울 격동의 50년과 나의 증언 ④』(한울, 2003), 182쪽.

4 심인성·황철환, 「이석연, 박원순에 `맞짱토론' 공개 제안」, 『연합뉴스』, 2011년 9월 26일.

5 김정남, 「"국가균형발전, 수도권 규제완화로 11년 전보다 후퇴"」, 『노컷뉴스』, 2015년 3월 6일.

6 유재희, 「박원순 2기 100일 "금융분산정책 현명하지 않다"」, 『이데일리』, 2014년 10월 7일.

7 김정환, 「박원순 시장 "서울 금융기능 지방분산 안돼"」, 『매일경제』, 2015년 3월 4일.

8 유재희, 「서동록 "서울 경제수도로 육성…서울특별법 제정해야"」, 『이데일리』, 2015년 3월 30일.

9 최규온, 「국민연금 기금운용본부 전북 이전 발목잡기 시작되나」, 『아주경제』, 2015년 6월 4일.

10 이성원, 「기금본부 '서울 설치 꼼수' 전북도민 분노」, 『전북일보』, 2015년 7월 30일.

11 「[사설] 새누리, 기금본부 서울 설치 법안 폐기하라」, 『전북일보』, 2015년 7월 31일.

12 임병식, 「기금운용본부 전북이전 흔들기」, 『새전북신문』, 2015년 7월 29일.

13 박순욱, 「"수도권 규제 풀고, 국가지원은 지방에 집중": 이윤호 지식경제부 장관, 경제5단체장과 간담회」, 『조선일보』, 2008년 3월 8일자.

14 정영오, 「"수도권 규제 완화를…" 공정위도 코드 맞추기?」, 『한국일보』, 2008년 2월 27일자.

15 정현상, 「"KBS 사장, 이명박정부 국정철학 적극 구현할 사람이 돼야": 박재완 청와대 국정기획수석비서관」, 『신동아』, 2008년 8월, 131쪽.

16 박경철, 「'시골의사' 박경철의 직격인터뷰 (7) 김문수 경기도지사: 지금 청와대는 전형적인 포퓰리즘」, 『중앙일보』, 2008년 8월 29일자.

17 김창우, 「[조선인터뷰] "이명박정부 성공의 지름길은 수도권 규제 완화": '수도권

규제' 관련 청와대에 연일 맹공 김문수 경기지사」,『조선일보』, 2008년 9월 8일자.

18 조상진,「김문수·오세훈을 기억하자」,『전북일보』, 2008년 9월 29일자.

19 전우용,「국민통합, 내선일체」,『경향신문』, 2015년 7월 4일.

20 배명재,「고속도로 건설 예산, 영남이 호남의 13배」,『경향신문』, 2013년 12월 5일.

21 김규원,「국토부 추경 41%가 영남권 사업···야당 "총선 겨냥"」,『한겨레』, 2015년 7월 4일.

22 이동영,「"수도권도 나름··· 경기북부 살려내라"」,『동아일보』, 2008년 8월 27일자.

23 김종철,「원전은 서울에, 권력자는 최전선으로」,『경향신문』, 2013년 10월 10일.

24 톰 피터스Thomas J. Peters & 로버트 워터먼Robert H. Waterman, Jr., 이동현 옮김,『초우량기업의 조건: 기업경영을 지배하는 불변의 원칙 8가지』(더난출판, 1982/2005), 474쪽.

25 박민희,「오바마의 '경제민주화'」,『한겨레』, 2015년 1월 22일.

26 윤희일,「수도권 기업 지방 이전 때 입지보조금 폐지···비수도권 "박근혜정부도 지방 죽이기" 반발」,『경향신문』, 2013년 6월 10일.

27 「[사설] '자치위'가 되레 지방자치 발목 잡는다니」,『부산일보』, 2015년 4월 30일.

28 김준호,「[정부 수도권 규제 완화 움직임과 전북도 대응전략] "지역균형발전·상생 방안 마련 우선"」,『전북일보』, 2015년 8월 4일.

29 김준호,「수도권 규제완화 4대 과제 추가 시행 땐 지역경제 '초토화' 된다」,『전북일보』, 2015년 8월 4일.

30 이경재,「'영남민국'과 박 대통령의 허언」,『전북일보』, 2015년 3월 9일.

31 호경업,「[투자 막는 수도권 규제] 수도권 규제완화 움직임에, 지방 "다 죽는다" 반발」,『조선일보』, 2015년 1월 26일.

32 호경업·채성진,「[투자 막는 수도권 규제] "수도권 규제 30년, 하향 평준화만"」,『조선일보』, 2015년 1월 28일.

33 「[사설] 후진국만도 못한 강원 産母 사망률, 우리가 여기까지 왔나」,『조선일보』, 2015년 5월 18일.

34 김진표,「수도권 규제 혁파의 解法」,『조선일보』, 2015년 2월 5일.

35 김은정,「김상곤 '野 혁신안'··· 파격은 없었다」,『조선일보』, 2015년 6월 24일; 김성탁·이지상,「박준영 탈당···'공천 룰' 나올 때까지 지켜보겠다는 호남」,『중앙일보』, 2015년 7월 17일.

36 김병준,『김병준 교수의 지방자치 살리기』(한울, 2002), 202쪽.

37 김병준,『김병준 교수의 지방자치 살리기』(한울, 2002), 178~179쪽.

38 강용식·좌승희,「[흐름과 소통] "수도권의 기득권 지키기 불과" "역동성 떨어져서

하향 평준화": 수도권 규제완화와 국가균형발전 논란」,『경향신문』, 2008년 8월 13
일.

39 박현,「재주는 지방이, 돈은 중앙이…」,『한겨레』, 2006년 10월 24일, 17면.

40 송의호·황선윤,「"시장이 횡단보도 선 하나 못 긋는데 무슨 지방자치냐"」,『중앙일
보』, 2008년 5월 30일자.

41 신진호,「이완구 충남지사 "길 7㎞ 확장, 지사가 빌어도 중앙 정부 수년째 본체만
체"」,『중앙일보』, 2008년 5월 13일자.

42 김선희,「수도권 집중 막아야 에너지 절약」,『대한매일』, 2003년 5월 14일, 15면.

43 윤희일,「전문가들 "균형발전 기본 모르는 황당한 주장"」,『경향신문』, 2008년 8월
1일자.

44 김종화,「"새만금, 전북도민 한(恨) 봤어야"」,『미디어오늘』, 2006년 3월 29일, 8면.

45 홍권삼,「지방이 국가경쟁력 ② 지역산업 육성 절실한 대구: "건설·유통업 매출
70%는 외지인이 가져가"」,『중앙일보』, 2008년 4월 14일자.

46 「[사설] 지역 건설업체 배려하는 특별법 제정 시급」,『전북일보』, 2015년 8월 11일

47 김병준,『김병준 교수의 지방자치 살리기』(한울, 2002), 148~149쪽.

3장

1 정상권,「유인촌 장관의 고향 전주」,『새전북신문』, 2008년 2월 21일자.

2 김성중,「서울서 태어나 자랐어도 전북출신?: 고위관료 발탁 지역안배, 출신지 꿰
맞추기 논란」,『전북일보』, 2008년 3월 7일자.

3 「[사설] "100% 대한민국"과 너무도 거리 먼 편중 인사」,『경향신문』, 2014년 11월
20일.

4 김외현,「6대 권력기관 장차관 55%가 영남…'쏠림' 심해져」,『한겨레』, 2015년 2월
24일.

5 「[사설] 박근혜정부 '영남 편중' 너무 심각하다」,『경향신문』, 2015년 3월 3일.

6 「[사설] '영남향우회 정부' 만들려고 정권 잡았나」,『한겨레』, 2015년 3월 3일.

7 이경재,「'영남민국'과 박 대통령의 허언」,『전북일보』, 2015년 3월 9일.

8 조상진,「'대구사랑 의원 모임'이라?」,『전북일보』, 2005년 4월 21일자.

9 염영남,「문재인 "부산정권" 발언 논란」,『한국일보』, 2006년 5월 16일자.

10 김낙기,「지방행정개편보다 급한 것」,『조선일보』, 2008년 10월 1일자.

11 「[사설] 특별교부금, 공무원 돈 아니라 국민 돈이다」,『조선일보』, 2008년 5월 29
일자.

12 「[사설] 연말에 예산 펑펑 쓰는 '12월의 熱病' 근절해야」, 『동아일보』, 2008년 11월 5일자.

13 김동섭(논설위원), 「예산 감시, 국민이 두 눈 부릅떠야」, 『조선일보』, 2008년 11월 5일자.

14 한장희, 「의원들, '예산 챙기기' 너무하네… "내 지역구 도로가 먼저"」, 『국민일보』, 2008년 11월 20일자.

15 박영환, 「MB 고향·이상득 지역구 포함, 예산 증액 1000억 육박」, 『경향신문』, 2008년 11월 24일자.

16 길진균, 「"의원 붙잡고 애걸… 말이 공무원이지 영업사원 뺨쳐"」, 『동아일보』, 2008년 12월 8일자.

17 「[사설] 국민의 피와 살로 짠 예산 이렇게 심의해선 안 돼」, 『조선일보』, 2008년 12월 11일자.

18 「[사설] 순천서 벌어지는 저급한 '예산폭탄' 논쟁」, 『중앙일보』, 2014년 7월 28일.

19 「[사설] 密室 예산 심사로 또 무슨 장난질 치려는 건가」, 『조선일보』, 2014년 11월 11일.

20 이인열, 「"국민 세금인데…"」, 『조선일보』, 2015년 8월 4일.

21 정환보·구교형, 「공무원 앞에서 "깡패" "양아치" 여야 설전… 예산소위 회의장 풍경」, 『경향신문』, 2014년 11월 18일.

22 「[사설] 경제교육 관변 단체의 본심 "돈은 먹는 놈이 임자"」, 『동아일보』, 2014년 6월 17일.

23 김대기, 『덫에 걸린 한국경제』(김영사, 2013), 34쪽.

24 김연근, 「2009년을 노래하기 위한 아름다운 예산 만들기」, 『새전북신문』, 2008년 11월 24일자.

25 송경화, 「지자체 서울사무소 '뛰어야 산다': "재정 열악, 정부 예산 한푼이라도 더…"」, 『한겨레』, 2008년 11월 27일자.

26 백성일, 「친노 위주의 정치구조 타파해야」, 『전북일보』, 2015년 6월 1일.

27 정광모, 『또 파? 눈먼 돈, 대한민국 예산: 256조 예산을 읽는 14가지 코드』(시대의 창, 2008), 111쪽.

28 김진각, 「교육관료 사립대행 퇴직 보너스?」, 『한국일보』, 2004년 10월 1일, A8면.

29 강창욱, 「교육계도 전관예우: 대학들 "퇴직 교육관료 모셔라" 경쟁적 러브콜」, 『국민일보』, 2008년 12월 25일, 1면.

30 김동섭(논설위원), 「예산 감시, 국민이 두 눈 부릅떠야」, 『조선일보』, 2008년 11월 5

일자.

31 정용인, 「"나는 통상관료독재 희생양이었다"」, 『위클리경향』, 제845호(2009년 10월 13일); 강준만, 「왜 "한명의 죽음은 비극, 백만명의 죽음은 통계"인가?: 사소한 것에 대한 관심의 법칙」, 『감정 독재: 세상을 꿰뚫는 50가지 이론』(인물과사상사, 2013), 301~307쪽 참고.

32 이민원, 『지방이 블루오션이다』(문화유람, 2006), 178~181쪽.

4장

1 양영유, 「대학 구조조정 헤게모니 싸움, 그 진실은」, 『중앙일보』, 2015년 7월 9일.

2 안석배, 「'대학 정원 16만명 줄이기' 정책의 함정」, 『조선일보』, 2015년 6월 5일.

3 송현숙, 「4년제 대학 입학정원 내년 1차 감축…지방대 96%, 수도권대는 4% 그쳐」, 『경향신문』, 2014년 10월 1일.

4 박종문, 「수도권 대학 정원 감축하라」, 『영남일보』, 2015년 6월 5일.

5 최창봉, 「"차등 지원땐 고사" 지방大의 아우성」, 『동아일보』, 2008년 7월 5일자.

6 전정윤, 「학생 1인당 '정부 지원금', 서울대가 경북대의 4배」, 『한겨레』, 2014년 11월 4일.

7 엄지원, 「사립대 국고보조금 절반이 서울에 쏠렸다」, 『한겨레』, 2015년 7월 2일.

8 「[사설] 문 닫을 대학 延命시켜 주는 게 무슨 대학 개혁인가」, 『조선일보』, 2014년 1월 29일.

9 김영봉, 「교육개혁, 경쟁본능을 되살려라」, 『조선일보』, 2008년 5월 10일자.

10 최준호, 「"지방 가기 싫다" 사표 내는 국책연구기관 직원들」, 『중앙일보』, 2013년 10월 21일.

11 채윤경, 「가족과 함께 지방 이주 직원 23%뿐…2만 명 중 1만5000명이 '혁신 기러기'」, 『중앙일보』, 2015년 3월 28일.

12 강현석·박태우·김정훈, 「'신의 직장' 지방 이전 공공기관 직원에 현금 퍼주는 '가난한 지자체'」, 『경향신문』, 2015년 1월 20일.

13 강현석·백승목·박미라·이종섭, 「거주 여부 '묻지마 이주정착금'…딴 곳으로 가도 회수 안 해」, 『경향신문』, 2015년 1월 20일.

14 배명재, 「혁신도시 아파트 70% 직원 분양 특혜…본사 오기 전 되팔아 수천만원 '집테크'」, 『경향신문』, 2015년 1월 20일.

15 강준만, 「왜 경부고속도로가 지역주의를 악화시켰나?: 경로의존」, 『우리는 왜 이

렇게 사는 걸까?: 세상을 꿰뚫는 50가지 이론』(인물과사상사, 2014), 291~296쪽 참고.

16 「역세권」, 다음 백과사전.

17 장경철, 「수도권 역세圈+대학家 수익형 부동산…임대수요 풍부해 인기 좋네」, 『한 강타임즈』, 2015년 5월 31일.

18 김성민, 「동탄 아닌데 아파트 이름에 동탄? '옆동네 後光' 노린 황당한 작명법」, 『조 선일보』, 2015년 5월 15일.

19 우석훈, 『직선들의 대한민국: 한국사회, 속도·성장·개발의 딜레마에 빠지다』(웅진 지식하우스, 2008), 147쪽.

20 전상인, 「공사판과 선거판」, 『조선일보』, 2015년 6월 15일.

21 김명환, 「책임 규명 필요한 서울대 시흥캠퍼스」, 『경향신문』, 2015년 3월 7일.

22 김유정, 「대학가 지형도가 바뀐다: 제2·3캠퍼스 확장하는 대학들」, 『교수신문』, 2008년 2월 25일자; 박기수, 「수도권에 9개 대학 캠퍼스 신설… 주변 지역 떠오른 다: 인근에 분양되는 아파트 관심 집중/파주에만 서강대·이대·국민대 등 설립」, 『한국일보』, 2008년 3월 24일자.

23 김진석, 『기우뚱한 균형』(개마고원, 2008), 216~217쪽.

24 김동훈, 『대학이 망해야 나라가 산다』(바다출판사, 1999), 136~137쪽.

25 박승헌·김효진·이재욱, 「"삼성 할당, 우리가 4위" 보도자료 뿌리는 대학: 상아탑 짓누르는 자본의 논리…기업, 대학을 점령하다」, 『한겨레』, 2014년 1월 28일.

26 「대학 상업화 논란…문제는?」, 『EBS뉴스』, 2014년 10월 7일.

27 「대학 상업화 논란…문제는?」, 『EBS뉴스』, 2014년 10월 7일.

28 장슬기, 「존립 위기 지방대학들, 수도권으로 몰려온다」, 『미디어오늘』, 2015년 8월 4일; 김기용, 「지방대학 이전, 지역에선 생존의 문제다」, 『중앙일보』, 2015년 7월 27 일.

29 권상은, 「지방大, 수도권 캠퍼스 개설 붐…본교지역은 반발」, 『조선일보』, 2013년 9 월 25일.

30 박수혁, 「'지방대 수도권 이전 제한법' 통과 촉구」, 『한겨레』, 2015년 5월 25일.

31 박창희·이승렬, 『부산독립선언』(페이퍼로드, 2009), 119쪽.

32 정대하, 「서울 유학생 위한 '효자 기숙사' 인기」, 『한겨레』, 2015년 1월 23일.

33 김동욱, 「구미시장학재단, 서울 "구미학숙" 개관」, 『국제i저널』, 2014년 3월 28일.

34 남태우, 「"서울에 '김해학사' 만들겠다" "교사 인센티브제도 도입할 것" "고교 무상 교육" "교복비 지원"」, 『김해뉴스』, 2014년 4월 1일.

35 차용현, 「박영일 남해군수 후보, 핵심공약 발표」, 『뉴시스』, 2014년 5월 21일.

36 정태관, 「배동기 화순군수 후보 "관용차량·관사매각, 기득권 내려놓겠다"」, 『머니위크』, 2014년 6월 2일.

37 박성우, 「강진·장흥·영암 전남 3개군 상생협력 '가시화'」, 『연합뉴스』, 2014년 11월 13일.

38 김대기, 「[신년사] 울진군」, 『노컷뉴스』, 2014년 12월 31일.

39 김수종, 「[영주시엔] 영주시인재육성장학회 정관개정하고 의회 동의 없이 학숙건립 계획발표」, 『엔케이엔뉴스』, 2015년 3월 6일.

40 정우천, 「지자체, 서울 유학생 기숙사 짓기 '붐'」, 『문화일보』, 2015년 3월 13일.

41 표세호, 「경남도, 서민 자녀 위한 재경기숙사 건립」, 『경남도민일보』, 2015년 7월 2일.

42 장정철, 「전북장학숙과 풍남학사, 2년제생 입사자격 제안은 부당」, 『전북도민일보』, 2013년 8월 9일; 정영선, 「[대학생 주거고통] "지방학사 생활비 싸 좋지만…낙타 바늘뚫기"」, 『뉴시스』, 2011년 12월 12일.

43 전홍표, 「충남연고 학생들 새학기면 "서울 충남학사 있냐" 확인소동: 서울 충남학사 건립하자」, 『충청투데이』, 2015년 7월 17일.

44 박수진, 「'인재숙'은 지방 교육의 숙명인가」, 『한겨레 21』, 제690호(2007년 12월 20일).

45 임남근, 「순창 옥천인재숙 맞춤지도 결실: 2015학년도 수도권 대학 합격생 20명 등 배출」, 『전북일보』, 2015년 2월 4일.

46 장명호, 「사천시 '인재육성 학숙관' 시민에 묻는다」, 『경남도민일보』, 2015년 5월 26일.

47 전삼현, 「MB정부 '공정'의 관점에서 바라본 공정거래법: 경쟁 없는 '공정사회'로는 미래 없다」, 『매경이코노미』, 제1578호(2010년 10월 27일).

48 김준현, 「"개천에서 용 나와야 진정한 '동반성장' 사회!"」, 『디지털밸리뉴스』, 2013년 7월 11일.

49 엄보운, 「"개천서 龍 나는 사회 만드는 데 앞장… 정원의 10% 소외계층에"」, 『조선일보』, 2015년 5월 11일.

50 송의호, 「"중앙정부가 세금까지 뺏어가 … 불행한 지방자치 한다": 시·도지사에게 길을 묻다 ⑨ 김관용 경북지사」, 『중앙일보』, 2014년 12월 2일.

51 강형기, 『관의 논리 민의 논리: 정부개혁의 이론과 비전 제시』(비봉출판사, 1998), 100쪽.

52 「대학정론: 지방대를 살리려면」,『교수신문』, 2002년 7월 22일자.

53 안길찬,「학생 줄고 교수는 떠나고 연구기반도 무너져…대학 공멸 위기 심각」『교수신문』, 2002년 4월 15일자.

54 신연수,「지역문제 연구 '서울 쳐다보기' 심하다」,『동아일보』, 1993년 10월 12일, 14면.

55 김교영,「지방은 내부식민지인가?」,『매일신문』, 2013년 11월 20일.

56 권명아,「무상급식과 유턴 정치」,『한겨레』, 2014년 11월 20일.

57 윤찬영,「고속철 개통과 지역 대학」,『열린전북』, 제187호(2015년 4월), 10쪽.

58 배명재·윤희일,「[2007 한국인의 자화상] (17) 지방 대도시 시민 4인의 '지방살이'」,『경향신문』, 2007년 9월 3일자.

59 이정덕,「문화분권과 지역문화 부흥 정책대안」, 한국지역사회학회,『지역사회연구』, 제9권 제2호(2001년 12월), 18쪽.

60 임영봉,「대담/고미숙: "일상과 지식 내부에서의 혁명이 중요합니다"」,『모색』제3호(2002년 4월), 88쪽.

61 김원일,「서울 사는 이유, 지방에 살 이유」,『동아일보』, 2005년 1월 31일, A30면.

62 김주완,『대한민국 지역신문 기자로 살아가기』(커뮤니케이션북스, 2007), 156쪽.

63 김효인,「원룸 주인들의 利己… 대학 기숙사 확충은 위기」,『조선일보』, 2014년 9월 23일.

64 한국대학교육연구소,『미친 등록금의 나라: '반값 등록금' 당장이라도 가능하다!』(개마고원, 2011), 44쪽.

65 안석배,「왜 高卒 취업자가 '반값 등록금' 예산 부담하나」,『조선일보』, 2015년 1월 30일.

66 염지현,「빛나는 졸업장? 빚남는 졸업장」,『중앙일보』, 2015년 5월 12일.

67 김정필,「취직도 전에 '빚이 2800만원'」,『한겨레』, 2015년 2월 10일.

68 최규민 외,「[금융文盲 대한민국] (3) "빚 무서운 줄 알았어야 했는데…信不者되니 사람 취급 않더라"」,『조선일보』, 2015년 3월 14일.

69 김효정,「'지방충'이라니..서울-지방 출신 삶의 격차 갈수록 커져」,『주간조선』, 제2305호(2014년 5월 5일).

70 손국희·윤정민,「취업 '4종 스펙' 쌓는데 평균 1554만 원」,『중앙일보』, 2015년 2월 5일.

71 정강현 외,「3.3㎡ 빈곤의 섬에 갇힌 14만 명」,『중앙일보』, 2014년 3월 18일; 조미덥,「[권리를 잃은 사람들] (1) 최저 주거기준 미달 100만 명 시대」,『경향신문』,

2013년 12월 19일.

72 김기환, 「미국 유학 아들 연 4800만 원…퇴직금 까먹는 서울 47세」, 『중앙일보』, 2015년 2월 26일.

73 김성탁, 「서울로 대학 보낸 지방 학부모의 하소연」, 『중앙일보』, 2015년 3월 13일.

74 이철호, 「스탠퍼드대가 연세대를 앞서는 이유」, 『중앙일보』, 2014년 11월 10일.

75 오관철, 「소득·학력 높을수록 '연줄 중시'」, 『경향신문』, 2006년 12월 27일, 3면.

5장

1 우석훈, 『솔로계급의 경제학: 무자식자 전성시대의 새로운 균형을 위하여』(한울아카데미, 2014), 173쪽.

2 김대식·김두식, 『공부 논쟁』(창비, 2014), 40쪽.

3 강준만, 「왜 정치인들은 대형 건축물에 집착하는가?: 거대건축 콤플렉스」, 『독선 사회: 세상을 꿰뚫는 50가지 이론 4』(인물과사상사, 2015), 73~78쪽 참고.

4 전상인, 「공사판과 선거판」, 『조선일보』, 2015년 6월 15일.

5 이석우, 「헉! 용인시 청사, 건립비만 162000000000원!」, 『주간조선』, 2004년 12월 23일, 30~34면; 이석우, 「"지자체 경쟁하나?"…너도나도 청사 세워: 대형청사 건립열풍」, 『주간조선』, 2004년 12월 23일, 37면.

6 손병호, 「전 감사원장 지자체 권위주의 질타」, 『국민일보』, 2005년 1월 13일, 5면.

7 박종훈, 「건설 경기부양책이 매번 실패로 끝난 이유」, 『KBS 뉴스』, 2015년 1월 15일.

8 최장집, 「지역정치와 분권화의 문제」, 한국지역사회학회, 『지역사회연구』, 제9권 제1호(2001년 6월), 5쪽.

9 이달곤, 「공직사회부터 개혁해야 한다: 지방정부에 새로운 피를」, 『신동아』, 1993년 4월, 155~156쪽.

10 「[사설] '돈봉투'를 한나라당 간판 삼을 셈인가」, 『국민일보』, 2008년 7월 21일자.

11 강준만, 「왜 우리는 정당을 증오하면서도 사랑하는 걸까?: 스톡홀름 신드롬」, 『우리는 왜 이렇게 사는 걸까?: 세상을 꿰뚫는 50가지 이론』(인물과사상사, 2014), 86~91쪽 참고.

12 권대열·정우상, 「'후보 스와핑'」, 『조선일보』, 2006년 3월 31일, A5면.

13 박명림, 「근대화 프로젝트와 한국 민족주의」, 역사문제연구소 편, 『한국의 '근대'와 '근대성' 비판』(역사비평, 1996), 314쪽

14 김정훈, 「지나간 것은 지나간 것이다」, 『한겨레』, 2004년 12월 9일.

15 백성일, 「전주의 불편한 진실」, 『전북일보』, 2015년 4월 13일.

16 김주완, 『대한민국 지역신문 기자로 살아가기』(커뮤니케이션북스, 2007), 91~92쪽.

17 박주현, 『기사를 엿으로 바꿔 먹다뇨?: 지역과 언론, 그 복마전을 들여다보다』(인물과사상사, 2008), 7~8쪽.

18 양영유, 「대학총장은 욕먹는 걸 두려워 말라」, 『중앙일보』, 2008년 5월 26일자.

19 황태규·김형남, 『국토 이노베이션시대가 열린다: 지역·도시마케팅으로 보는 21세기 생존전략』(문화유람, 2005), 40쪽.

20 성경륭, 「제13장 지방의 도전: 탈중심화 지역발전 모델의 탐색」, 한국사회학회 편, 『국제화시대의 한국사회와 지방화』(나남출판, 1994), 460쪽.

21 최경운, 「울산, 거주지 만족도 1위 67점/대구·부산 지역은 전국 최하위」, 『조선일보』, 2008년 1월 2일자.

22 배명재·윤희일, 「[2007 한국인의 자화상] (17) 지방 대도시 시민 4인의 '지방살이'」, 『경향신문』, 2007년 9월 3일자.

23 강형기, 『향부론: 문화로 일구는 지방경영』(비봉출판사, 2001), 35~36쪽.

24 「[사설] 기업의 문화예술 기부금, 수도권 편중 재고해야」, 『경향신문』, 2014년 10월 25일.

25 김원, 「"해마다 수도를 옮깁시다, 문화 수도를…"」, 『중앙일보』, 2014년 12월 22일.

26 김범수, 「일본, 지자체 '고향기부 마케팅' 뜨겁다: "거주지서 稅공제" 홍보하며 향토애 자극 경쟁」, 『한국일보』, 2008년 5월 28일, 14면.

27 차학봉, 「"地方도 살리고 節稅도 하자"…日, '고향 납세(원하는 지역에 기부금 내고 일부 세액공제 받는 제도)' 20만 명 눈앞」, 『조선일보』, 2014년 10월 28일.

28 김수혜, 「日지자체, 고향세 유도 위해 '답례품 경쟁'」, 『조선일보』, 2015년 3월 23일.

29 「경북도지사 "지방소득세 30%까지 고향에 납부하자"」, 『영남일보』, 2015년 7월 1일.

39 김주완, 「SNS는 지역신문의 기회다」, 『미디어오늘』, 2015년 1월 7일.

6장

1 김우룡 엮음, 『커뮤니케이션 기본이론』(나남, 1992), 69쪽에서 재인용.

2 S. W. 리틀존, 김홍규 역, 『커뮤니케이션이론』(나남, 1993), 620쪽.

3 토니 슈와르츠Tony Schwartz, 심길중 옮김, 『미디어 제2의 신』(리을, 1982/1994),

132~133쪽.

4   정지은, 「서울만 있고 지역은 없다」, 『경향신문』, 2014년 2월 10일.

5   강준만, 「왜 지방 주민들이 서울의 문제들을 걱정하는가?: 의제설정 이론」, 『우리는 왜 이렇게 사는 걸까?: 세상을 꿰뚫는 50가지 이론』(인물과사상사, 2014), 278~283쪽 참고.

6   이문영, 「차광호가 내려와도 하늘은 여전히 빽빽하다」, 『미디어오늘』, 2015년 7월 15일.

7   데이비드 솅크, 정태석·유흥림 옮김, 『데이터 스모그』(민음사, 2000), 121쪽.

8   신보영, 「시중은 '싱크탱크 키우기'」, 『문화일보』, 2005년 8월 10일, 13면.

9   이병철, 「금융중심지 부산, 싱크탱크가 없다」, 『부산일보』, 2015년 7월 22일.

10 김주완, 「무모한 실험, 지역에서 출판사업하기」, 『미디어오늘』, 2015년 5월 27일.

11 최우석, 「지방분권 改憲 '대구선언' 채택」, 『영남일보』, 2015년 7월 21일.

12 이서후, 「'지역신문? 아몰랑' 광고예산으로 보는 정부의 민낯」, 『경남도민일보』, 2015년 7월 16일.

13 장호순 외, 「좌담: 언론개혁, 어디로 갈 것인가」, 『창작과 비평』, 2001년 가을, 35쪽.

14 박주현, 『기사를 엿으로 바꿔 먹다뇨?: 지역과 언론, 그 복마전을 들여다보다』(인물과사상사, 2008), 88~89쪽; 박한우, 「지역신문사도 구글처럼 미쳐보자」, 『매일신문』, 2013년 6월 29일.

15 김주완, 『대한민국 지역신문 기자로 살아가기』(커뮤니케이션북스, 2007), 181~182쪽.

16 「[사설] 63억원짜리 드라마 촬영장에 하루 관광객 750명」, 『경향신문』, 2006년 8월 8일, 27면.

17 이와 관련, 전국경제인연합회는 2015년 5월 "통계청의 '2013년 기업생멸生滅 행정통계'를 분석한 결과, 우리나라 중소기업의 비중은 99%가 맞지만 고용하는 직원 비중은 76%로 나타났다"며 '9988'이 아닌 '9976'이라고 밝혔다. 신은진, 「한국경제 中企 비중, 9988 아닌 9976」, 『조선일보』, 2015년 5월 19일.

18 홍권삼, 「"삭발하실 분 모이세요"」, 『중앙일보』, 2005년 12월 15일, 15면.

19 김창석, 「최보은의 또 다른 도발」, 『한겨레 21』, 2005년 10월 11일, 104면.

20 문강형준, 「인공적 자양강장제」, 『한겨레』, 2015년 3월 21일.

21 윤승희, 「서울 공화국」, 『새전북신문』, 2008년 5월 1일자.

22 오윤주, 「"시도지사들, 대통령과 대화할 공식채널이 없다"」, 『한겨레』, 2015년 7월 16일.

23 방연주, 「"MBC 본사 '꼼수 경영' 불공정 게임"」, 『피디저널』, 2013년 10월 15일; 최
    진봉, 「김종국 사장의 지역 MBC 죽이기」, 『미디어오늘』, 2013년 10월 30일; 강병
    규, 「[PD의 눈] 벌써부터 삭풍이 부는 지역방송」, 『피디저널』, 2013년 11월 27일;
    강병규, 「[PD의 눈] 지역 MBC에 드리운 검은 그림자」, 『피디저널』, 2014년 8월 13
    일; 박수선, 「'지역방송특별법' 있으나 마나」, 『피디저널』, 2014년 10월 1일; 조윤호,
    「줄어드는 지역방송 광고…방통위가 나서야」, 『미디어오늘』, 2014년 10월 15일; 문
    철수, 「중소·지역방송 경쟁력 제고 위한 지원책 필요」, 『미디어오늘』, 2014년 11월
    5일; 곽보아, 「사라진 제주방송 뉴스…"땜빵에 불방까지"」, 『미디어오늘』, 2015년 5
    월 27일.

24 이영만, 「[기획] 2기 방송통신위원회 무엇을 했나 ② 종편 특혜 절반, 지역방송에
    쏟았다면…」, 『피디저널』, 2014년 3월 21일.

25 금준경, 「방송시장 힘들다는데 종편 방송매출 31.5% 늘었다」, 『미디어오늘』, 2015
    년 7월 1일; 이정국, 「'1천억 매출' 종편 방송기금 5년째 '0%'」, 『한겨레』, 2015년 7
    월 7일; 금준경, 「종편 특혜 연장, 방발기금 1년 더 유예」, 『미디어오늘』, 2015년 7월
    3일; 금준경, 「고삼석 "'종편 사회적 흉기' 맥락 무시한 조선·동아"」, 『미디어오늘』,
    2015년 7월 15일.

26 강성원, 「"종편 '걸음마' 위해 OBS '숨통' 조일 셈인가"」, 『미디어오늘』, 2015년 7월
    15일.

27 문종대·이강형, 「내부식민지로서의 지역방송 재생산에 관한 연구」, 한국지역언론
    학연합회, 『언론과학연구』, 제5권2호(2005년 8월), 203쪽.

28 김덕모, 「지역언론의 몇가지 문제점」, 월간 『열린전북』, 2003년 11월, 97~98쪽에서
    재인용.

29 배병화, 『지방신문 해법 개혁이냐 지원이냐』(21세기북스, 2003), 40쪽.

30 권혁남, 「"광고 홍보비에 빨대 대고 기생하는 신문 몰아내야"」, 『전북일보』, 2008년
    1월 21일 1면.

31 권혁남, 「전북 지역언론의 슬픈 현실」, 『전북일보』, 2015년 3월 9일.

32 권혁남, 「지역신문이 사는 길」, 『전북일보』, 2015년 7월 29일.

33 김성후, 「"전남일보는 사주 소유물 아냐…협박 먹히는 언론사슬 끊고 싶어": 전남
    일보 이재욱 사장」, 『기자협회보』, 2015년 6월 17일.

34 김주완, 『대한민국 지역신문 기자로 살아가기』(커뮤니케이션북스, 2007), 260~262
    쪽.

35 박경우, 「목포시 "이건 아니잖아" 고발하세요: 불만행정 사진고발 콘테스트」, 『한국

일보』, 2008년 5월 22일자.

36 호소카와 모리히로·이와쿠니 데쓴도, 김재환 옮김, 『지방의 논리: 정치는 지방에
　　　맡겨라』(삶과꿈, 1993), 87~88쪽.

37 김주완, 『대한민국 지역신문 기자로 살아가기』(커뮤니케이션북스, 2007), 271~273
　　　쪽.

38 조윤호, 「"지역신문, 뉴스기업 아닌 종합콘텐츠 기업 돼야"」, 『미디어오늘』, 2014년
　　　7월 16일.

39 김주완, 「SNS는 지역신문의 기회다」, 『미디어오늘』, 2015년 1월 7일.

맺는말

1 박병선, 「국회의원이 되고 싶다면…」, 『매일신문』, 2015년 5월 27일.

2 호소카와 모리히로·이와쿠니 데쓴도, 김재환 옮김, 『지방의 논리: 정치는 지방에
　　　맡겨라』(삶과꿈, 1993), 1쪽.

3 호소카와 모리히로·이와쿠니 데쓴도, 김재환 옮김, 『지방의 논리: 정치는 지방에
　　　맡겨라』(삶과꿈, 1993), 87~88쪽.

4 호소카와 모리히로·이와쿠니 데쓴도, 김재환 옮김, 『지방의 논리: 정치는 지방에
　　　맡겨라』(삶과꿈, 1993), 46~48쪽.

5 박거용, 『350만의 배움터 한국대학의 현실: 신자유주의 교육정책 비판』(문화과학
　　　사, 2005), 205쪽.

6 김기수, 『아직 과외를 그만두지 마라』(민음사, 1997), 285쪽.

7 성지훈, 「[왜냐면] 스카이대 소수정예주의는 답 아니다」, 『한겨레』, 2008년 10월 16
　　　일.

8 고종석, 「3불정책을 없애려면」, 『한국일보』, 2007년 3월 29일, 38면.

9 김준현, 「"개천에서 용 나와야 진정한 '동반성장' 사회!"」, 『디지털밸리뉴스』, 2013
　　　년 7월 11일.

10 서형식, 「"시 승격 위해 인구 늘려라" 당진군, 1만 명 위장전입시켜」, 『중앙일보』,
　　　2008년 4월 2일; 허택회·이준호, 「자치단체 인구 늘리기 위장전입 극성」, 『한국일
　　　보』, 2008년 4월 3일.

11 박용채, 「[여적] 인구병人口病」, 『경향신문』, 2014년 10월 15일.

12 강현석, 「호남권 젊은층 유출 심각… 일자리 부족·교육환경 탓」, 『경향신문』, 2014
　　　년 4월 3일.

13 황보연, 「서울 인구밀도 '강원의 190배'」, 『한겨레』, 2010년 8월 6일.

14 이근영,「"한국사회의 경직된 문화는 높은 인구밀도·자원부족 탓"」,『한겨레』, 2011년 5월 27일.

15 「[희망을 찾아서-인터뷰] "지방이 아니라 지역, 분권이 아니라 지역주권이다": 최문순 강원도지사」,『목민관클럽』2012년 3월 14일(http://blog.makehope.org/mokmin/251).

16 홍용덕·송인걸,「"지역발전정책은 배은망덕" 경기도, 정부에 원색비난」,『한겨레』, 2008년 7월 24일자.

17 한대광,「오세훈 서울시장 "서울이 살아야 나라 산다"」,『경향신문』, 2008년 8월 1일자.

18 김광수,「與野 지도부, 지역감정 자극 작정했나」,『한국일보』, 2008년 3월 31일자.

19 「[사설] 영호남 시도지사의 절규를 들어라」,『새전북신문』, 2008년 6월 27일자.

20 박은하,「페미니스트, 어떻게 적이 되었나」,『경향신문』, 2015년 3월 7일.

21 김종목·이지선·임지선,「"시장만능 정치가 각자의 삶 위협한다는 자각"」,『경향신문』, 2008년 6월 18일자.

22 존 스페이드Jon Spayde & 제이 월재스퍼Jay Walljasper, 원재길 옮김,『틱낫한에서 촘스키까지: 더 실용적이고 창조적인 삶의 전망』(마음산책, 2001/2004), 148쪽.

23 정병준,『취재파일, 2002 광주시장선거』(산해, 2004), 287쪽.

24 이민원,『지방이 블루오션이다』(문화유람, 2006), 123~134쪽.

25 이민원,『지방이 블루오션이다』(문화유람, 2006), 188~191쪽.

26 잭 트라우트Jack Trout & 알 리스Al Ries,『보텀업 마케팅: 한계상황을 돌파하는 현장 전술의 힘』(다산북스, 1995/2012), 19쪽.

27 빅터 프랭클Viktor E. Frankl, 이시형 옮김,『빅터 프랭클의 죽음의 수용소에서』(청아출판사, 1984/2005), 137쪽; 톰 버틀러 보던Tom Butler-Bowdon, 이정은 옮김,『내 인생의 탐나는 자기계발 50』(흐름출판, 2003/2009), 292쪽.

| 찾아보기 |